D1691422

Tiroler Heimat in Rumänien

Berenkamp

Harald Prinz

Tiroler Heimat in Rumänien

„Dorf Tirol"

Geschichte und Gegenwart eines rumänischen Dorfes

Berenkamp

Die Deutsche Bibliothek – CIP-Einheitsaufnahme

Prinz, Harald: Tiroler Heimat in Rumänien : „Dorf Tirol" : Geschichte und
Gegenwart eines rumänischen Dorfes / Harald Prinz. -
Innsbruck : Berenkamp
ISBN 3-85093-140-4

Gedruckt mit freundlicher Unterstützung

des Amtes der Tiroler Landesregierung, Innsbruck
des Bundesministeriums für Bildung, Wissenschaft und Kultur, Wien
der Südtiroler Landesregierung
der Österreichischen Landsmannschaft
des Allgemeinen Deutschen Kulturverbandes
der Heimatortgemeinschaft Königsgnad-Tirol

Berenkamp

Alle Rechte vorbehalten
Copyright © 2002
Berenkamp Buch- und Kunstverlag
www.berenkamp-verlag.at
ISBN 3-85093-140-4

Inhaltsverzeichnis

7	Zum Geleit. Vorwort von Dr. Wendelin Weingartner, Landeshauptmann von Tirol
9	Im Garten der Zeit wächst die Blume des Trostes. Vorwort von Sr. Pallotti Findenig, Provinzoberin der Missionsschwestern vom Kostbaren Blut
11	Dem Dorf Tirol in Rumänien eine Zukunft geben. Vorwort von Dr. Alois Leitner und Dkfm. Walter Praxmarer, Rumänienhilfsorganisation „Tirol für Tirol"
13	Tiroler Heimat in den sonnigen Ausläufern der Banater Berge
15	Krieg im österreichischen Land Tirol
18	Die Auswanderung der Tiroler in das damalige Südungarn
23	Ein Name für die neue Siedlung: Königsgnade
24	Die Härte der ersten Jahre
30	Königsgnade in den Jahren 1814 bis 1848
32	Die unruhigen Jahre 1848 und 1849
36	Königsgnade in der zweiten Hälfte des 19. Jahrhunderts
36	Angelegenheiten der Gemeinde
40	Angelegenheiten der Kirche
42	Angelegenheiten der Landwirtschaft
47	Angelegenheiten des Gewerbes und der Industrie
48	Weitere Unternehmen im Königsgnade des 19. Jahrhunderts
48	Vereine im Königsgnade des 19. Jahrhunderts
50	Die Periode der Auswanderung in die Neue Welt
54	Die Trennung von Österreich-Ungarn durch den Ersten Weltkrieg
57	Die Gründung der Diözese Timisoara als Folge des Weltkriegs
59	Királykegye/Tirol zwischen den Weltkriegen
67	Tiroler Brauchtum in der Zwischenkriegszeit
71	Rumänien in den Jahren des Faschismus und des Zweiten Weltkriegs
73	Tirol in nationalsozialistischer Begeisterung
79	Die Tragödie der Rußlanddeportation
95	Rumänien unter kommunistischer Herrschaft
97	Die Bărăgan-Deportation
109	Die Entwicklung Tirols im Kommunismus

117	Der Hungersparkurs des Nicolae Ceaucescu
121	Ungewisse Gerüchte über Ceaucescus Dorfzerstörungspläne in Tirol
123	Revolution!
131	Rumänien nach der Revolution
133	Abschied von der Heimat – die Auswanderung nach Deutschland
146	Der Westen will helfen – das Projekt „Rumänienhilfe Tirol für Tirol"
165	Die Tiroler Schwestern aus dem Kärntner Kloster Wernberg
175	Unser Dorf in der Gegenwart
183	Die Landwirtschaft im Dorf Tirol – heute
191	Das Tiroler Weinbaugebiet und die Crama
195	Die Gruppen des Dorflebens
206	Die Gegenwart – Schnittpunkt zwischen Vergangenheit und Zukunft
210	Danke
212	Zeittafel
214	Anmerkungen
228	Literatur
229	Der Autor

Zum Geleit

Seit 1990 leistet die Rumänienhilfsaktion „Tirol für Tirol", die gemeinsam vom Bauernbund, der Caritas und der Landeslandwirtschaftskammer getragen wird, beachtliche Hilfe für das vergessene Dorf Tirol, das ehemaligen Auswanderern am Beginn des 19. Jahrhunderts zur neuen Heimat wurde. Der österreichische Kaiser hatte 1810 dieses Dorf in Rumänien, das den Namen unseres Landes trägt, für die Tiroler Flüchtlinge aus den napoleonischen Freiheitskriegen erbauen lassen.

Anschaulich schildert das vorliegende Buch nicht nur die Hilfsmaßnahmen, sondern auch die uns viel zu wenig bekannte Leidensgeschichte der dort lebenden deutschsprachigen Bevölkerung im Kommunismus. Auch die Situation im heutigen verarmten Dorf wird anschaulich dargestellt und eröffnet den Lesern neue Einblicke in eine unbekannte Welt. Eine Welt, die räumlich gar nicht weit weg liegt von unserem hochentwickelten und wohlhabenden Tirol. Und dennoch trennen uns wohl Welten …

Dem Autor sei gedankt für sein gelungenes Werk und der Rumänienhilfe für ihren jahrzehntelangen Einsatz. Mögen auch die zukünftigen Projekte dazu beitragen, den Menschen in Dorf Tirol in Rumänien ein besseres, ein menschenwürdigeres Leben zu ermöglichen.

Ihr

Dr. Wendelin Weingartner
Landeshauptmann von Tirol

Im Garten der Zeit wächst die Blume des Trostes
(Rumänisches Sprichwort)

Im „Garten der Zeit" wurde gepflanzt. Tirol, dieses Stück Heimat in so weiter Ferne hat Gärten, hat blühende Sonnenblumenfelder und unscheinbar blühende Heilkräuter rundherum auf den Hügeln.

Die Blume des Trostes: Wie sieht sie aus? Wo ist sie zu finden?

Es braucht die Augen des Herzens dafür und Geduld. Es braucht das Bleiben, das Aushalten, das schlichte Miteinander und Füreinander, um sie für sich selber und für andere zu finden. Sie begegnet mir immer wieder im Dorf. Sie ist alt und müde. Sie hat bittende Augen und sagt: Verlaß mich nicht. Sie ist jung und fröhlich, und sie spricht nicht – oder sehr wenig – Deutsch. Sie ist zugezogen in eines der verlassenen Häuser. Hinter diesen Fenstern ist am Abend Licht, und am Morgen werden Schafe durch die Türe auf die Weide getrieben ... Diese Blume wohnt seit 1993 auch in der Casa Maicilor. Sie ist Zeichen dafür, daß Menschen nach Tirol kommen und gern mit den Tirolern das Leben teilen.

Diese Blume hat unzählige Namen und Variationen – Gott allein kennt sie. Für 14 Monate wurde sie Harry gerufen. Sie heißt Karl und Hannelore, Karin, Rosi, Siegi, Alois und Hedi; sie hört auf den Namen Alois Leitner, Walter Praxmarer oder Humanitas. Sie ist weiters fast in ganz Österreich und Deutschland – bis in den Norden – beheimatet.

Ich wünsche der Blume des Trostes, daß sie, verwurzelt in der Vergangenheit, im Heute blüht und durch ihre Samen das Morgen sichert.

Sr. Pallotti Findenig
Provinzoberin der Missionsschwestern vom Kostbaren Blut

„Dem Dorf Tirol in Rumänien eine Zukunft geben"

Seit 1990 will die „Rumänienhilfsorganisation Tirol für Tirol" diesem Dorf Tirol Hilfe zukommen lassen, damit die Menschen trotz ihrer verschiedenen nationalen Herkunft dort die gemeinsame Heimat finden.

Das Buch beschreibt die Geschichte dieses Dorfes seit seiner Gründung 1810 für die Flüchtlinge nach dem verlorenen Tiroler Freiheitskrieg, die leidvolle Zeit während der kommunistischen Herrschaft und die laufenden Bemühungen für eine bessere Zukunft.

Unsere Hilfe erfordert viel persönlichen Einsatz von unserer Organisation, von vielen Helfern, aber auch von den Menschen im Dorf – soll der Wiederaufbau gelingen. Wir danken allen, die Sorge tragen, daß unsere Hilfskasse nie ganz leer ist:

der Österreichischen Bundesregierung, den Landesregierungen von Tirol und Südtirol, den Tiroler Gemeinden, der Österreichischen Landsmannschaft und den vielen privaten Spendern und Organisationen für ihre Unterstützung.

Die Sozial- und Pastoralstation der Schwestern vom Kloster Wernberg in Kärnten ist das soziale, religiöse und kulturelle Zentrum des Dorfes geworden. Die Genossenschaft Innsbruck soll neben den privaten Initiativen ein Schwerpunkt für die wirtschaftliche Entwicklung werden und diese vorantreiben.

Wir danken allen, den Schwestern und vielen anderen, die durch ihren persönlichen Einsatz im Dorf Hilfe geleistet, Beispiel gegeben und Hoffnung geweckt haben. Wir danken MMag. Harald Prinz, der mehr als ein Jahr als Zivildiener im Dorf tätig war und dieses Buch geschrieben hat. So wird Geschichte lebendig und fordert die Bewohner zu Mitarbeit und guter Dorfgemeinschaft auf.

Nur eintausendzweihundert Kilometer trennen unser wirtschaftlich und kulturell hochentwickeltes Land Tirol von dem verarmten rumänischen Dorf Tirol. Unsere Hilfe soll einen Beitrag zur Verbesserung der wirtschaftlichen, sozialen und kulturellen Verhältnisse leisten und diesen „Tirolern" damit eine menschenwürdige Zukunft in ihrer alten oder neuen Heimat sichern.

Dr. Alois Leitner
Alt-Nationalrat

Dkfm. Walter Praxmarer

Tiroler Heimat
in den sonnigen Ausläufern
der Banater Berge

Unser Dorf Tirol liegt inmitten der östlichen Ausläufer der Banater Berge und damit in einer Landschaft, die nicht nur dem romantisch verklärten Auge schön und lieblich anmutet, sondern auch für die Arbeit des Bauern halbwegs gutes Feld und Boden bietet.

Die geringe Seehöhe von nur 176 Meter und die südliche Lage, die dem Breitengrad zufolge mit jener von Venedig verglichen werden kann, bewirken ein sehr mildes Klima, das vor allem dem Obst- und Weinbau der Gegend zugute kommt.

Rings um Tirol erstrecken sich weite sanfte Hügel, die zum größten Teil in Form von Äckern sowie Wein- und Obstgärten kultiviert sind. Nur ab und zu durchzieht ein schmaler Streifen Wald den bunten Teppich an Äckern, Feldern und Wiesen …

Doch das, was sich dem Auge des Wanderers heute so ruhig und friedlich darbietet, ist nicht seit jeher so. Es ist das Resultat eines langen und oft leidvollen Weges, der viele Menschen in der Hoffnung hierher geführt hat, einen guten Platz zum Leben zu finden.

Viele sind enttäuscht wieder fortgegangen, andere sind enttäuscht geblieben; manche aber haben hier gefunden, was sie suchten: Heimat!

Die ersten, die das Banat besiedelten, waren die Daker, einer der indogermanischen Stämme, die als Vorfahren der Rumänen angesehen werden können.[1] Am Anfang des 2. Jahrhunderts wurde das Land von den Römern erobert und zu einer römischen Provinz gemacht. Im 3. Jahrhundert kam es unter den Einfluß verschiedener Wandervölker. Schließlich folgten Hunnen, Bulgaren und andere Völker.

Um die Jahrtausendwende nahmen die Magyaren das Land in Besitz; ein halbes Jahrtausend lang blieben sie die Landesherrn. Erst im 16. Jahrhundert mußten sie die Herrschaft an die Türken abgeben; während die Ungarn damals flohen, blieb das Landvolk der Rumänen zurück und führte weiterhin ein stilles und unauffälliges Leben unter fremder Herrschaft.

Fast 200 Jahre lang blieben die Türken im Banat, dann wurden sie von den österreichischen Heeren unter Prinz Eugen von Savoyen vertrieben.

Nun wurde das Banat der österreichischen Monarchie eingegliedert. Das hatte weitreichende Konsequenzen für die weitere Entwicklung: Kolonisten – unter ihnen viele Deutsche[2] – wurden ins Land gebracht, in der Tiefebene siedelte man Bauern an, in den Bergbaugebieten Handwerker und Facharbeiter, man legte Sümpfe trocken und schuf Ackerboden, man gründete neue Dörfer und Städte … – für das Banat begann eine neue Blütezeit.

Im Jahr 1778 wurde das Land auf Drängen der ungarischen Stände Ungarn einverleibt, das damals zwar ein Teil der Habsburgermonarchie war, aber doch vehement auf politische Selbständigkeit drängte.

Als im Zug der Napoleonischen Kriege Flüchtlinge aus dem österreichischen Land Tirol in das Banat kamen, um hier eine neue Heimat zu finden, war dieses Land somit ein Teil Ungarns, das seinerseits wiederum zum österreichischen Kaiserreich gehörte.

Die österreichischen Tiroler waren also im Grund keine Ausländer: Sie befanden sich immer noch auf dem Boden der großen österreichisch-ungarischen Donaumonarchie, wenn auch in deren äußerstem südöstlichem Winkel. Aber doch waren sie Fremde auf diesem Boden, mehr als tausend Kilometer von ihren heimatlichen Bergen entfernt.

Krieg im österreichischen Land Tirol

Die Geschichte des kleinen Dorfes Tirol nimmt ihren Ausgang in einer Zeit, als in allen Ecken und Enden Europas ein furchtbarer Krieg wütete und die schrecklichsten Opfer forderte. Napoleon Bonaparte, Kaiser der Franzosen, hatte seine Soldaten in einen Eroberungskrieg geführt, der zu den schlimmsten und größenwahnsinnigsten der europäischen Geschichte zu zählen ist.

Im Jahr 1805 mußte Kaiser Franz I. von Österreich nach einem verlustreichen Krieg mit Napoleon den Frieden von Preßburg schließen und seine Länder Tirol und Vorarlberg an das mit Frankreich verbündete Königreich Bayern abtreten.

In Tirol erregten die neuen Landesherren bald den Unwillen der Bevölkerung. Die Umbenennung Tirols in „Südbayern", hohe Steuern, die Einmischung in kirchlich-religiöse Angelegenheiten[3] und die Rekrutierung von Tiroler Burschen und Männern in das bayerische Militär ließen den Unmut der Bevölkerung rasch wachsen.

Als Franz I. seine Völker zu den Waffen rief, um der Eroberungspolitik Napoleons entgegenzutreten, war der Aufstand der Tiroler vor allem durch die Bemühungen des in Tirol überaus beliebten Kaiserbruders Erzherzog Johann und des Tiroler Wirts Andreas Hofer bereits gut vorbereitet.

Am 9. April 1809 zogen österreichische Truppen im tirolerischen Lienz ein. Mit dem Ruf „Es ist Zeit!" erhob sich die Tiroler Bevölkerung und verwickelte die französisch-bayerischen Feinde in schwere und beiderseits verlustreiche Kämpfe. Nach großen und wichtigen Erfolgen in den ersten Tagen des Aufstands kam es am 12. April 1809 am Berg Isel bei Innsbruck zu einer entscheidenden Schlacht, bei der die bayerisch-französischen Soldaten eine schwere Niederlage erlitten.

Doch schon im folgenden Monat Mai rückten mächtigere feindliche Truppen ins Land ein, Ende Juli war Innsbruck wieder in der Hand des Feindes, und trotz des heldenhaften siegreichen Kampfes der Tiroler in der dritten Berg-Isel-Schlacht am 13. August[4] mußte Kaiser Franz I. am 14. Oktober 1809 in Wien mit Napoleon einen Friedensvertrag schließen, der die Abtretung Tirols an Bayern diktierte und darüber hinaus zur Folge hatte, daß der Kaiser den ihm treu ergebenen Anführern des Aufstands weder Schutz noch Hilfe gewähren konnte.

Im Land Tirol, in das nun eine Armee von 50.000 Bayern, Sachsen und Franzosen einmarschierte, begann alsbald die blutige Verfolgung der Anführer des Aufstands. Andreas Hofer versteckte sich auf einer Alm im Gebiet des heutigen Südtirol, wurde zu Beginn des Jahres 1810 jedoch verraten, verhaftet und in die Festung Mantua gebracht, wo ihn ein Kriegsgericht verurteilte und standrechtlich erschießen ließ.

Ein weiterer wichtiger Anführer des Aufstands war Josef Speckbacher: Er stammte aus einer armen, kinderreichen Familie in Gnadenwald bei Hall, verlor schon in jungen Jahren seine Eltern, verdiente sich seinen Lebensunterhalt fortan jahrelang als Hirte sowie angeblich als Wilderer und begründete schließlich mit nur 17 Jahren durch die Heirat mit einer Bäuerin einen eigenen Haushalt.

In den Stürmen der Freiheitskriege war Speckbacher ein Mann der ersten Stunde. Doch wie über viele andere brachte der Krieg auch über Speckbacher viel Leid. Zwar erlangte er aufgrund seiner überragenden Erfolge in Kampf und Kriegsführung bald großen Ruhm und Ansehen, doch verlor er seinen Sohn in bayerische Gefangenschaft. Speckbachers Freiheitskampf währte bis in die Novembertage des Jahres 1809. Dann entschloß er sich im allgemeinen Zusammenbruch zur Flucht. Wie ein wildes Tier gehetzt, flüchtete er von Almhütte zu Almhütte und gelangte schließlich auf gefährlichen Wegen in das sichere Wien, wo er vom Kaiser freundlich aufgenommen, mit der Goldenen Verdienstmedaille ausgezeichnet und zum Major befördert wurde.

In der Hauptstadt des österreichischen Kaiserreichs trafen nun immer mehr Tiroler ein, die vor Unterdrückung und Verfolgung flüchteten und sich in der Hoffnung auf Hilfe und Unterstützung an ihren Kaiser wandten. Daß Franz I. diese Unterstützung tatsächlich gewährte, hatte wohl zwei Gründe: Zum einen wollte er die hohen Opfer der Tiroler im Aufstand gegen die Feinde wie auch die Tiroler Treue zum Haus Habsburg belohnen,[5] zum anderen waren wohl auch diplomatische Überlegungen im Spiel: Aus politischen Gründen strebte Franz I. ein beruhigtes Verhältnis zu Frankreich an. Die Anwesenheit zu vieler geflüchteter Tiroler in Wien, die insbesondere durch ihre schöne Tracht sofort auffielen, entsprach daher nicht dem Anliegen der hohen kaiserlichen Diplomatie. Franz I. wollte das Flüchtlingsproblem daher durch die Gründung einer neuen Kolonie lösen und den Tirolern auf diese Weise eine neue Heimat geben.

Angesichts der politischen und wirtschaftlichen Situation konnte der Ort einer solchen Abschiebung[6] nur im Osten zu suchen sein, und so erhielt Josef Speckbacher im Mai 1810 vom Kaiser den Auftrag, „die Tiro-

Abb. 1. Im heutigen Südtirol liegt das Dorf Tirol mit seiner berühmten Burg Tirol. Nicht nur der Name unseres Dorfes kommt von dort, auch viele der ersten Einwohner stammen aus dieser Gegend.

ler Flüchtlinge nach Südungarn zu führen und ihnen eine neue Kolonie zu errichten"[7]. Zu Südungarn gehörte damals auch das heutige Banat.

Uns Heutigen mag dieser Auftrag vielleicht sonderbar vorkommen, bedeutete er doch, daß Menschen Heim und Heimat für immer verlassen mußten, um sich in ferner Fremde in mühsamer und oft leidvoller Arbeit eine neue Existenz aufzubauen. Ein Blick auf die Geschichte Österreichs und Tirols zeigt jedoch, daß solche Aussiedelungen keineswegs selten waren. Schon im Jahr 1719 waren erstmals[8] Tiroler in das Gebiet des heutigen Rumänien gekommen – 13 Bergknappen, die sich in Oravita niederließen. Sogar in Brasilien gibt es ein Dorf mit dem Namen Tirol – es wurde von Tiroler Auswanderern im Mai 1857 gegründet.[9] Im selben Jahr entstand in Peru durch die Arbeit von etwa 300 Auswanderern aus Tirol und Deutschland das Dorf Pozuzo.[10] Und im 20. Jahrhundert kam es als Folge der Wirtschaftskrise von 1930 zu einer groß organisierten Auswanderung[11] von Tirolern nach Brasilien, die zur Gründung des Ortes „Dreizehnlinden", heute „Treze Tílias" führte.[12]

Die Auswanderung der Tiroler in das damalige Südungarn

Die auswanderungswilligen Tiroler unter Josef Speckbacher sollten also in den südöstlichsten Winkel des Kaiserreichs geführt werden. Der Kaiser versprach die Zuweisung von Land im damaligen Südungarn und finanzielle Unterstützung sowohl für die Reise als auch für den Aufbau der Kolonie.

Speckbacher brach bald nach Südungarn auf, um Land zu besichtigen. Begleitet wurde er von seinem Tiroler Kameraden Peter Thalguter.[13] Ob die beiden bei dieser Reise allein waren oder bereits eine erste Gruppe von Auswanderern anführten, wissen wir nicht.[14] Fest steht, daß sie mehrere, für eine Kolonieerrichtung tauglich scheinende Standorte eingehend prüften. Ursprünglich war ein Platz in der Bakaeser Pußta vorgesehen gewesen, der bei den Tirolern jedoch vor allem wegen seiner ebenen Lage keinen Gefallen fand. Auch andere Gegenden, die ihnen vorgeschlagen wurden, fanden keinen Gefallen. Schließlich kamen Speckbacher und Thalguter in die Gegend von Füzesch und Dokleny und wählten ein Gebiet zwischen den beiden Orten als Siedlungsgrund für die neue Tiroler Kolonie – ungeachtet dessen, daß dieser Platz bereits zwei Jahre zuvor ungarischen Ansiedlern zugewiesen worden war, die die Gegend aber vor allem wegen des Wassermangels und des schlechten Bodens wieder verlassen hatten, „ohne auch nur einen Spatenstich getan zu haben"[15]. Die staatlichen Stellen machten auf diesen Umstand zwar aufmerksam, nahmen Speckbachers Vorschlag schließlich aber uneingeschränkt an. Damit war für die neue Tiroler Kolonie endlich ein tauglicher Platz gefunden.

Speckbacher und Thalguter wußten, daß ihre Zustimmung für die Realisierung des Projekts von größter Wichtigkeit war, und stellten daher eine Reihe von Bedingungen an die kaiserliche Regierung. Diese betrafen die genaue Festlegung des Siedlungsgrunds wie auch Fragen be-

Abb. 2 (Seite 19). Eines der ältesten Dokumente der Dorfgeschichte: ein Verzeichnis von Geräten und Gegenständen der Pfarrkirche. Das Dokument trägt das Datum des 12. Juli 1809, stammt also aus der Zeit vor der Grundsteinlegung! Die Urkunde befindet sich heute in der Bischöflichen Bibliothek von Timișoara.

praes. 12º July 809.

2. gefärbte, und 2. schwarzen Ministranten Röckeln, samt Pragnlen.
4. Ministranten Hemder.
1. grosse, und 1. kleine Todtenbahr.
1. grosses und 1. kleines Todtenkreuz.
1. Crucifix zur Procession, 1. Baldach.
1. Kreuzl. 1. Beichtstuhl
2. Thürnglocken.
1. Tauf, 1. Trauung, 1. Tods, und
1. ~~ordinati~~ Protocoll.
   ~~Ordinirungs~~
1. Kirchen Cassa Trugen mit doppelten Schloss.
1. Römisches, und 1. schwarzes Messbuch
1. Rituale.
2. Waschtuch, wie auch 2. Leuchter, und
1. Crucifix über die Todtenbeschrüng

Feuilleton.

Der Zigeuner.
Von Bernhardt Jäckle.

4.
Die Zusammenkunft der Freunde.
(Fortsetzung.)

Unsere Auswanderer erreichten endlich ohne weitere Ereignisse ihren vorläufigen Bestimmungsort. Neumayr ließ seine Familie in Werschitz, um nach Neutirol (so hieß die Ansiedlung) zu gehen. Aber seine Erwartungen wurden nicht befriedigt;

Abb. 3. Der Gründung von Tirol/Königsgnade widmete Bernhard Jäckle die Novelle „Der Zigeuner", die 1849 in der Wiener Tageszeitung „Die Presse" als Fortsetzungsroman erschien. Sie erzählt die Geschichte einer Familie aus dem österreichischen Tirol, die im Banat das erhoffte Glück vergeblich sucht. Erst die Liebe eines Zigeuners schenkt der Tochter das ersehnte Glück …

züglich der Anlage des Dorfes, der Weidegründe, Wein- und Obstgärten, des Baus einer Kirche,[16] eines katholischen Pfarrhofs und einer Schule, weiters Forderungen der unentgeltlichen Bereitstellung verschiedener Baumaterialien, steuerliche Freijahre, die Befreiung von der Rekrutierung usw. Außerdem sollten nur solche Tiroler als Siedler zugelassen werden, „die sich im letzten Kriege ausgezeichnet hätten und sich auf

Abb. 4. Der Dorfplan aus dem Jahr 1811.

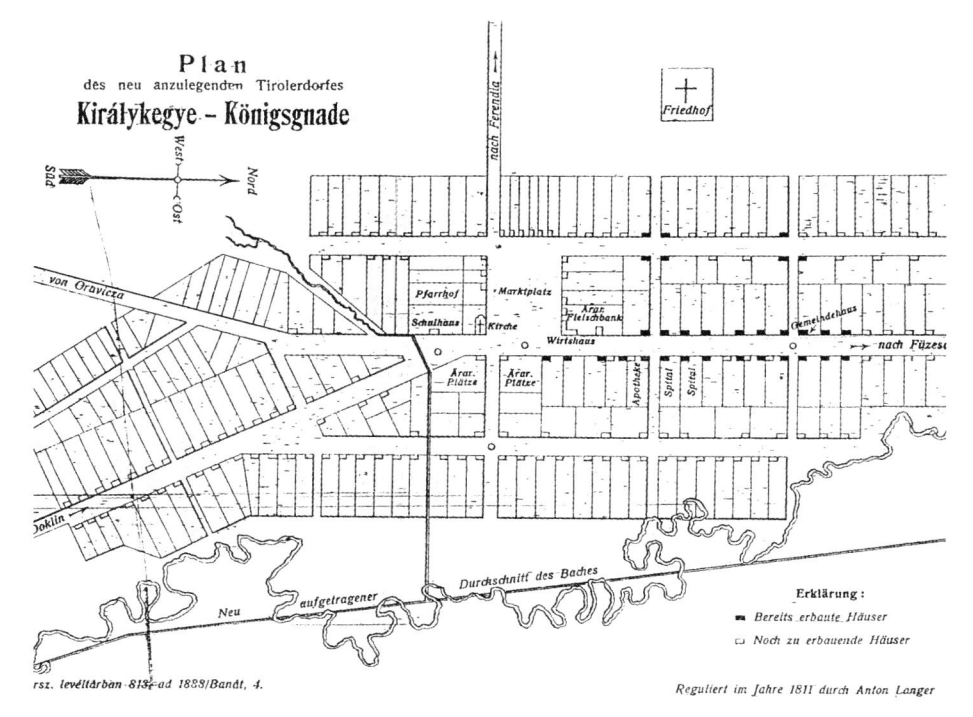

ein Zeugnis Speckbachers oder Thalguters berufen könnten"[17]. Eine weitere Forderung betraf das Recht, „daß die Gemeinde ihren Richter[18] aus ihrer Mitte frei wählen kann".[19]

Einige dieser anspruchsvollen Forderungen wurden von den Behörden abgeändert, andere uneingeschränkt akzeptiert.[20] Die Frage, welche Tiroler siedeln durften, gab der Kaiser an die zuständige Hofkommission weiter.[21] Für Auswanderer aus anderen österreichischen Provinzen setzte er zwar kein Ansiedlungsverbot fest, wohl aber nahm er diese kategorisch von allen Begünstigungen aus. Der Forderung nach freier Richterwahl wurde entsprochen. Darüber hinaus wurde ein Pfarrer für die neue Kolonie genehmigt. Die kaiserliche Entscheidung betreffend, ist die Meinung des Historikers Hirn zu teilen: „Hatten auch nicht sämtliche Wünsche der neuen Siedler Berücksichtigung finden können, so tritt doch in allen Entscheidungen des Hofes das wohltuende Bestreben zutage, ein billiges Entgegenkommen zu zeigen …"[22]

Die neuen bayerischen Herrn im Land Tirol versuchten mit aller Kraft, durch das Verbot einer Vermögensausfuhr eine größere Auswanderungs-

Abb. 5. Der Dorfplan heute (gezeichnet von Peter Augustin). Die Gasthäuser, Geschäfte und Handwerksbetriebe gibt es nicht mehr.

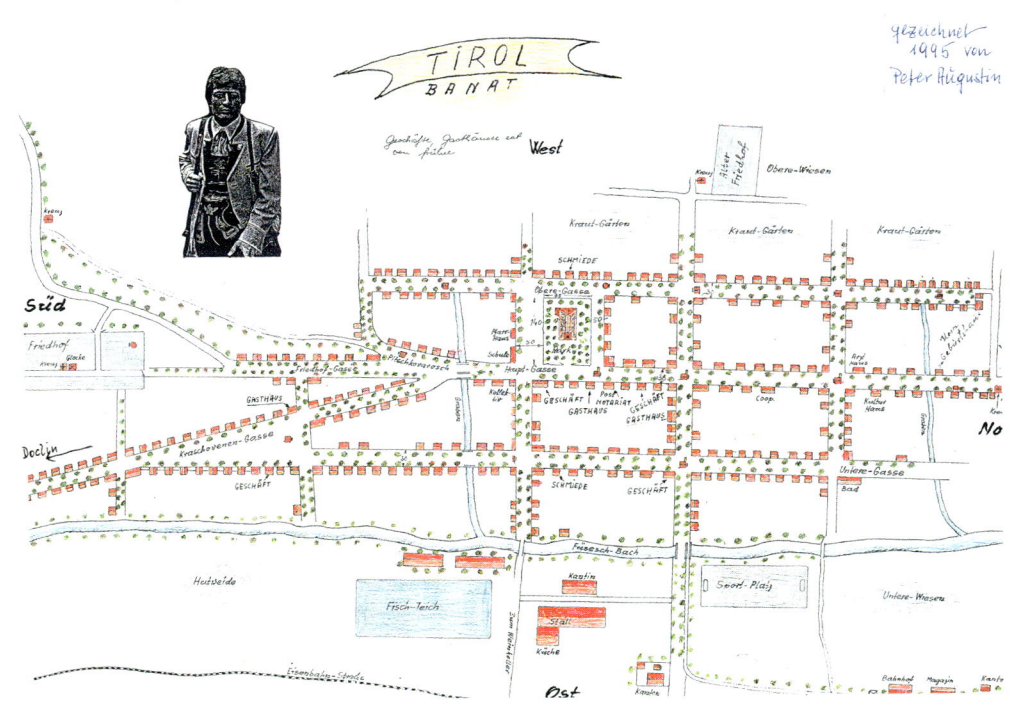

welle zu verhindern. Tatsächlich scheint damit eine Auswanderung größeren Umfangs vereitelt worden zu sein, die Gründung der neuen Tiroler Kolonie konnte dadurch jedoch nicht aufgehalten werden.

Schon im August 1810, also weniger als ein Jahr nach dem unglücklichen Aufstand in der alten Heimat, erfolgte die Grundsteinlegung zur neuen Kolonie. Die Bautätigkeit wurde vorerst von Arbeitern aus den verschiedenen Orten der Gegend übernommen.

Währenddessen kamen in den Jahren 1810 bis 1812 weitere Auswanderer aus Tirol in der Region an. In vielen Fällen handelte es sich um jüngere Leute, nicht selten auch um Stellungsflüchtlinge. Der Weg von der Heimat in das Banat bedeutete in den meisten Fällen eine mühselige Reise, die oft genug einen erschütternden Verlauf nahm, sodaß viele Ansiedler bei der Ankunft von Schwäche und Krankheit gezeichnet waren. Insgesamt dürften 78 Familien aus dem österreichischen Tirol in das neue Siedlungsgebiet ausgewandert sein. Unter ihnen befanden sich drei Familien und eine alleinstehende Frau, die den Namen Hofer trugen und „höchstwahrscheinlich Verwandte des hervorragenden Tiroler Helden Andreas Hofer waren"[23].

Im Jahr 1811 schlitterte Österreich in eine schwere Staatskrise, die das öffentliche Finanzwesen erschütterte und auch die neue Siedlungsanlage in große Schwierigkeiten brachte. Im Winter desselben Jahres kamen zu den finanziellen Problemen Massenerkrankungen hinzu.

Allen Hindernissen zum Trotz wurden im Frühjahr 1812 die Bauarbeiten mit Nachdruck wieder aufgenommen und alle Arbeitsfähigen zur Mithilfe verpflichtet. Die angestrebten Fortschritte wurden trotz aller Bemühungen allerdings nicht erzielt, was auch auf den mangelnden Eifer mancher Arbeiter zurückgeführt wurde. Die Behörden reagierten mit der Feststellung, es liege ihnen zwar fern, „die Kolonisten Entbehrungen und Not leiden zu lassen, es gehe aber auch nicht an, die Leute durch allzu reichlich bemessene Gaben der Erwerbstätigkeit zu entwöhnen"[24]. Damit sollte betont werden, daß die Tiroler für ihre Siedlung selbst verantwortlich waren.

Schlußendlich verlor der Präsident der Hofkammer die Geduld und befahl dem zuständigen Präfekten unter Androhung des Hängens, binnen zwei Monaten 30 neue Häuser zu bauen. Tatsächlich gelang es nun, die bereits begonnenen Häuser fristgerecht fertigzustellen. Von da an wurde die Arbeit zügig fortgesetzt.

Ein Name für die neue Siedlung: Königsgnade

Am 16. September 1812 wurde die junge Siedlung durch eine kaiserliche Entschließung zur eigenen Gemeinde erklärt. Ursprünglich wurde der Ort „Tirol" genannt; auch Namen wie „Tiroler Dorf", „Tiroler Treue", „Neu-Tirol" und „Tyrolia" waren im Umlauf.[25] Auf Speckbachers Antrag verlieh der Kaiser der Siedlung 1812 schließlich den Namen „Königsgnade". Außerdem erhielt das Dorf ein ovales Amtssiegel mit einem Wappen, das die Siedlung zeigt, über die „der Monarch schützend und segnend seine Hände breitet"[26].

Der Name Königsgnade blieb bis 1888 in Geltung. Dann wurde er, wie viele Namen und Begriffe in jener Zeit, ungarisiert. Fortan hieß das Dorf Királykegye.[27] Erst 1927, als die junge Republik Rumänien die Bedeutung des Ungarischen zu schwächen suchte und die ungarischen Ortsbezeichnungen abschaffte, erhielt unser Dorf seinen heutigen Namen: Tirol.

Am 29. September 1812 wurde in Königsgnade ein großes Einweihungsfest gefeiert, an dem auch politische Vertreter aus Oravicza, Boksán, Füzesch und anderen Orten der Region teilnahmen. Der vom Kaiser ernannte Pfarrer der Kolonie, Johann Matheus Stuefer[28], der 1809 aus dem Land Tirol nach Wien geflüchtet war, zelebrierte den Festgottesdienst. Der Kammeralpräfekt wies in der Festansprache insbesondere auf die der Siedlung vom Kaiser und König erwiesene Gnade hin und forderte die Siedler auf, nunmehr selbst an ihre „heilige Pflicht" zu schreiten:

„Ordnung, Religion, gute Sitten, Treue und Liebe gegen Euere geistliche und weltliche Obrigkeit, Arbeitsamkeit und Fleiß in Bebauung Euerer Gründe, nachbarlicher und häuslicher Ehefrieden, brüderliche Liebe unter Euch selbst und gute Erziehung Euerer Kinder! Dieses ist – liebe Tiroler – der offene Weg, welcher alle Menschen zur Wahrheit, zur Tugend, zur Seligkeit führt; dies allein sind die Mittel, die auch die innerliche als äusserliche Ruhe und Zufriedenheit verschaffen, Eueren Wohlstand befördern und Euch glücklich machen können!"[29]

Auf diese Rede folgten die Ansprache des Pfarrers und ein bis tief in die Nacht andauerndes Volksfest mit großer Tafel, Musik und Bestschießen.

Die Härte der ersten Jahre

Die Bauphase war mit dem Fest allerdings nicht abgeschlossen, sie dauerte vielmehr bis in den Sommer 1814.[30] In der vierjährigen Bauzeit (August 1810 bis Juli 1814) wurden 57 Häuser samt Stallungen und Scheunen erbaut,[31] des weiteren entstanden das Gemeindehaus, das Pfarrhaus, das Schulhaus, ein Wirtshaus, das Spital, die Apotheke, eine Kapelle sowie eine Schmiede- und Wagner-Werkstätte, ein Kaufmannsgewölbe und eine Bäckerei. Darüber hinaus wurden die Häuser eingerichtet und mit Werkzeug versehen (pro Haushalt je 1 Mistgabel, 1 Spinnrad, 1 Mehlsieb usw.), auch Haustiere wurden angeschafft: ingesamt 100 Pferde, 105 Kühe, 46 Ochsen und ein Stier.

Diese Gaben des Staates – Gründe[32], Häuser, Einrichtungen, Werkzeuge und Vieh im Gesamtwert von nahezu einer halben Million Gulden –

Abb. 6. Anna Stickl, gestorben im Jänner 2000, war die letzte Tirolerin, die als Kind noch den Namen eines Tiroler Einwanderers trug – Zauner aus Alpbach.

waren jedoch nicht als Geschenk gedacht, sondern lediglich als Starthilfe für die Siedler, die zur rechten Zeit ratenweise zurückgezahlt werden sollte.

Die folgenden Jahre brachten jedoch große Not über Königsgnade. Die Gesundheitsverhältnisse waren äußerst schlecht, es wird von Malaria, Typhus, Magen- und Darmleiden berichtet, die zu einer erschreckend hohen Sterberate führten – sie war fast 20mal höher als gewöhnlich. Die Säuglingssterblichkeit beziffert Sayler in seiner Dorfchronik mit einem Drittel!

Zu den gesundheitlichen Problemen kamen wirtschaftliche, da nicht alle Ansiedler die nötigen Kenntnisse und Eignungen zur Feldbewirtschaftung mitbrachten.

Währenddessen blutete Europa immer noch in den Napoleonischen Kriegen. Der Franzosenkaiser wurde 1815 von den verbündeten europäischen Mächten erst nach mehreren vernichtenden Niederlagen[33] auf die Insel St. Helena im Atlantischen Ozean verbannt, die er nicht mehr verlassen sollte.

Damit war der Weg frei für die Neuordnung eines friedlichen Europa. Diese wurde auf dem Wiener Kongreß (1814–1815) von den Sieger-

Abb. 7. Blick in den Säulengang des unteren „Kaiserhauses" von 1810.

mächten beschlossen und enthielt unter anderem die Wiedereingliederung Tirols in das österreichische Kaiserreich.

Für viele Tiroler in Königsgnade war dies das heißersehnte Signal zur Rückkehr in die alte Heimat. Der erste, der Königsgnade verließ, war Josef Speckbacher, der bereits 1813 in das Land Tirol zurückkehrte, um bei der Vertreibung der Besatzer mitzuwirken.[34]

Die Rückkehr der Tiroler war freilich nicht im Sinn des Kaisers, denn dieser hatte viel Geld in Königsgnade investiert und außerdem politische Interessen an einer kaisertreuen Kolonie im Osten seines Reichs. Trotzdem geschah die Rückkehr mit kaiserlicher Erlaubnis.

Der Historiker Hirn schreibt hierzu: „… der Kaiser, der vielleicht die Gefühle zu ahnen vermochte, welche die Kunde vom Heimfalle Tirols an Habsburgs Zepter unter den Siedlern auslöste; er verfügte, den Kolonisten für die Heimreise jene Beträge auszubezahlen, welche sie für die Hinreise empfangen hätten; nur jene, die nicht nach Tirol, sondern anderswohin zu reisen gedächten, seien ihrem Schicksale zu überlassen."[35]

Diese Rückwanderung vieler Tiroler in die ferne Heimat setzte im Jahr 1814 ein. Nach harten, entbehrungsreichen Jahren kehrten die Menschen dorthin zurück, von wo sie Jahre zuvor aufgebrochen waren. Doch die Zeit der Armut war für sie nicht vorbei. Zwar erhielten sie bei der Ankunft in Wien finanzielle Unterstützung, das Land Tirol wurde in den folgenden Jahren aber von einer Hungerkatastrophe heimgesucht, die die Heimkehrer an die bitteren Jahre in der Fremde erinnerte.

Im fernen Königsgnade machte sich das Fehlen der zurückgewanderten Tiroler freilich drastisch bemerkbar: Bereits im Jahr 1816 standen von den insgesamt „57 errichteten Gebäuden 13 vollkommen leer; von den 144 Ansässigkeiten waren nur 44 … tatsächlich besiedelt."[36] Dieser Umstand stellte den bisherigen Plan, Königsgnade als eine ethnisch ungemischte Tiroler-Siedlung zu führen, in Frage.

Schon seit 1814 hatten sich vereinzelt auch Auswanderer aus anderen Teilen der Monarchie und sogar aus anderen Ländern Europas, wie Bayern und Frankreich[37], angesiedelt.

Den ersten offiziellen Schritt in Richtung eines Vielvölker-Dorfes stellten die Ansuchen einiger Witwen dar, die darum baten, angesichts ihrer schweren Lage auch Nicht-Tiroler heiraten zu dürfen, ohne dadurch ihre bevorzugte Stellung zu verlieren. Im Frühling 1816 entsprach der Kaiser dieser Bitte.

Bereits wenige Monate später, im Oktober 1816, erhielten kraft kaiserlicher Entschließung zehn serbische Familien die Erlaubnis, sich in

Abb. 8. Nachkommen der Einwanderer von 1810: Anna Stickl, Tochter Stefanie und Enkelin Nori Rebejila.

Königsgnade niederzulassen. Gleichzeitig wurde verfügt, die leerstehenden Häuser meistbietend zu versteigern. Dies war der endgültige Schluß-

Abb. 9. Säulengang des Kaiserhauses in der oberen Gasse.

strich unter die Bemühungen für eine ethnisch ungemischte Tiroler Kolonie. Als im darauffolgenden Jahr 1817, in dem im Land Tirol die Hungersnot ihren Höhepunkt erreichte, wieder einige auswanderungswillige Familien in Wien vorsprachen, wurden sie mit der Bemerkung abgelehnt, die Aufnahme von Tirolern in Königsgnade „habe nun aufgehört, daher könne der Bitte keine Folge gegeben werden"[38].

Königsgnade verlor demnach bereits wenige Jahre nach seiner Gründung den Anspruch einer reinen Tiroler Siedlung; binnen kürzester Zeit hatte es sich zu einem Dorf mit mehreren Nationen und Sprachen gewandelt.

Unterdessen zeichnete sich eine weitere Auswanderungswelle ab. Der Pfarrer von Königsgnade, Johann Matheus Stuefer, wurde zum Pfarrer der Josefstadt bei Temesvar bestellt und verließ Königsgnade im Februar 1818. Da er sehr beliebt war, folgten ihm zahlreiche Tiroler, die sich schließlich in der deutschen Vorstadt Maierhöfe, dem späteren Elisabethstadt, niederließen. Nach ihnen wurde in Temesvar, dem heutigen Timişoara, die Tiroler Gasse benannt, die heute nur mehr den älteren Einwohnern der Stadt unter diesem Namen bekannt ist.[39]

So blieb von den nach Königsgnade Eingewanderten bloß ein kärglicher Rest. Von den 153 Tiroler Familien, die in den Jahren 1811 bis 1821 in den Pfarrmatriken vermerkt wurden[40], sind binnen weniger Jahre etliche ausgestorben, 93 Familien sind wieder abgewandert, lediglich 22 verblieben am Ort.[41]

Somit ist dem Dorfchronisten Sayler zuzustimmen, wenn er die Gründungsphase von Königsgnade als gescheitert betrachtet und schreibt: „Die Ansiedlung der Tiroler mißlang also vollkommen!"[42]

Und Hirn beschließt seine Darstellung der Königsgnader Gründungszeit mit den Worten: „Sicherlich hatten gute Absichten die Regierung in ihren Maßnahmen geleitet; sie hatte sich nach besten Kräften bemüht, den schweren Einstand tunlichst zu erleichtern und den Fortbestand der Neugründung zu sichern. Daß der Versuch nicht gelang, daran trug die Schuld sowohl die unglückliche Wahl des Ortes mit allen ungünstigen Folgeerscheinungen, wie auch die wahllose Aufnahme der Kolonisten, zuletzt auch der Mangel eines allgemein anerkannten Führers, der imstande gewesen wäre, die so widerstreitenden Kräfte auf das eine große Ziel hinzulenken."[43]

Königsgnade in den Jahren 1814 bis 1848

Die wenigen Kolonisten, die noch in Königsgnade verblieben, fristeten ihr Dasein in großer Armut, sodaß der Fortbestand der Kolonie nicht gesichert war.

In dieser Situation war es wieder der Kaiser, der Hilfe gewährte. Die den Kolonisten am Anfang zur Verfügung gestellten Gelder und anderen Unterstützungen waren ursprünglich nicht als Geschenk an die Siedler gedacht gewesen, sondern hätten ehestmöglich rückerstattet werden sollen. Nun aber, da die verbleibenden Siedler in drückender Armut lebten, sodaß an eine Abstattung der Schulden nicht zu denken war, entschloß sich der Kaiser im Jahr 1822, den Siedlern „im Fall der Uneinbringlichkeit"[44] die Schulden zu erlassen.

Der Schuldenerlaß war mehr symbolischer Akt denn tatsächliche Hilfe, zeigt aber doch einmal mehr das Wohlwollen des Kaisers gegenüber den Tirolern. Trotzdem verschlechterte sich die Situation in Königsgnade immer mehr. Vor allem die Wohnsituation wurde nahezu unerträglich, denn keiner der Siedler wollte größere Reperaturen vornehmen, weil die Häuser immer noch Eigentum des Staates waren.

Im Juni 1830 stellten die Königsgnader unter der Führung ihres Ortsrichters daher an die zuständigen Behörden ein Ansuchen, das die Überlassung der Kameral-Wohnhäuser an die Kolonisten als Eigentum betraf. In diesem Ansuchen heißt es unter anderem: „Wenn diesem Übel (die Baufälligkeit der Wohnhäuser u. s. w.) durch eigenthümliche Übergabe der Häuser an die geeigneten Unterthanen nicht vorgebeugt wird, nichts weiter zu erwarten sei, als Königsgnade nun in einigen Jahren in einen Schutthaufen verwandelt zu sehen! Daher bitten wir Königsgnader die Überlassung der Wohnhäuser bis zum Herbste 1830 zu bewilligen, widrigenfalls bitten wir um unsere Entlassung von Königsgnade, um sich anderswo um eine sichere Ansiedlungsstätte umsehen zu können!"[45]

Obwohl die zuständigen Behörden dem Begehren wohlwollend gegenüberstanden und das Ansuchen mit einer positiven Note an die Königlich-Ungarische Hofkammer weiterleiteten, wurde dem Antrag zunächst nicht entsprochen.

Im folgenden Jahr 1831 sollte in Königsgnade sogar eine Militäreinquartierung erfolgen. Die Temescher Kameral-Administration wandte sich nochmals an die Königlich-Ungarische Hofkammer und bat, dieses Vorhaben nicht auszuführen, da „durch die Last dieser Militäreinquartierung diese ohnedies auf schwankendem Fusse stehende Kolonie sich vollends auflösen dürfte …"[46]

Im Mai desselben Jahres urgierte man in dieser Angelegenheit erneut bei der Hofkammer. Endlich wurde der Bitte stattgegeben, und die Häuser gingen mit Abschluß eines schriftlichen Vertrags, der festlegte, daß der Staat die Häuser bei Bedarf wieder zurücknehmen könne, unentgeltlich in das Eigentum der Siedler über.

Damit war ein wichtiger Schritt für die Dorfentwicklung gesetzt: Die Häuser waren den Menschen, die in ihnen wohnten, ins Eigentum übertragen, und endlich gingen die Siedler daran, längst fällige Reparaturen durchzuführen und die teilweise bereits stark in Mitleidenschaft gezogenen Häuser zu sanieren.

In dieser schwierigen Zeit wurde Königsgnade endgültig ein Dorf mit mehreren Volks- und Glaubensgruppen.[47] Hatten sich neben den ersten Siedlern aus dem österreichischen Tirol schon in den ersten Jahren Deutsche aus Südungarn und einige Franzosen in Königsgnade angesiedelt, so kamen in den Jahren 1818 bis 1848 Kolonisten aus Österreich, Böhmen, Mähren, Schlesien und Bayern, weiters Krassowäner[48] und Slowaken dazu. Nicht berücksichtigt sind jene Einwanderer, die Königsgnade nach einigen Jahren wieder verließen oder deren Familien bald ausgestorben waren.

Die verschiedenen, in Tirol vertretenen Völker gehörten unterschiedlichen Religionsgemeinschaften an. Im Jahr 1818 brachte die Gemeinde Königsgnade eine Bitte vor, nach der „in Hinkunft … nur Leute der römisch-katholischen Konfession zur Ansiedlung zugelassen werden sollen".[49] Doch die Hofkammer verlangte, „… keine Rücksicht darauf zu nehmen, ob katholische oder andere in Königsgnade angesiedelt werden, nur aber darauf zu sehen, daß auf die noch 87 leere Hausplätze und leere Gründe emsige Leute angesiedelt werden!"[50]

Die unruhigen Jahre 1848 und 1849

Im Jahr 1848 kam es in ganz Europa zu revolutionären Kämpfen, in denen sich das Volk gegen seine Herrscher erhob. In Wien kam es allein in diesem Jahr zu drei Revolutionen (März-, Oktober- und Dezemberrevolution). Die Unruhen erschütterten die gesamte Donaumonarchie und gaben insbesondere dem Freiheitsstreben der Ungarn neuen Auftrieb.

Am 15. März 1848 brach im ungarischen Pest eine Revolution aus, deren Führer eine nationale Regierung für Ungarn forderten. Kaiser Ferdinand I. von Österreich lenkte zunächst ein und kam den Forderungen weitgehend nach.

Im März 1849 erließ die österreichische Regierung jedoch eine Verfassung, die an der Einheit und Unteilbarkeit der gesamten Monarchie keinen Zweifel ließ.[51] Für eine weitgehende Unabhängigkeit, wie Ungarn sie anstrebte, war darin kein Platz mehr.

Daraufhin erklärte der ungarische Reichstag am 14. April 1849 das Haus Habsburg für abgesetzt und rief die Republik Ungarn aus. Der Führer der liberalen Bewegung, Lajos Kossuth, wurde zum Präsidenten ernannt. Der Kaiser[52] ließ den Aufstand mit militärischer Gewalt und russischer Hilfe niederschlagen. Kossuth mußte Ungarn verlassen. Damit war die ungarische Revolution gescheitert.

Mit welcher Seite der kriegsführenden Parteien die Einwohner von Königsgnade sympathisierten, ist schwer zu sagen. Einerseits war das Dorf eine Gründung von österreichischen Tirolern, die für ihre Kaisertreue bekannt waren, andererseits befand es sich inmitten des damaligen Südungarn und damit im Herzen jenes Landes, das die Unabhängigkeit von eben diesem Kaiser forderte. Sayler schreibt – und im Hinblick auf andere deutsche Siedlungen wie etwa Steierdorf[53] und Rusca Montana, die ein ähnliches Verhalten zeigten, sind seine Ausführungen glaubwürdig: „Die Einwohner hielten … zu der ungarischen Regierung, der sie ja von jeher alles verdanken konnten, doch waren sie – durch die Nähe der feindlichen serbischen und rumänischen Bewegungen ringsumher – zur Rückhaltung gezwungen."[54]

Am Weihnachtsabend 1848 brachten die Kaiserlichen Reșița[55] in ihre Gewalt, das wegen seines großen Eisenwerks für die Kriegsführung von strategischer Bedeutung war. Die Fabriksiedlung wurde geplündert und in Brand gesetzt. 80 Tote und eine Cholera-Epidemie waren die Folge. Ohne Blutvergießen wurde am selben Abend Bocșa-Montana besetzt. Damit fiel die ganze Umgebung in die Hände der Kaiserlichen.

In Königsgnade zog noch am Weihnachtsabend eine Gruppe feindlicher Grenzsoldaten ein. Sie plünderten, mißhandelten manche Einwohner oder nahmen sie gefangen. Erst Mitte Februar 1849 zogen sie ab.

Ende Februar entging Königsgnade knapp dem Beschuß durch kaiserliche Truppen: „Da waren Uhlanen und Artillerie aufgestellt und die Geschütze gegen Königsgnade gerichtet; ihnen folgte bald Infanterie."[56] Die kaiserlichen Truppen vermuteten feindliche Soldaten in Königsgnade, die auf ihrem Rückzug tatsächlich durch den Ort gekommen waren, sich aber bereits nach Werschetz[57] zurückgezogen hatten. In dieser kritischen Situation entsandten die Königsgnader zwei angesehene Dorfbewohner mit weißer Fahne als Unterhändler zu den kaiserlichen Truppen, die das Dorf daraufhin nach feindlichen Soldaten durchsuchten und sich vom Frieden in Königsgnade überzeugten. Endlich räumten sie ohne kriegerische Handlung das Feld.

Ruhe und Frieden kehrten deshalb nicht in Königsgnade ein. Die Königsgnader organisierten zum Schutz vor Überfällen räuberischer Gruppen Tag- und Nachtwachen. Aus jedem Haus mußten sich ein bis zwei Mann an der Polizeiwache beteiligen, sodaß zu jeder Zeit acht bis zehn Männer unterwegs waren, um das Dorf vor räuberischen Übergriffen zu schützen.

Doch selbst diese Maßnahme verhinderte bloß das Ärgste. Sayler berichtet von Überfällen auf auswärtige „Schafszallase"[58], auf Weingartenhäuser, zerstreut liegende Wohnhäuser und Tanyas[59], von Brandschatzung und sogar von Raubmorden.

Die höheren politischen Regionalbehörden waren angesichts dieser Kriegswirren völlig machtlos, mancher Vertreter der öffentlichen Ordnung war geflohen, andere mußten ihre Machtlosigkeit eingestehen.[60]

Dieser Zustand dauerte bis in den Mai 1849. Dann kehrte endlich Ruhe ein, sodaß die aus Königsgnade Geflüchteten wieder in ihr Dorf zurückkehrten.

So bleibt zum Schluß der Behandlung dieser schlimmen Jahre noch der Verweis auf ein besonders tragisches Detail der Geschichte, das die Königsgnader in dieser Revolution zu erleiden hatten: Sie waren gezwungen, auf beiden Seiten zu kämpfen. Manche wurden auf Anordnung nach Boksán eingezogen und dort einem kaiserlich-königlichen Major unterstellt, andere kämpften auf ungarische Anordnung unter dem Kommando eines Honvéd-Majors gegen die kaisertreuen Serben. Bei Sayler findet sich dazu folgender Hinweis: „Hier muß ich noch bemerken, dass auf höhere Anordnung aus unserer Gemeinde viele der Berg-Garde in Boksán zum k. k. Major Paul Mukies zur Vertheidigung der ärarischen Bergwerke beigetreten sind, darunter: Barth Mathias, Drahokoupil Wenzel, Franz Johann und Christoph, Gurka Josef, Jäger Ádám, Kiefer Franz, Kindich Josef, Mayer Anton, Müller Ladislaus, Reiter Nikolaus, Ruzicska Michael, Stankovits Peter, Ziegler Ludwig u. a. Ausserdem sandten die Königsgnader – auf Anordnung des Krassóer Komitates – 8 bis 10 Mann nach Fehértemplom und auf die Grenze gegen Serbien zu, welche unter dem Kommando des Honvéd-Majors Franz Maderspach standen, bis Ende des Freiheitskampfes dortselbst verblieben und alle Kämpfe mitmachten. Unter diesen waren: Eger Josef, Globinszky Johann, Gruber Martin und Theisz Nikolaus."[61]

Das bedeutet, daß sich die Einwohner von Königsgnade zwar nicht an einer Front Mann gegen Mann gegenüberstanden, daß sie aber doch auf beiden Seiten kämpften, weil sie eben von beiden Seiten dazu gezwungen wurden. Grausamer Bruderkrieg!

Das meiste von dem, was sich in diesen Tagen im Banater Bergland abspielte, ist heute vergessen. In einem Buch von Alexander Tietz finden sich jedoch Erzählungen, die erahnen lassen, welche Schrecken diese Revolution über das Land brachte. Tietz gibt die Erinnerungen eines Beamten aus Resita, Franz Orthmayer[62], wieder:

Es war schauerlich, wenn die Alten von Achtundvierzig erzählten. In der Revolution von 1848 standen die Reschitzaer Werkarbeiter – Deutsche und Rumänen – auf der Seite der aufständischen Ungarn. Die Bauern der umgebenden Dörfer, die den ungarischen Grafen mißtrauten, hielten es mit dem Kaiser. Kaisertreu blieben auch die Grenzregimenter.

Im Eisenwerk von Reschitz wurden Kanonen und Geschosse für das Honvédheer gegossen. Deshalb erhielt das Grenzlerregiment von Karansebesch den Befehl, gegen die Werkorte Reschitz und Bogschan vorzugehen. Dem heranrückenden Grenzlerregiment schlossen sich mit Sensen und Heugabeln bewaffnete Leute aus Tirnowa und Zerowa an. …

Am Tage des Weihnachtsabends wurde Reschitz von den Kaiserlichen angegriffen. Die von den Honvéds im Stich gelassene Bürgergarde übernahm die Verteidigung des Ortes. Bei der heutigen Lokomotivfabrik wurde die Schlacht geliefert. Die Unsrigen hatten Kanonen. Die größte, „Nicolae" genannt, stand auf dem Kreuzberg. Von dort feuerten sie in die Budjinik herüber. Halbwüchsige Jungen schleppten in Körben die Munition hinauf. Gegen Nachmittag wurde der Widerstand der Bürgergarde gebrochen. Als der Kommandant, ein Grenzleroffizier, auf einem weißen Pferd an der Spitze seiner Truppen durch die Hauptgasse ritt, wurde aus einem Haus in der Stavilla auf ihn geschossen. Er wurde am Fuß verwundet. Aus Rache gab er seinen Leuten die Erlaubnis zum Plündern und Mordbrennen. Darauf wurde der Ort fast vollständig niedergebrannt. An die achtzig Menschen wurden umgebracht.[63]

Und im selben Buch erzählt Helene Cziczka[64] von den Erlebnissen ihrer Großmutter:

In Achtundvierzig, als die Grenzler und die Tirnowaer nach Reschitz kamen, flüchteten meine Urgroßeltern – so hat das meine Großmutter erzählt, sie war damals ein Kind – nach Doman. Und dort in Doman hatten sie nichts zu essen. Die wenigen Lebensmittel, die sie bei der Flucht mitgenommen hatten, waren bald aufgezehrt. Die Feinde waren abgezogen, aber die Alten getrauten sich noch nicht, in ihre Häuser zurückzukehren. Da schlichen sich die Kinder in die verlassene Stadt, um nach Eßbarem zu suchen. An der Ecke der Hauptgasse … war ein langes, niedriges Haus, ein Wirtshaus. Die Kinder stiegen in den Keller des Hauses. Die Plünderer hatten die Fässer aufgehackt und das Getränk ausfließen lassen. Im Keller stand der Schnaps kniehoch, und im Hochprozentigen schwammen die Klötzerlbrote und die Strudel – es war ja zu Weihnachten! –, die ganze Mehlspeise, die für die Feiertage gebacken und im Keller aufgehoben worden war. Die Kinder wateten in das Getränk und fischten die Klötzerlbrote und die Kuchen und die Semmeln heraus und aßen sich satt und füllten auch die Säcke, die sie mitgebracht hatten, um ihren Eltern davon zu bringen. Von den alkoholgetränkten Mehlspeisen wurden sie betäubt. Es war im Winter. Es war Schnee. Auf dem Rückweg nach Doman blieben sie, eins nach dem anderen, am Weg liegen und schliefen ein. Ein einziger Bub kam in Doman an. Die Eltern fragten: "Wo sind die anderen Kinder?" Er sagte: "Sie schlafen am Weg." Da gingen die Alten die Kinder suchen und fanden sie, dem Erfrieren nah, am Weg. Sie glaubten zuerst, wer weiß, wer ihre Kinder vergiftet habe! Dann merkten sie am Atem der Kinder, daß sie von Schnaps berauscht waren.[65]

Königsgnade in der zweiten Hälfte des 19. Jahrhunderts

Nach der Revolution 1848/49 kehrte im Land langsam Ruhe ein. Für Königsgnade und seine Einwohner begann eine Phase des Aufschwungs und der Stabilisierung.[66] Langsam gelang es den Menschen, den noch unsicher wirkenden Ort zu einer starken Siedlung zu machen. Nach und nach entstand eine Dorfstruktur, die Königsgnade zuerst zu einem ansehnlichen Ort, später sogar zu einer der führenden Ortschaften in der Gegend wachsen ließ.

Im folgenden sollen die wichtigsten Bereiche der damals entstandenen Dorfstruktur behandelt werden.

Angelegenheiten der Gemeinde

SCHULE: Die Schule von Königsgnade wurde – vom Ärar[67] – als Gemeinde-Elementarschule ohne konfessionellen Charakter im Jahr 1814 erbaut. Zunächst gab es nur einen Lehrsaal, in dem ein Lehrer unterrichtete. 1872 wurden ein zweiter Unterrichtsraum gebaut und ein weiterer Lehrer angestellt, dem in der Schule eine Wohnung eingerichtet wurde. 1909 wurde in einem angemieteten Haus ein drittes Klassenzimmer eröffnet, in dem fortan eine Lehrerin unterrichtete.

Im Lauf der Zeit wurde die Schule um eine sogenannte Baum- und landwirtschaftliche Wiederholungsschule ergänzt. Dabei handelte es sich um die Stiftung eines pensionierten kaiserlich-königlichen Oberwaldmeisters und Großgrundbesitzers, der der Gemeinde 1.000 Klafter[68] Grund zum Bau einer landwirtschaftlichen Schule überließ. Auch die Gemeinde trug ihren Anteil zu dieser Schule bei: 1893 vergrößerte sie die Schule durch einen Plantagengarten in der unteren Gasse.

Die Erhaltung der Schule und die Besoldung der Lehrer übernahmen zunächst das Ärar, von 1854 bis 1908 die Gemeinde, in der Folge wieder das Ärar.

Für die Verwaltung der Schule, die Aufsicht und die Regelung des Schulunterrichts war bis zum Jahr 1868 die Gemeinde-Vorstehung gemeinsam mit dem Pfarrer verantwortlich. 1868 bildete sich eine Schulkommission, die ab 1909 als Schul-Kuratorium bezeichnet wurde und deren Aufgabe es war, „nach bestem Gewissen und Ermessen zum Wohl der Königsgnader Schule zu wirken"[69].

NOTARIAT: Ursprünglich gehörte Königsgnade zum Füzescher Kreisnotariat. Ende 1872 aber faßte die Königsgnader Gemeinde den Beschluß, ein selbständiges Notariat im Ort einzurichten. Die Gemeinde sorgte sowohl für die Kanzleiräumlichkeiten wie auch für das Gehalt und die Wohnung des Notars.

POST- UND TELEFONSTATION: Zunächst gab es in Königsgnade keine Poststation. Die Poststücke wurden anfangs einmal wöchentlich von Dognácska abgeholt, später von Boksán. In den sechziger Jahren des 19. Jahrhunderts amtierte erstmals ein Postmeister in Königsgnade. Er stellte einen Lehrer als Postexpeditor an und ließ durch diesen die Poststücke zunächst zweimal wöchentlich nach Boksán bringen, später sogar täglich nach Móriezföld. 1909 wurde die Post erstmals zur neuen Bahnstation des Dorfes befördert.

Interessant sind Saylers Angaben[70] über den Postumsatz im Jahr 1912: jährlich ca. 4.000 Pakete, 4.000 Briefe, dazu 3.500 rekommandierte Briefe, weiters Geldsendungen im Umfang von 480.000 Kronen und 20.000 Stück Zeitungen. Für einen Ort wie Királykegye eine gewaltige Menge!

Im Jahr 1903 wurde die Post um eine Telefonstation erweitert und mit Boksán verbunden.

ZUGVERBINDUNG: Im Jahr 1854 wurde die Bahnstrecke Oravicza-Fehértemplon-Báziáser eröffnet; 1864 und 1874 kamen weitere Eisenbahnlinien hinzu. Damit lag der Gedanke nahe, auch Königsgnade an das Eisenbahnnetz anzuschließen, zumal die Vermarktung der landwirtschaftlichen Produkte damit wesentlich erleichtert werden konnte.

Das Vorhaben mißlang mehrere Male: In den Jahren 1893, 1903 und 1905 wurde vergeblich versucht, den Plan in die Tat umzusetzen. Erst im Oktober 1908 – nach 16 Jahre dauerndem Zögern – faßte die Gemeinde den Beschluß, „eine Station mit einem Viehladungsplatze zu erbauen"[71]. Ein Jahr später wurde die Bahnstrecke Oravicza-Királykegye-Resicza ihrer Bestimmung übergeben.

Sayler berichtet als Folge von einem großen „Umschwung, welchen man im Betriebe des Personen- und Güterverkehrs hierlands durch diese Dampfeisenbahn bewirkt hat, welche sich in kurzer Zeit zu dem wichtigsten Hebel der Kultur dieser Gegend entwickelte."[72] In der folgenden Zeit wurden sowohl eine Zufahrtsstraße zur Bahnstation sowie eine

Abb. 10. Der Bahnhof von Tirol (1993).

„Akazienpromenade" für Fußgeher von der Füzescher Brücke bis zum Wächterhaus der Bahn angelegt.

SANITÄTSWESEN: Schon 1812 wurden auf allerhöchste Verordnung in Königsgnade ein Spital und eine Apotheke errichtet, mit deren Leitung der Arzt Dr. Johann Euraristes von Rögele aus Innsbruck betraut wurde. Von Rögele erwarb sich rasch das Vertrauen der Siedler und zeigte hohes Engagement. Doch schon zwei Jahre nach der Gründung des Spitals und der Apotheke erlag er dem Typhus – im Alter von nur 29 Jahren.

Damit hatte der Ort eine wichtige Persönlichkeit verloren. Die Arztstelle wurde zunächst zwar nachbesetzt, doch von 1816 an blieb die Kolonie für lange Zeit ohne medizinische Versorgung.

Erst 1852, als das Drängen der Bevölkerung immer größer wurde, gründete die Regierung eine Kreisarztstelle in Königsgnade, die auch medizinische Anlaufstelle für die Gemeinden Füzes, Benyes, Dokleny und Nagyszurdok war. Zehn Jahre später, 1862, wurde die Stelle aber wieder aufgelöst. Auf neuerliches Drängen der Gemeinde verfügte der Boksáner Oberstuhlrichter 1890 eine neue Einteilung des Arztkreises. Diese Einteilung mußte später aus praktischen Gründen zwar mehrmals abgeändert werden, an der Tatsache, daß Königsgnade/Királykegye nun auch Arztsitz war, wurde fortan aber nicht mehr gerüttelt, „da die Förderung der Hygiene und des raschen und guten Sanitätsdienstes nur auf diese Weise"[73] zu erhoffen waren.

In der langen Reihe der Königsgnader Ärzte findet sich auch der pensionierte kaiserlich-königliche Militärarzt Julius von Sayler, der den Dienst in Királykegye 1901 antrat. Dieser Arzt hat sich neben seinem medizinischen Dienst insbesondere durch das Erstellen einer Dorfchronik anläßlich der 100-Jahr-Feier von Königsgnade/Királykegye verdient gemacht, ohne die viel wertvolles Wissen über die Geschichte dieses Dorfes verlorengegangen wäre.[74]

Indem lange Zeit in der Gemeinde kein Arzt wirkte, mußte das 1811 errichtete Koloniespital mitsamt der Apotheke schließen. Im Jahr 1854 wurde das Spital zwar wieder errichtet, doch hatte auch dieses nicht

Abb. 11. Titelbild der ungarischen Ausgabe von Saylers Dorfchronik (1912). Jedes in Ungarn erscheinende Buch mußte damals auch in Ungarisch gedruckt werden.

lang Bestand. Nachdem der damalige Arzt Königsgnade verlassen hatte, war auch das Ende des Krankenhauses gekommen.

Mehr Glück hatten die Königsgnader mit Geburtshelferinnen. Schon unter den ersten Ansiedlern befand sich eine Hebamme, die ihren Dienst nicht nur in der Tiroler Kolonie versah, sondern auch in den Nachbardörfern. Als sie 1818 fortzog[75], übernahm eine Pragerin ihre Aufgaben. Vermutlich war der Hebammenposten in Königsgnade von allem Anfang an lückenlos besetzt.

Angelegenheiten der Kirche

Schon 1766, fast ein halbes Jahrhundert vor der Gründung Tirols, verfügte Maria Theresia, daß die neuen deutschen Kolonien im Banat einen „eigenen Pfarrer, eigene Kirche, Schule und wenigstens zwei Gemeinden einen Arzt erhalten sollen"[76]. In Übereinstimmung mit dieser Verordnung bewilligte Franz I. unter anderem den Bau einer katholischen Kirche und eines Pfarrhauses. Außerdem sollte als Übergangslösung bis zur Fertigstellung der Kirche eine Kapelle aus Brettern errichtet werden. Zur Beförderung seines Anliegens stiftete der Kaiser im Jahr 1811 ein vergoldetes Holzkreuz, dessen Postament ein kleines, angeblich aus einem Partikel des Kreuzes Christi hergestelltes Kreuz enthält.

Dieses Kreuz stand seit der Einweihung der Kapelle im Jahr 1814 auf dem Tabernakel des kleinen Gotteshauses, ebenso ein Bild der Hl. Mutter Gottes. Unter dem Marienbild befestigten die Tiroler zum fortwährenden Gedenken Tapferkeitsmedaillen aus dem Krieg von 1809, die sie aus der Heimat mitgebracht hatten.[77] Alles zusammen – Kreuz, Muttergottesbild und Tapferkeitsmedaillen – wurde im Jahr 1850 auf den Hochaltar der Pfarrkirche übertragen, wo sie sich heute noch befinden – kaum ein Tiroler aber weiß um die Bedeutung der Tapferkeitsmedaillen und des angeblichen Partikels des Kreuzes Jesu in seiner Heimatkirche.

Mit dem Bau der Kirche war im Jahr 1847 begonnen worden. Am 15. November 1850 wurde das Gotteshaus zur Ehre der „Geburt der Hl. Jungfrau Maria" geweiht.

Später wurde es üblich, das Kirchweihfest am 8. September zu feiern – eine Folge davon, daß man Kirchweihfest und Patrozinium verwechselte. Der 8. September ist nämlich nicht der Tag der Tiroler Kirchweihe (das ist der 15. November), sondern der Tag, an dem die Geburt der Patronin über die Tiroler Kirche, die Gottesmutter Maria, gefeiert wird.[78] Irrtum wie auch Brauch haben sich bis heute erhalten.

Die „erste" Kirche blieb nicht lang bestehen. Im August 1861 brannte sie ab, wurde von der Staats-Eisenbahngesellschaft aber wieder aufgebaut, eingerichtet und sogar mit Glocken ausgestattet. An den Kosten für die Glocken beteiligte sich auch die Gemeinde.

1882 erhielt der Turm eine Uhr, 1889 folgte der Einbau einer Orgel. 1896 legten die Königsgnader um die Kirche einen mit 100 Linden und 40 Fichten bestückten Park an, der den Namen Milleniumspark erhielt[79] und im Jahr 1908 eingezäunt wurde.

PFARRE: Die Königsgnader Pfarre wurde bereits 1811 errichtet und dem Werschetzer Pfarrdistrikt[80] zugeteilt. Im Lauf der Zeit erhielt die Pfarre mehrere Filialen: zunächst Füzes (1819 bis nach 1912)[81] und Doklény (1822 bis nach 1912), dann Nagyszurdok (1825 bis nach 1912) und Forotik (1829–1871), Zsidovin (1835–1869) und Benyes (1836–1852), schließlich Bressonfalva (von 1872 bis nach 1912) und Ferendia (1887–1908). In manchen Filialen wurde in der Schule eine Kapelle eingerichtet, in der der Königsgnader Pfarrer zu bestimmten Anlässen Gottesdienste feierte. An den übrigen Sonn- und Feiertagen trug der Lehrer Gesänge vor, und es wurden Gebete verrichtet. In Szurdok baute man 1904 eine Waldkapelle.

Für die Pfarre Königsgnade war 1838 ein besonderes Jahr. Zum ersten Mal in der Geschichte des Dorfes kam ein Bischof auf Besuch. Anlaß dafür war die Spendung des Sakraments der Firmung. Später wurde Königsgnade etwa alle 15 Jahre vom Bischof visitiert.[82]

Für die Kirche von Königsgnade war – neben dem Pfarrer – stets der Lehrer der Schule zuständig. Schon von der Gründungszeit an verrichtete dieser den Kantor- und später den Organistendienst, wofür ihm die Gemeinde die Nutzung von vier Joch Feld oder Wiese überließ. Darüber hinaus erhielt er für besondere Gottesdienste wie Taufen, Trauungen oder Begräbnisse ein zusätzliches finanzielles Entgelt. Außerdem war der Lehrer für das Läuten der Glocken zuständig und begleitete den Pfarrer zu den Kranken. Ein eigener Mesner wurde erst 1890 angestellt.

PFARRHAUS: Das Pfarrhaus wurde 1814 vom Ärar errichtet und mit einem großen Hof von 500 Klafter und einem Garten von einem Joch und 400 Klafter versehen. Das Pfarrhaus wurde einige Male umgebaut, steht als solches aber heute noch und dient nunmehr als „Casa Maicilor" – Haus der Schwestern.

FRIEDHOF: 1811 wurde nördlich des Dorfes (gegen Klopodia zu) ein Friedhof in der Größe von 200 Klafter angelegt, der bis 1893 bestand. Von die-

Abb. 12. Altarbild mit den Tapferkeitsmedaillen der Tiroler Einwanderer.

sem alten Friedhof ist heute nichts mehr zu sehen, an seiner Stelle ist Ackerland. 1893 entstand ein neuer Friedhof in der Größe von einem Joch. 1910 wurde er mit Stacheldrahtgitter umgeben und mit einem eisernen Gittertor versehen. Die denkwürdige Aufschrift auf dem Tor lautete: „Vergiss' mein nicht – Ermahnung: Was ihr seid, das waren wir, und was wir sind, das werdet ihr."

Angelegenheiten der Landwirtschaft

Ursprünglich stand das Land rund um Königsgnade im Eigentum des Staates. Nach der Gründung des Ortes kamen die Felder an die Koloni-

Abb. 13. Die Dorfkirche inmitten des Kirchenparks.

sten, die staatliche Kammer behielt 601 Joch für sich. Um die Verwaltung dieses Areals kümmerten sich Verwalter, die mit einer Ausnahme alle in Königsgnade wohnten.

1855 gingen sämtliche Kameralgründe des früheren Königlich-Ungarischen Montan-Ärars in Südungarn – dazu zählten neben Feldern, Wäldern und anderen Grundstücken auch Eisenwerke und Bergwerke – durch Kauf in das Eigentum der Privilegierten Österreichisch-Ungarischen Staats-Eisenbahngesellschaft über.

Des weiteren kaufte die Gesellschaft jene Weingärten, die bis zum Jahr 1848 auf der Anhöhe gegen Boksán angelegt worden waren. Es handelte sich dabei um ungefähr 144 Joch, von denen überliefert wird, daß sie „einen guten Schillerwein lieferten."[83] Schon 1875 bestanden davon jedoch nur mehr etwa 65 Joch, und auch diese wurden Anfang der achtziger Jahre des 19. Jahrhunderts durch Reblausbefall größtenteils vernichtet.

Für die Verwaltung dieser Gründe wurden – wie bereits angeführt – eigene Beamte angestellt[84]: ein Betriebsführer (Förster oder Oberförster), drei Forstwarte (wobei einer für Tirol, einer für Dokleny und einer für Füzesch zuständig war), fünf Wald- und drei Feldhüter, weiters 32 Teilzeitarbeiter und 15 Teilzeitfuhrleute.[85]

Die Forst- und Domänenverwaltung in Königsgnade verfügte demnach über einen beträchtlichen Personalstand. Auf die Dorfentwicklung wirkte sich dieser Umstand günstig aus, denn die Leute wohnten in Königsgnade und förderten damit das Leben des Ortes und dessen Wirtschaft.

Im Bereich der Landwirtschaft entwickelten sich vor allem die Bereiche Seidenkultur, Bienenzucht und Milchwirtschaft sowie die Getreide- und Fleischverarbeitung.

SEIDENKULTUR: Mancher heutige Tiroler ist verblüfft, wenn er hört, daß in seinem Heimatort dereinst die Seidenraupenzucht professionell betrieben wurde. Für Königsgnade war dies jedoch einmal ein überaus profitabler Wirtschaftszweig.

Wann und von wem die Seidenkultur in der Region eingeführt wurde, ist unbekannt. Selbst Sayler macht dazu keine Angaben. Er berichtet lediglich von einem „uralten, mächtigen Maulbeerbaum"[86], der zu seiner Zeit im Gemeindehof stand und angeblich von den Tiroler Kolonisten gepflanzt worden war.

Die intensive Beschäftigung mit der Seidenkultur begann in den fünfziger Jahren des 19. Jahrhunderts. Damals fingen Bewohner des Ortes vereinzelt an, Maulbeerbäume zu pflanzen und die Seidenraupenzucht in großem Ausmaß zu betreiben. Ihre Produkte verkauften sie zunächst nach Werschetz. Später profilierte sich die Seidenraupenzucht im ganzen Dorf. 1868 ging eine „Maulbeerbaumschule" in Betrieb, und in den folgenden Jahren pflanzten die Königsgnader junge Bäume vor den Häusern in den Gassen des Dorfes, sodaß Promenadenwege entstanden. Die meisten der Pflanzungen mißlangen jedoch, und viele Bäume starben ab, die Promenadenwege hingegen sind großteils heute noch vorhanden, weil an die Stelle der abgestorbenen Maulbeerbäume später Akazien und Lindenbäume gesetzt wurden.

Trotz derartiger Rückschläge ging es mit der Seidenkultur in Königsgnade aufwärts – wohl auch deswegen, weil sie von staatlichen Stellen gefördert wurde. Die höchste Zahl der Züchter wurde 1896 mit 171 Züchtern erreicht, im Jahr 1912 wurde die Zahl der Seidenraupenzüchter mit 130 angegeben.

Im selben Jahr schrieb Sayler mit patriotischem Stolz: „Unter 254 Gemeinden steht im Komitate Királykegye-Königsgnade an fünfter Stelle unter jenen Gemeinden, welche den besten Erfolg erreicht haben. Es entfallen durchschnittlich jährlich 3348 Kr. zu Gunsten dieser Gemeinde, daher für sie die Seidenkultur sehr lohnend ist!"[87]

BIENENZUCHT: Die Bienenzucht von Königsgnade nahm ihren Ausgang im Schulgarten. Dort führte der Lehrer Andreas Mahler[88] Anfang der siebziger Jahre des 19. Jahrhunderts die Bienenzucht ein, die er auf seinem „Szállás"[89] später professionell ausdehnte. In Summe besaß er 40 bis 50 Bienenstöcke, mit denen er jährlich vier bis fünf Meterzentner feinen Honig aus Akazien, Linden- und Heidekornblüten erzeugte. Wie die Produkte der Seidenkultur wurde auch der Honig nach Werschetz verkauft.

Mahler betrieb die Bienenzucht über 40 Jahre lang, und im Lauf dieser Zeit fand er in Königsgnade immer mehr Bienenzuchtkollegen. Im Jahr 1912 gab es etwa 20 Bienenzüchter mit über 300 Bienenvölkern in ca. 200 Kästen. Im selben Jahr traten die Királykegyeer Bienenzüchter dem „Bezirksvereine der Bienenzüchter zu Boksánbánya" bei.

Auch heute zählen Bienenzucht und Honigproduktion zu den wichtigeren landwirtschaftlichen Bereichen in Tirol.

MÜHLE: Schon die Tiroler Einwanderer errichteten am Füzescher Bach eine Wassermühle mit zwei bis drei Mahlsteinen. 1864 entstand an derselben Stelle eine Mühle mit Pferdebetrieb, der schon 1867 eine dampfbetriebene Mühle folgte. In der Folge wurden mehrere Dampfmühlen gebaut, die wichtigste im Jahr 1898. Diese wurde mit einem Lokomobil von 16 Pferdekräften vereint; die Leistungsfähigkeit lag bei ca. 50 Meterzentner Mehl pro Tag.

Schließlich wurde die Mühle mehrmals verkauft und in den Jahren 1909 und 1910 mit modernen Maschinen aus Deutschland ausgestattet. In dieser neuen Mühle wurden fortan jährlich etwa 70 bis 80 Waggons Weizen (Frucht) und Mais (Kukuruz) verarbeitet. Außerdem war sie mit einer Ölmühle verbunden, die jährlich 20 bis 30 Hektoliter Sonnenblumenöl erzeugte.

Die Mühle steht heute noch am Dorfausgang in Richtung Fizes.

MILCHGENOSSENSCHAFT: Wo Landwirtschaft betrieben wird, gibt es meistens Milch. In Königsgnade war das nicht anders. Die Vermarktung von Milch ist jedoch noch schwieriger als jene von Seide oder Honig. Daher schlossen sich die Királykegyer im Jahr 1899 zusammen und gründeten eine Milchgenossenschaft, die täglich 1.500 bis 2.000 Liter Kuhmilch verarbeitete. Die Butter soll wegen ihrer hohen Qualität sehr begehrt gewesen und angeblich bis nach Budapest geliefert worden sein.

Trotz des Erfolgs dauerte dieses Unternehmen allerdings nur drei Jahre, dann löste es sich 1902 wegen zu schwacher Beteiligung der Bevölkerung auf.

Abb. 14. Die alte Dorfmühle (1992).

SCHLACHTBRÜCKE UND FLEISCHBANK: Schon 1811 öffnete auf dem Kirchenplatz von Königsgnade eine ärarische Fleischbank, die bis in die vierziger Jahre des 19. Jahrhunderts Bestand hatte. Dann wurde die Fleischbank privatisiert und an eine andere Stelle transferiert.

Die Fleischbank wechselte mehrmals den Besitzer, bis Johann Pflug 1911 in der Unteren Gasse neben dem Füzescher Bach eine Schlachtbrücke einrichtete, die durch Verordnung den Charakter einer öffentlichen Schlachtbrücke erhielt. Das bedeutete, daß sämtliche Schlachtungen von Királykegye ausschließlich dort vorzunehmen waren; nur die Schweineschlachtung blieb von dieser Regelung ausgenommen. Auch die Fleischbeschau durch den Kreisarzt war vorgeschrieben. Im Jahr 1912 nahm in Királykegye eine zweite Fleischbank den Betrieb auf.

LANDWIRTSCHAFTLICHE MASCHINEN: Das Dorf lebte in erster Linie von der Landwirtschaft. Die Bauern waren daher bestrebt, zur Arbeitserleichterung und Ertragssteigerung leistungsstarke landwirtschaftliche Großmaschinen in das Dorf zu holen und diese gemeinschaftlich zu nutzen. Wie Organisation und Abrechnung der gemeinsamen Nutzung vor sich gingen, wissen wir nicht, doch scheint die Zusammenarbeit gut funktioniert zu haben.

1874 wurde eine von vier Pferden angetriebene Göppeldreschmaschine angeschafft. Ab 1901 stand eine Dampfdreschmaschine im Einsatz, die eine Leistungsfähigkeit von 100 bis 120 Meterzentner Frucht pro Tag aufwies. 1904 wurde nochmals eine ähnliche Maschine angeschafft, und im Jahr 1910 führte man schließlich eine von einem Benzinmotor angetriebene Dreschmaschine ein. Nach der Jahrhundertwende waren außerdem verschiedene Anbaumaschinen – z. B. Kukuruzsetzer – in Verwendung sowie eine „Rekord-Drill"-Sämaschine und eine Mähmaschine.

Wochenmarkt: Für eine Gemeinde, deren Bewohner hauptsächlich von landwirtschaftlichen Erzeugnissen leben, ist die Frage der Vermarktung der Produkte von zentraler Bedeutung. Königsgnade ersuchte daher schon 1886 um die Bewilligung eines Wochenmarkts; darüber hinaus sollte zweimal jährlich ein Jahrmarkt stattfinden. Dem Ansuchen wurde jedoch nicht entsprochen; auch ein zweiter Versuch im Jahr 1905 scheiterte. Erst drei Jahre später (1908) erging die Genehmigung, daß „Királykegye jeden Mittwoch einen Wochenmarkt, ohne Viehauftrieb und ohne Einhebungsrecht von Markttaxen, abhalten kann"[90]. Dem Ansuchen um die Ergänzung des Wochenmarkts durch Viehauftrieb wurde auch in späteren Jahren nicht entsprochen.

Der Wochenmarkt selbst wurde zu einem wichtigen Bestandteil des örtlichen Wirtschaftslebens.

Angelegenheiten des Gewerbes und der Industrie

Tischlerei: 1911 richtete ein Bau- und Möbeltischler in Királykegye eine Tischlerwerkstätte ein. Ein Benzinmotor mit einer Leistung von fünf PS betrieb eine Bandsäge, eine Fräs- und Bohrmaschine, einen Abrichthobel, eine Diktenmaschine und einen Schleifapparat.

Bauholzniederlage: 1909 errichtete ein Dorfbewohner an der Hauptstraße eine umfangreiche Niederlage für Bauholz, die er bereits zwei Jahre später vergrößern und um einen Stock aufstocken ließ. Das Bauholz bezog er aus Detta.

Ziegelfabrik: Im Jahr 1911 errichtete Josef Stickl einen gewöhnlichen Ziegelbrennofen nach deutschem Muster und stellte bei diesem einen Ziegelmeister und zehn bis zwölf Ziegelschläger an. Schon im ersten

Jahr betrug die Produktion etwa 100.000 Stück Mauerziegel von guter Qualität.

Sodawasserfabrik: Im Frühjahr 1904 richtete ein Dorfbewohner in einem einfachen Hofzimmer eine Sodawasserfabrik ein, die er einige Monate selbst in Betrieb hielt, dann jedoch weiterverkaufte. Der Käufer wechselte den Standort und konnte sich mit seinem Produkt weiter auf dem Markt behaupten. 1912 verkaufte aber auch er. Fortan wurde mit flüssiger Kohlensäure aus Buziásfürdó gearbeitet; die wöchentliche Produktionsmenge betrug etwa 200 Flaschen Sodawasser, 50 Flaschen Gazeuse (Sodawasser mit Himbeersaft) sowie 50 Flaschen Limonade. Verkauft wurde ausschließlich in Királykegye.

Weitere Unternehmen im Königsgnade des 19. Jahrhunderts

In Királykegye gab es im Jahr 1912, wie Sayler in seiner Chronik berichtet, folgende weitere Unternehmungen: „2 Gast- und 2 Wirtshäuser, und zwar des Josef Friedmann, Franz Mestrich, Anton Mlasovszky und Milia Udovicza, ferner eine Bäckerei des Franz Kugler, endlich … 4 Tischler, 4 Wagner, 4 Schmiede und 8 Kaufleute."[91]

Außerdem wurde am 11. Oktober 1896 der „Királykegyer Spar- und Kreditverein als Genossenschaft" gegründet, der 442 Mitglieder zählte, die insgesamt 1.730 Anteile besaßen. 1901 wurde der Verein zu einer „Aktien-Gesellschaft" mit 210 Aktionären und 1.200 Aktien umgewandelt. Dabei handelte es sich um ein professionelles Unternehmen mit Direktor, Vizedirektor, Buchführer, Kassier sowie zwölf Direktionsräten und sechs Aufsichtsräten. Pro Woche gab es zwei Geschäftstage: Sonntag und Mittwoch.

Vereine im Königsgnade des 19. Jahrhunderts

Musikkapelle: Fast von Anfang an fanden sich die Königsgnader in einer Musikkapelle zusammen, wobei die Initiative dazu vom ersten Dorflehrer ausging. Er gründete im Jahr 1814 eine Gruppe von zehn bis zwölf (sogenannten) „böhmischen" Musikanten, denen er auch Musikunterricht erteilte. Die gemeinsamen Veranstaltungen fanden bis ins Revolutionsjahr 1848 statt, dann zog sich der Lehrer von dieser Tätigkeit zurück, die Musikkapelle bestand jedoch weiterhin mit Erfolg.

GESANGSVEREIN: Der Kapellmeister, der von 1888 bis 1892 die Musikkapelle leitete, baute auch eine Gesangsgruppe auf und gab Gesangsunterricht. In dieser Gruppe fanden sich 16 bis 18 „verheiratete Királykegyeer"[92] zusammen, die sich sowohl dem kirchlichen als auch dem weltlichen Liedgut widmeten. Die Gruppe löste sich einmal auf, wurde aber im Februar 1903 von einem Lehrer als „Gesangsverein" neu gegründet.

BAUERNVEREIN: Der Bauernverein von Királykegye war keine bloße Vereinigung einiger örtlicher Bauern, sondern Teil eines großen Bauernbundes. 1891 schlossen sich die Bauern Südungarns unter dem Wahlspruch „Für Gott, König und Vaterland" zusammen und gründeten jenen Bauernverein, dem der Ortsverein Királykegye 1899 mit 61 Mitgliedern beitrat.

Die Zentrale dieses Bauernvereins war offensichtlich darum bemüht, für Királykegye gute Arbeit zu leisten. So organisierte sie anläßlich des 100-Jahrjubiläums der Gemeinde eine große Hornviehausstellung mit Prämierung und gründete außerdem die bedeutsame dreimonatige landwirtschaftliche Fortbildungsschule für Jugendliche von 15 bis 20 Jahren. Der Unterricht fand in den Wintermonaten statt und wurde mit einer öffentlichen Prüfung abgeschlossen. Darüber hinaus war die Vereinszentrale im Besorgen landwirtschaftlicher Erfordernisse – z. B. Pflanzensamen und Zuchttiere – behilflich. Den Ortsvereinen stand eine Sammlung wissenschaftlicher Werke als „Wanderbibliothek" zur Verfügung, außerdem erschien „Der Bauer", eine Vereinszeitung, die jedem Ortsverein gratis zugesandt wurde. Die Tätigkeit des Bauernvereins war für Királykegye daher von großem Segen.

Die Periode der Auswanderung in die Neue Welt

In der Tiroler Dorfkirche findet sich im Vorraum links über dem Eingang zu einer Seitenkapelle eine Tafel mit der Aufschrift „Gewidmet von den im Jahre 1903 und 1904 in Amerika gewesenen Brüdern zur frommen Erinnerung an ihre Mutter-Kirche in Királykegye und zwar von …"

Die Schrift ist wohl schwer zu lesen, und ein Fremder mag vielleicht ein paarmal hinschauen, ob er sich beim Wort „Amerika" nicht verlesen habe. Aber nein, die Auswanderungswelle nach Amerika ist tatsächlich Teil der Banater und der Königsgnader Geschichte. Die Worte, die Sayler zu diesem Kapitel findet, muten freilich an, als würden sie sich auf die gegenwärtige Zeit und die Auswanderung vieler Tiroler nach Deutschland beziehen. Fast hat es den Anschein, als wäre ein Kapitel der Dorfgeschichte zweimal geschrieben worden.

Aus dem Banat sind um die Jahrhundertwende viele Menschen nach Amerika ausgewandert. Als der Bischof von Temeswar, Augustin Pacha[93], 1925 am Eucharistischen Weltkongreß in Chicago teilnahm, machte er eine Rundreise durch die Vereinigten Staaten. Dabei besuchte er „New York, Buffalo, Detroit, St. Loius, Cincinnatti, Cleveland, Philadelphia und Washington. Er traf viele, die in den Jahren 1900 bis 1914 ausgewandert waren. Er verstand es, den Menschen zu Herzen zu reden, kannte er doch das ganze Banat. Er sprach über die Heimat, ihre Dorfkirche, die Schule, den Pfarrer, den Lehrer und den Friedhof. Überall gab es Tränen … In Cleveland weihte er die Riesenhalle der Banater und Batschkaer Schwaben ein."[94]

Die ersten Menschen aus Királykegye, die nach Amerika auswanderten, dürften ihre Heimat bereits 1895 verlassen haben, doch vor allem in den ersten Jahren des 20. Jahrhunderts machten sich viele auf in die Neue Welt, wo sie sich ein besseres Leben erhofften. Im Jahr 1912 waren bereits 134 Ortsbewohner in Amerika, „31 verheiratete Männer, 29 verehelichte Frauen, 18 ledige Mädchen, 15 ledige Burschen und 41 kleine Kinder"[95].

Die meisten Királykegyer zogen nach Südbetlehem in Pennsylvania, einige nach Neubetlehem, New York und Philadelphia. Manche zog es nach Kanada. Die Männer arbeiteten großteils in Metallwarenfabriken, die Mädchen in Seiden- oder Zigarrenfabriken, viele standen in privaten Diensten.

Die Ursachen für diese Auswanderung waren in erster Linie der Mangel an Arbeitsplätzen und die „furchtbare Theuerung"[96] in der Heimat. Stefan Karvandy, einer der nach Amerika Ausgewanderten und zuvor gutsituierter Landwirt, kam zurück und wanderte mit seiner Familie erneut aus. Er gab folgendes an: „Wir haben hier keinen Sand, kein Wasser, keinen Stein. Unser Lehmboden trägt kaum 30 % soviel, wie in der Umgebung. Dagegen haben wir 130–135 % Gemeinde-Umlagen gegen 40–45 % der Umgebung (Füzesch, usw.). Dabei wird uns die Steuer jährlich höher, die Einnahmen dagegen nicht vermehrt. Das Wetter ist hier sehr launenhaft und unsicher, daher die Fechsung 3–4 Jahre hindurch schlechter und kaum in 5 Jahren einmal halbwegs mittelmäßig! Wer daher einmal in Amerika drüben war und auch hieher zurückkommt, hat keinen Halt mehr in Ungarn, er zieht wieder nach Amerika zurück!"[97]

Und Sayler fährt fort: „Unter solchen Umständen ist es erklärlich, daß die Berichte der Ausgewanderten – die drüben etwas Geld beiseite legen konnten und die nun ihre hiergebliebenen Angehörigen unterstützen … eine verlockende Kraft haben. Wenn dann Rückwanderer …, die einige Jahre jenseits des großen Wassers geweilt, mit paar tausend Kronen ersparten Geldes zurückkehren, so wirkt dieses Beispiel direkt aneifernd! Da muß man es noch als etwas Erfreuliches betrachten, wenn diese Auswanderer für die alte Heimath ihre Anhänglichkeit bewahren und ihr Erworbenes heimbringen, da dieses Geld doch zur Linderung des Nothstandes Loko zu gute kommt!"[98]

Der Reiz, den Amerika auf die immer noch armen Bewohner des Banater Berglands ausübte, wurde auch durch den Ersten Weltkrieg nicht gebrochen. Davon erzählt auch Maria Stickl, die selbst sieben Jahre ihrer Jugend in Kanada verbrachte.

MARIA STICKL[99], geboren am 7. Juli 1913: Sieben Jahre in Montreal!
Als ich 14 Jahre alt war, wanderte mein Vater[100] nach Montreal aus. Erst ein paar Jahre zuvor war er aus Rußland zurückgekommen, wo er zuerst jahrelang im Krieg und dann in Gefangenschaft war. Aber trotzdem wollte er wieder fort – zum Geldverdienen. Hier in Königsgnade hatten wir nur ein schlechtes Haus, das mit Stroh gedeckt war. Da wollte mein Vater Geld für ein neues Haus verdienen. Deshalb wanderte er nach Kanada aus, gemeinsam mit Albert Boden. Mit dem Zug fuhren die beiden von Tirol bis zu einem Hafen und von dort mit dem Schiff weiter nach Kanada. Das war eine weite Reise. In Montreal mußte mein

Abb. 15. Maria Stickl.

Vater erst Arbeit suchen. In einer Fabrik kam er schließlich unter. Ich glaube, es war eine Fabrik, in der mit Alteisen gearbeitet wurde.

Wir bekamen alle paar Wochen regelmäßig Post von ihm. Nach drei Jahren schrieb er, ob wir auch nach Kanada kommen möchten. Wir antworteten ihm, daß wir das wohl gern möchten, wenn er das nur auch wollte. Es ging uns zuhause nicht schlecht, aber wir waren doch eine Familie ohne Vater. Auch hatte ich meinen Vater sehr gern, sodaß ich mich darauf freute, zu ihm zu kommen. Vater schickte die Schiffskarten auf das Konsulat nach Temeswar, wo wir sie abholen mußten.

Dann fuhren wir – meine Mutter und ich[101] – von Tirol über Temeswar ans Meer. Wir fuhren mit dem Zug, ein paar Mal mußten wir umsteigen. Dann kamen wir am Hafen an, eine Woche waren wir mit der „Langaster" unterwegs. In Kanada fuhren wir noch einen Tag und eine Nacht mit dem Zug. In Montreal wartete Vater am Bahnhof. Da waren wir alle froh, uns nach so langer Zeit wieder zu sehen. Wir konnten auch bei ihm wohnen.

Ich fing bald als Hausmädchen zu arbeiten an. In den sieben Jahren arbeitete ich bei zwei jüdischen Familien, Max Lavin und David Stober. Ich mußte im Haus arbeiten: zusammenräumen, waschen, bügeln, putzen … Englisch lernte ich dabei kaum; von beiden Familien wurde ich immer gut behandelt – wie ein eigenes Kind.

Das Leben in Montreal gefiel mir sehr gut. In der Freizeit war ich viel im Kino, auch tanzen ging ich. Die Musik in Amerika war wie in Königsgnade, weil die Einwanderer eigene Feste veranstalteten, auf denen unsere Musik gespielt wurde.

Auch die Stadt gefiel mir sehr. Sie war so groß! Von zuhause bis in die Arbeit eine Stunde Fahrzeit – und immer noch kein Stadtende in Sicht!

Ich war wirklich sehr gern in Kanada. Aber wir kamen wieder zurück, denn Vater wollte nicht für immer bleiben. Die erste, die zurück wollte, war Mutter; und Vater wußte, daß jeder, der länger als zehn Jahre fortblieb, das Bürgerrecht in der Heimat verlor. Außerdem gab es in Kanada kein Pensionssystem, sodaß die alten Leute kein Geld erhielten. Und Vater fürchtete, er werde nicht bis zum Tod arbeiten können – aber wovon hätte er dann leben sollen? So kehrten wir alle zusammen wieder in die Heimat zurück. Der Abschied von Montreal fiel uns schwer, obwohl wir drüben nicht so viele Freunde hatten wie in Königsgnade.

Zwei Wochen vor Weihnachten 1937 kamen wir in Königsgnade an. Zuerst wohnten wir bei der Mutter meines Vaters, später bei Nachbarsleuten, und dann fingen wir an, mit dem Geld, das wir in Kanada gespart hatten, ein Haus zu bauen – das Haus, in dem ich heute noch lebe!

Aber über die Heimat kamen schlechte Zeiten. Ein Jahr nach der Rückkehr heiratete ich, und wieder ein Jahr später brach der Weltkrieg aus. Damit kam viel Leid über unsere Heimat. Da tat es Vater dann doch leid, daß wir zurückgekommen sind. Sein Bruder hatte ihm ja einmal nach Kanada geschrieben „Bleib' in Kanada, es geht nicht gut bei uns." Aber wer konnte damals schon wissen, daß es wirklich so schlimm kommen würde?

Abb. 16. Ein Bild aus der Neuen Welt. Das Foto wurde 1931 nach Königsgnade gesandt: „Ein Gruß von alle[n] aus Montreal."

Die Trennung von Österreich-Ungarn durch den Ersten Weltkrieg

Am 28. Juni 1914 wurden in der bosnischen Hauptstadt Sarajewo der österreichische Thronfolger, Erzherzog Franz Ferdinand, und dessen Gattin, Sophie von Hohenburg, von einem 17jährigen Attentäter erschossen. Damals ahnte niemand, wie sehr dieser Mord Europa verändern sollte.

Österreich-Ungarn machte die Regierung Serbiens für den Mord verantwortlich und stellte Belgrad zur Erfüllung bestimmter Forderungen ein Ultimatum. Als dieses ungenützt verstrichen war, erklärte Österreich-Ungarn am 28. Juli 1914 Serbien den Krieg, der sich aufgrund der politischen Bündnisse rasch zu einem Weltkrieg entwickelte, der den europäischen Kontinent und die Kolonien der damaligen Großmächte in eine militärische Auseinandersetzung führte, wie die Welt bis dahin keine gesehen hatte. Erstmals kam es dabei auch zum Einsatz von Giftgas und von Tötungsmaschinerien wie Panzern, Flugzeugen und Unterseebooten[102].

Als Teil Ungarns war das Gebiet des heutigen Banats von Anfang an in den Krieg verwickelt. In Resita, wo bereits seit 1910 wieder Waffen erzeugt wurden, konzentrierte sich die Industrie von Kriegsbeginn an auf die Steigerung der Waffenproduktion für Österreich-Ungarn. In den

Abb. 17. Königsgnader in Uniform (Februar 1917).

Werken wurden sogar für schwere Arbeiten auch Frauen angestellt. Der Krieg, den manche anfangs für einen „Spaziergang zum Gabelfrühstück nach Belgrad"[103] gehalten hatten, entwickelte sich zur Katastrophe.

Viele Királykegyer mußten auf der Seite Österreich-Ungarns in den Krieg ziehen, 25 kehrten nicht nach Hause zurück. Zu ihrem Gedenken wurde im Kirchenpark ein Kriegerdenkmal errichtet. Auch im Inneren der Kirche befindet sich eine Gedenktafel; sie trägt die Inschrift „Zur Ehre der toten und lebenden Krieger von Königsgnad". 103 Namen und Paßbilder sind auf ihr eingetragen, in der Mitte der Tafel ist ein Kranz abgebildet, er erinnert an die 25 Gefallenen. Die gezeichnete Schleife trägt die Aufschrift: „Ihr Helden ruhet in Frieden."

Hinter jedem dieser vielen Namen steht ein Mensch mit einem furchtbaren persönlichen Schicksal. Und es gibt sogar noch mehr Opfer dieses Krieges, als Namen auf den Denkmälern stehen! Denn zu den Kriegsopfern sind in erster Linie auch jene zu zählen, die an den Folgen der Kriegsverwundungen und Krankheiten gestorben sind. Einer von ihnen war Johann Olexa. Seine Tochter Josefina Augustin, geboren am 2. Dezember 1911 in Királykegye, erinnert sich: *„Mein Vater mußte schon im ersten Kriegsjahr einrücken. 1918 kam er zwar zurück, aber schwer krank. Einige Zeit später starb er an dieser Krankheit. Während des Krieges waren bei uns im Haus meine Mutter, wir drei Kinder – eines von uns starb während dem Krieg – und der Bruder meines Vaters. Dieser war nämlich krank und nicht fronttauglich. Aber eines Tages wurde er doch eingezogen. Da wurde nämlich eine Truppe zusammengestellt, die durch die Ortschaften zog, um Kirchenglocken für den Krieg zu beschlagnahmen. Bei dieser Truppe wurden alle genommen, die für die Front nicht gut genug waren, sonst aber doch noch etwas taugten. Damals wurde aus Tirol eine Glocke beschlagnahmt. Man warf sie vom Kirchturm herunter; auf der Stiege vor der Kirche kam sie auf und schlug ein tiefes Loch. Dann kann ich mich noch erinnern, wie ungarische Soldaten kamen, um zu beschlagnahmen, was man an der Front brauchen konnte: Schweineschmalz, Frucht, Mehl ... sie nahmen mit, was sie fanden. Die Ungarn waren dabei sehr streng. Entdeckten sie, daß jemand etwas versteckt hielt, schlugen sie hart zu.*

1918 ging der Krieg zu Ende, da kam mein Vater wieder nach Hause, aber es dauerte nicht lang, daß er doch starb, weil er so krank war."

Ein besonderes Datum dieses Weltkriegs war der 27. August 1916: An diesem Tag griff das benachbarte Rumänien in den Krieg gegen Österreich-Ungarn und das Deutsche Reich ein. Zunächst schien der Krieg

Rumänien in eine Katastrophe zu führen: Bukarest wurde von deutschen Truppen eingenommen und besetzt.

Im Verlauf des Krieges verschlechterte sich die Lage von Österreich-Ungarn in geradezu fataler Weise. Der Versuch Kaiser Karls I.[104], die Donaumonarchie durch geheime Friedensverhandlungen vor dem Untergang zu retten, kam zu spät. Nach vier Jahren war der grauenhafte Krieg entschieden. Seine furchtbare Bilanz: über acht Millionen Tote, 21 Millionen Verwundete und mehrere Millionen Tote durch Hunger und Entbehrungen.

Und am Ende des Krieges gab es kein Österreich-Ungarn mehr: Eine Vielzahl von Nachfolgestaaten war an die Stelle der Habsburgermonarchie getreten. Der größte Teil des Banats fiel am 1. Dezember 1918 an Rumänien. Für Királykegye bedeutete dies die endgültige Trennung vom Mutterland Österreich. Die Verbindungen, die vorher aufgrund verschiedener politischer Entwicklungen nicht mehr allzu fest geknüpft waren, wurden nun endgültig gelöst.

Die Gründung der Diözese Timișoara als Folge des Weltkriegs

Wie sich die neuen Grenzziehungen auf das Banat auswirkten, zeigt das folgende Beispiel, die Aufteilung der katholischen Diözese von Csanád, besonders eindringlich. Königsgnade gehörte ursprünglich zu dieser großen Diözese, die der Friedensvertrag von Trianon (1919) auf drei Staaten aufteilte. Der kleine Nordteil des Bistums (770 km², 32 Pfarreien) blieb bei Ungarn, der westliche Teil (9.387 km² mit 65 Pfarreien) kam zu Jugoslawien, der weitaus größte Teil (2/3 des Diözesangebiets, 24.755 km² mit 154 Pfarreien) fiel an Rumänien.[105] Der Bischofssitz selbst, in der Stadt Csanád gelegen, fiel mit der neuen Grenzziehung an Rumänien.

Bischof Gyula Glattfelder de Mór war damit Bischof einer Diözese geworden, deren Gebiet auf drei Staaten aufgeteilt war, die in einem angespannten Verhältnis zueinander standen.

Erste Probleme traten auf, als die rumänischen Truppen in Temesvar einzogen und auf dem Domplatz offiziell begrüßt wurden. Alle Konfessionen hatten Vertreter entsandt, lediglich die katholische Kirche, von einem ungarischen Bischof gelenkt, war nicht vertreten. Als die rumänische Regierung wenig später von allen Bischöfen den Treueeid auf den rumänischen Staat forderte, leistete Glattfelder diesen nur auf ausdrücklichen Wunsch des Papstes, der die heikle Situation richtig erkannt hatte.[106]

Aber nicht nur im rumänischen Teil der Diözese gab es Probleme, der Bischof wurde auch von den jugoslawischen Behörden mehrmals daran gehindert, in den westlichen Regionen seiner Diözese zu firmen und zu visitieren.

Zu diesen politischen Problemen kam die Frage nach dem Geld: Zu Zeiten der Habsburger war die Kirche reich begütert und finanziell gut gestellt gewesen. Eine Kirche, die sich als Kirche der Menschen versteht und als solche umfassende Bildungs- und Sozialdienste leistet, benötigt zur Erfüllung ihrer vielfältigen Aufgaben Geld – viel Geld. Über diese notwendigen Mittel verfügte Bischof Glattfelder nach der Zerreißung seiner Diözese nicht mehr, zumal in Rumänien 1922 eine „Agrarreform" mit Grundenteignungen durchgeführt wurde, die auch der Kirche schwer schadete.

Der Vatikan und Rumänien bemühten sich um den Abschluß eines Konkordats, um die wesentlichsten Probleme zwischen Kirche und Staat zu lösen. Im Lauf der Verhandlungen zeigte sich sehr rasch, daß die Aufteilung der Diözese Csanád nicht mehr zu verhindern war. Glattfelder zog sich im März 1923 auf den ungarischen Teil seines Bistums zurück und nahm seinen Wohnsitz in Szegedin, wo er noch 20 Jahre lang wirkte.

Die Leitung des rumänischen Teils der Diözese, der den Namen „Timişoara" erhielt, übernahm Glattfelders Sekretär Augustin Pacha, den der Heilige Stuhl zunächst zum Apostolischen Administrator und 1930 – nach Konkordatsabschluß – zum Bischof ernannte. Die Gründung der Diözese Timişoara war nach zwölfjähriger Unsicherheit endlich abgeschlossen.

Bischof Augustin Pacha war sehr um die Seelsorge bemüht und versuchte, seinen Gläubigen in deren Leben möglichst nah zu sein. Aus diesem Grund feierte er sowohl die Priesterweihen als auch die Firmungen nach Möglichkeit in den einzelnen Gemeinden. So kam der Bischof auch nach Königsgnade, das schon im 19. Jahrhundert mehrmals einen Bischof empfangen hatte. Karoline Kilburg, geboren am 13. Januar 1922, erinnert sich: *„Jedes siebte Jahr kam der Bischof nach Tirol. Da gab es immer viele Kinder, die gefirmt werden wollten. Der Bischof wurde sehr ehrwürdig und schön empfangen. Er kam von Fizeş her. Beim Dorfeingang neben der Mühle war ein großer Triumphbogen über der Straße angebracht, auf dem mit großen Buchstaben ‚Willkommen!' geschrieben stand: Männer ritten dem Bischof entgegen, und auf der Straße warteten die Dorfbewohner, im Kirchenpark waren die Firmlinge, die Blaskapelle und die Männer vom Kirchenrat mit unserem Pfarrer Karl Tribus. Sie begrüßten den Bischof, und dann begrüßte dieser alle anwesenden Dorfbewohner. Abends wurde dem hohen Besuch ein schöner Abend bereitet, der Tiroler Gesangsverein sang schöne Lieder, und die Blaskapelle spielte auf. Am nächsten Tag, dem Sonntag, wurde dann gefirmt. Da war die Kirche immer viel zu klein, weil alles, was Leben hatte, dabeisein wollte. Wenn schönes Wetter war, fand die Firmung im Kirchenpark statt. Für uns Tiroler war die Heilige Firmung ein außergewöhnlich feierliches Fest. Als alles vorbei war, verabschiedete sich der Bischof wieder: Zu den Kindern sagte er: ‚Der Bischof läßt Dir sagen: kein Tag ohne Gebet, kein Sonntag ohne Messe, kein Freitag ohne Fasten, kein Ostern ohne Beichte!' So habe ich die Firmungen mit dem Bischof in Tirol erlebt; das ist natürlich alles sehr verkürzt, in Wirklichkeit war alles viel schöner. Es war einmal …!"*

Királykegye/Tirol zwischen den Weltkriegen

Der Erste Weltkrieg und dessen Folgen hatten für Királykegye, das vor dem Krieg 1556 Einwohner gehabt hatte,[107] also eine Reihe von Veränderungen gebracht. Der Ort lag nach der neuen Grenzziehung im Staat Rumänien, auch die kirchlichen Zuständigkeitsbereiche hatten sich verändert. Besonders deutlich wurde der Umbruch in der neuen Sprachregelung: Offizielle Sprache war nun Rumänisch, und die Einwohner von Királykegye mußten sich damit abfinden.

Trotz dieser und anderer massiver Veränderungen gelang es den Dorfbewohnern, den Ort weiter zu entwickeln und aus ihm ein Dorf zu machen, in dem es sich gut leben ließ. Der Vergleich mit einer kleinen Landgemeinde in Österreich oder Deutschland zeigt, daß Királykegye/Tirol keinen Vergleich zu scheuen brauchte: Die Siedlung hatte die größte Kirche der Umgebung und einen eigenen Pfarrer, der auch die dazugehörenden Filialkirchen betreute, Királykegye/Tirol verfügte über eine Schule mit mehreren Lehrern, über einen eigenen Richter[108], der seine Amts-

Abb. 18. Erstkommunion mit Pfarrer Tribus (ca. 1934).

Abb. 19. Der gemischte Chor des Deutschen Liederkranzes.

Abb. 20. Tiroler Schulkinder mit Lehrer in der Zwischenkriegszeit.

Abb. 21. Tiroler Kinder (um 1940).

Abb. 22. Bei der Dreschmaschine (1935).

Abb. 23. Fototermin vor dem Gasthaus „Mlasowsky".

Abb. 24. Beim Schneider.

Abb. 25. Die Schusterwerkstatt Mayer (1925).

Abb. 26. Kaufladen von Josefine Friedmann, geb. Maly (ca. 1928).

Abb. 27. Tischlerwerkstatt Kiefer (1930).

Abb. 28. Wagnerwerkstatt Burosch, Hauptstraße 272 (1926). Von links: Hebamme Katharina Burosch, Wagnermeister Peter Burosch, Lehrling Anton Augustin, Lehrling Johann Dobisch.

Abb. 29. Ansichtskarte aus Königsgnad (1925).

Abb. 30. Die Tiroler Pfingstwallfahrt, die heute nur mehr gelegentlich durchgeführt wird, hat eine lange Tradition. Das Bild zeigt Tiroler Wallfahrer in Ciclova (Zwischenkriegszeit).

stube im eigenen Gemeindehaus (Bürgermeisteramt) hatte[109], über ein Notariat mit einem Notar und über die „Königsgnader Sparkassa A.-G.". Während einiger Jahre gab es sogar einen eigenen Gendarmerieposten in Tirol, der gleich neben dem Gemeindehaus stationiert war. Darüber hinaus bestanden mehrere Geschäfte, außerdem wurden im Dorf verschiedene Handwerksberufe ausgeübt: Es arbeiteten ein Schuster, ein Schneider, mehrere Schmiede, Wagner und Tischler, ein Müller, ein Bäcker[110] und einige Gastwirte. Dazu kamen über 200 kleinere und größere Bauernwirtschaften.

Királykegye/Tirol verfügte in der Zwischenkriegszeit also über Einrichtungen, von denen viele andere Ortschaften nur träumen konnten.

In dieser Zeit wurden in Westrumänien auch die ungarischen Ortsnamen abgeschafft, weil die junge Republik Rumänien die Bedeutung des Ungarischen schwächen wollte. Im Fall von Királykegye entschloß man sich, nicht den alten Namen „Königsgnade" wieder einzuführen, sondern auf den noch älteren Namen „Tirol" zurückzugreifen. Der Grund dafür liegt wahrscheinlich darin, daß man den weiteren Gebrauch der ungarischen Bezeichnung verhindern wollte, indem man dem Dorf einen ganz anderen Namen gab.

Und so kommt es, daß unser Dorf heute noch so heißt: Tirol.

Tiroler Brauchtum in der Zwischenkriegszeit

In einer festen Gemeinschaft entwickeln sich Bräuche und Regeln. In Tirol war das nicht anders. Es gab mehrere Gruppen im Ort, die sich zu regelmäßigen Zusammenkünften trafen: Da waren die Volkstanzgruppe, die deutsche und rumänische Volkstänze aufführte, zwei Musikgruppen, mehrere Theatergruppen, der Gesangsverein sowie der Bauernverein und der Jagdverein. Jede der genannten Gruppen beteiligte sich in der einen oder anderen Weise am Dorfleben und dessen Brauchtum, das großteils stark katholisch beeinflußt war.[111]

Von diesen Bräuchen, die in der Zwischenkriegszeit in unserem Dorf gepflegt wurden, sollen im folgenden die wichtigsten dargestellt sein.

1. Mai: Wie in vielen anderen europäischen Ländern wurde im Jahr 1918 auch in Rumänien der 1. Mai als Feiertag eingeführt, der auf den besonderen Wert der Arbeit hinweisen sollte.

Abb. 31. Rekruten beim Maibaumholen.

In Tirol wurde dieser Tag fortan auf folgende Weise gefeiert: Schon am Vortag oder noch früher fällten jene jungen Männer, die im kommenden Jahr zum Militär einrücken mußten, im Gemeindewald möglichst hohe Bäume – je größer und höher, umso zufriedener durften die Rekruten sein. Am Vorabend des 1. Mai mußten sie die Bäume an bestimmten Stellen im Dorf „setzen": vor der Kirche, vor der Schule, vor dem Pfarrhaus, vor dem Wohnhaus des Richters[112], vor dem Notariat und vor einigen Geschäften. Die Kinder pflückten wilden Flieder und befestigten ihn an Türen und Fenstern, „damit die Hexen nicht kommen". Am Abend versammelten sich dort, wo ein Maibaum gesetzt war, die Leute, und die Blasmusik[113] spielte ihnen ein Ständchen.

Am 1. Mai wurde nachmittags und abends im Wirtshaus bei der Kirche[114] getanzt. Damit war das Fest aber noch nicht zu Ende. Am 10. Mai, einst ein Feiertag, gruben die Rekruten die Bäume unter Musikbegleitung wieder aus, was mehrere Stunden in Anspruch nahm. Anschließend ließ man das Maibaumfest im Wirtshaus bei Musik und Tanz fröhlich ausklingen.

KIRCHWEIH: Der traditionelle Tag für das Kirchweihfest ist in Tirol der 8. September.[115] In der Zwischenkriegszeit wurde dieser Tag gefeiert, indem um zehn Uhr ein feierlicher Gottesdienst zelebriert wurde, zu dem das ganze Dorf zusammenströmte. Danach begaben sich die Tiroler in das Gasthaus am Kirchenplatz, wo man an diesem Tag Eintritt verlangte. Dort erfolgte die Versteigerung eines Schafbocks, des sogenannten Kirchweihbocks.

Im Freien waren Stände und Buden aufgestellt, an denen alle möglichen Kleinigkeiten zum Verkauf angeboten wurden. Meistens kam von auswärts jemand mit einem Ringelspiel. Das Kirchweihfest zählte zu den größten und schönsten Festen des Jahres – wie heute.

TRAUBENBALL: Der Traubenball fand stets zur Zeit der Weinlese statt, meistens im Oktober. Man nahm die Traubenernte zum Anlaß, um miteinander ein Fest zu feiern und das Tanzbein zu schwingen. Die Besonderheit des Traubenballs war die große Krone, die aus Reben angefertigt war und am Ball unter den Gästen verlost wurde.

KATHREINBALL: Der Kathreinball wurde zu Ehren der Heiligen Katharina und aller Mädchen und Frauen mit diesem Namen veranstaltet. Die Tiroler Musikanten spielten auf, und die Gäste konnten sich am Tanz erfreuen. Der Kathreinball zeichnete sich darüber hinaus dadurch aus, daß er nicht nur Tanzunterhaltung bot, sondern daß auch Tanzeinlagen der Volkstanzgruppe oder kurze Theaterstücke aufgeführt wurden.

Revelion: Revelion ist das rumänische Wort für Silvesterabend. In Tirol wurde am Silvesterabend um 19 Uhr eine Danksagung in der Kirche gefeiert. Anschließend spielte die Musik traditionellerweise einen Marsch, auch Böller wurden abgeschossen. Daraufhin zogen die Musikanten durchs Dorf, um vor dem Pfarrhaus, vor dem Wohnhaus des Richters, des Notars, der Lehrer und des Arztes das neue Jahr anzuspielen. Um 21 Uhr begann im Wirtshaus der Silvesterball.[116]

Karoline Kilburg erinnert sich daran: *Jung und alt war im Wirtshaus beisammen, die Jugend tanzte im Saal, die Alten saßen am Rand und schauten zu, die Männer hielten sich in den Nebenräumen beim Trinken auf. Machte die Musik einmal Pause, sang die Jugend Volkslieder. Die Leute brachten an diesem Abend das Essen selbst mit, meistens gekochte Wurst und Mehlspeise. Um Mitternacht wünschte der Richter ein gutes Neues Jahr, dann wünschten die Leute einander das Beste. Und wer zu Hause alte Eltern oder sonst jemanden hatte, ging um Mitternacht zu ihnen, um ein gutes Neues Jahr zu wünschen. Danach kamen sie zum Fest zurück. Der Ball dauerte bis in die Früh. Beim Gehen riefen die Burschen den Mädchen zu: „Richtet den Glühraki!"*[117]*. Später besuchten sie die Mädchen und wünschten Glück für das neue Jahr. Dafür bekamen sie Glühraki zu trinken. Um zehn Uhr gingen wir Mädchen in die Kirche. Mein Vater sagte immer: Schön tanzen geh'n, schön in die Kirche geh'n – und wenn die Burschen bis dahin noch nicht bei einem Mädchen waren, mußten sie warten, bis die Leute von der Kirche wieder zurück waren. Da wurde es oft Mittag, bis die Burschen nach Hause kamen. Meistens gingen sie dann gleich ins Bett, weil am Abend wieder Ball war. Aber dafür waren den ganzen Tag über die Kinder unterwegs, um ein gutes Neues Jahr zu wünschen, und manche sagten dabei schöne Gedichte auf.*[118]

Sängerfest: Das Sängerfest war kein typisches Tiroler Fest. Es wurde auch in vielen anderen Gemeinden gefeiert, im Normalfall aber nur ein einziges Mal. Anlaß dafür war nämlich die Fahnenweihe des Gesangsvereins. Wurde in einem Ort der Gegend ein neuer Gesangsverein gegründet, mußte dessen Fahne gesegnet werden. Das war ein großes Fest, zu dem die Menschen aus nah und fern herbeiströmten.

In Tirol gab es seit 1928 eine Sängergemeinschaft, den „Schubert-Liederkranz". Er bestand fünf Jahre als reiner Männerchor, wurde dann aber zu einem gemischten Gesangsverein erweitert. Zur Fahnenweihe des Tiroler Gesangsvereins sollen die Menschen mit Pferdegespannen nicht nur aus den Nachbardörfern, sondern auch aus weit entfernten Ortschaften gekommen sein. Jeder der angereisten Gesangsvereine brachte seine Fahne mit. Die Feier fand im großen Holzmagazin der UDR[119] statt, in dem eine Bühne aufgebaut worden war. Zu den Takten der Tiroler Musiker und zur Musik der angereisten Gruppen schwangen die Tiroler und deren Gäste das Tanzbein und feierten die neue Fahne des Gesangsvereins mit aller Gebühr.

Gab es einmal woanders eine Fahnenweihe und damit verbunden ein Sängerfest, machten sich die Tiroler ihrerseits auf den Weg, um dort zu feiern.

Rumänien in den Jahren des Faschismus und des Zweiten Weltkriegs

Hätte Tirol sich im Lauf unseres Jahrhunderts weiterhin ähnlich erfolgreich entwickelt wie in der Zwischenkriegszeit, würde es heute vielleicht zu den blühendsten und wohlhabendsten Dörfern der Region gehören. Doch setzten der Zweite Weltkrieg, dessen Vorgeschichte und Folgen dieser Entwicklung ein jähes Ende.

Es wäre falsch, Rumänien – und insbesondere die Deutschen Rumäniens – nur als Opfer des Weltkriegs zu sehen. Im Westen des Landes gab es eine große deutsche Minderheit[120], die große Hoffnungen in ein starkes Deutschland setzte und die Machtzunahme des Nationalsozialismus teilweise mit großer Sympathie verfolgte. Darüber hinaus zeigte sich bereits wenige Jahre nach dem Ersten Weltkrieg im ganzen Land – auch bei der rumänischen Bevölkerung – sehr deutlich ein erneuter Aufschwung der antisemitischen Bewegung.

Ein erstes bedeutsames Ereignis dieser bedenklichen Entwicklung fiel in das Jahr 1923: Professor Alexander Cuza, einer der Vorkämpfer des Antisemitismus, gründete die sogenannte „Liga zur Christlich-Nationalen Verteidigung". Die Organisation dieser Gruppe übernahm der rumänische Student Zelea Codreanu, der daraus innerhalb weniger Jahre eine brutale Organisation formierte, die sich offen zum Terror bekannte.

Rücksichtslose Brutalität und sogar Mord brachten Codreanu mehrfach vor Gericht, doch immer wurde er – mitunter durch politisch sympathisierende Richter – freigesprochen. Als Prof. Cuza den Mord als Mittel seiner Organisation nicht länger dulden wollte, gründete Codreanu 1927 eine eigene antisemitische Organisation, die „Legion Erzengel Michael", der er drei Jahre später die „Eiserne Garde" als politische Organisation zur Seite stellte.

Beide Organisationen verzeichneten – obwohl mehrfach verboten – großen Zulauf. 1932 wurden Codreanu und vier seiner Mitstreiter in das rumänische Parlament gewählt. Von 1933 an war die Eiserne Garde eine politische Großmacht im Land; 1937 etablierte sich Codreanus Partei „Totul pentru Țara" (deutsch: „Alles für das Land") als drittstärkste Fraktion im Parlament.

Um den Aufstieg Codreanus zu stoppen, übergab König Carol II. die Regierungsgeschäfte an den rechtsgerichteten Octavian Goga, gegen dessen antijüdische Politik die Juden Rumäniens jedoch derart massiven Widerstand leisteten, daß sie die Wirtschaft des Landes fast zum Erliegen brachten. 1938 mußte der König die Regierung Goga entlassen.

Nun bildete der Patriarch der Rumänischen Nationalkirche ein überparteiliches Kabinett, „das alle Parteien auflöste und eine neue autoritäre Verfassung in offener Abstimmung vom Volk ‚billigen' ließ."[121]

Für die Eiserne Garde begann nun die Zeit der Verfolgung. Codreanu wurde verhaftet und zu zehn Jahren Zwangsarbeit verurteilt. Noch im selben Jahr fiel er einem Mordanschlag zum Opfer.[122]

Die „Eiserne Garde" jedoch blieb gefährlich: Mit ihrer Hilfe errichtete General Ion Antonescu einen nationallegionären Staat, der nicht nur Juden, sondern auch andere Staatsbürger mit brutaler Gewalt verfolgte. Als sich die Führer der Eisernen Garde im Jänner 1941 mit einem Putsch selbst an die Spitze des Landes stellen wollten, wurden sie besiegt und ins Exil verbannt.

Damit war nun zwar jene Bewegung ausgeschaltet, die sich dem Antisemitismus und dem Faschismus am mörderischsten verschrieben hatte, doch auch ohne diese führte General Antonescu sein Land diktatorisch in die Katastrophe. Mit einem ausgeprägten Pro-Deutschland-Kurs hoffte er, jene Gebiete Rumäniens zurückzugewinnen, die der inzwischen abgedankte König Carol II. wenige Jahre zuvor auf außenpolitischen Druck an die UdSSR, Ungarn und Bulgarien abtreten hatte müssen.

1941 zog Rumänien an der Seite Hitlerdeutschlands in den Krieg gegen die Sowjetunion. Wie für alle Verbündete Deutschlands endete dieser Krieg auch für Rumänien mit einer Katastrophe.[123]

Als 1944 sowjetische Truppen in das Land eindrangen, kam es in Bukarest zum Aufstand und zum Sturz Antonescus.[124] König Mihai[125] und die eilig gegründete Koalitionsregierung versuchten, das Land durch einen politischen Seitenwechsel zu retten, was zur Folge hatte, daß rumänische Truppen ab dem 12. September 1944 Seite an Seite mit den Sowjets gegen ihre früheren deutschen Verbündeten kämpften.

Am 7. Mai 1945 kapitulierte das Deutsche Reich vor den Alliierten.[126] Rumänien stand damit aufgrund seines Seitenwechsels auf der glücklicheren Seite. Doch würden die Sieger vergessen, was sich bis in die Herbsttage des Jahres 1944 in Rumänien ereignet hatte?

Tirol in nationalsozialistischer Begeisterung

Die radikale Entwicklung in Rumänien machte auch vor Tirol nicht halt – umso weniger als es zum damaligen Zeitpunkt noch ein hauptsächlich deutsches Dorf war, in dem neben den vielen Deutschen fast ausschließlich Kroaten lebten. Es gab zu dieser Zeit nur wenige rumänische Familien im Dorf, die Rumänen zogen großteils erst nach dem Krieg aus anderen Landesteilen zu.

Wer die allgemeine Entwicklung Rumäniens vor und während dem Zweiten Weltkrieg kennt, dem stellen sich vor allem zwei Fragen: Gab es auch in Tirol Judenhaß und Ausschreitungen gegen Juden? Waren auch die Tirolerinnen und Tiroler der nationalsozialistischen Begeisterung verfallen?

Die Frage bezüglich des Judenhasses kann verneint werden. Zwar wußten manche Tiroler, daß es in den Städten Timișoara und Reșița Ausschreitungen und Gewalttaten gegen Juden gab, im Dorf war davon aber nichts zu spüren. Es gab auch nur eine einzige jüdische Familie; sie betrieb in der mittleren Gasse ein Warengeschäft und zog noch vor dem Krieg fort.[127]

Die Frage nach der nationalsozialistischen Begeisterung muß hingegen mit einem eindeutigen Ja beantwortet werden: Wie viele Deutsche in anderen Gebieten Europas ließen sich auch die Tiroler von der nationalsozialistischen Begeisterung anstecken. Was sich die Einwohner Tirols von einem Sieg Deutschlands erwarteten und erhofften, ist nicht bekannt. Fest steht, daß der siegreiche Vormarsch der deutschen Armeen in ganz Europa auch die Deutschen in Rumänien begeisterte. Deutsche Soldaten kamen jedoch nicht bis Tirol, was dem Dorf das Schicksal eines Kriegsschauplatzes ersparte. In Tirol machte einmal allerdings das Gerücht die Runde, die deutsche Armee würde in Kürze das Dorf besetzen. Den Soldaten wäre ein schöner Empfang sicher gewesen: Viele Tirolerinnen und Tiroler bereiteten Blumen vor und warteten mit Ungeduld und Begeisterung auf den Einmarsch der deutschen Truppen – der dann doch nicht stattfand.

Karoline Kilburg[128] erinnert sich an Leid und Freud jener Zeit: *Wir waren schon beeinflußt von Hitler. Es hat auch deutsche Gruppen im Dorf gegeben: die Pimpfe – das waren die Kleinen –, dann die DJ [Deutsche Jugend] und dann „Glaube und Schönheit". Bei „Glaube und Schön-*

heit", da waren alle ab 18 Jahren dabei. Es waren aber nur Mädchen, die Burschen in diesem Alter waren ja alle im Krieg.

Im Jahr 1943 wurden 126 junge Männer aus dem Dorf zur Deutschen Armee eingezogen. Ihre Rekrutierung geschah nur dem Schein nach freiwillig.

Frau Kilburg erzählt: *Es hat geheißen, die Deutschen kommen, um die Jungen zu assentieren.*[129] *Es ist gesagt worden, man würde sie zum Militär nach Deutschland einziehen, allerdings nur die Freiwilligen – ein leeres Versprechen, denn assentiert wurden schließlich alle, plötzlich waren alle tauglich, auch die fehlerhaften. Mein Bruder zum Beispiel, den die Rumänen wegen eines nicht ordentlich verheilten Armbruchs nicht zum Militär geholt hatten, war den Deutschen gesund genug. In Waggons wurden die Jungen nach Deutschland gebracht. Auf den Waggons stand außen geschrieben „Freiwillig". Aber freiwillig ging keiner, zumindest nicht viele. Mein Bruder wollte auch nicht mit. Er hatte zwei Kinder zuhause. Da kamen die „Stiefelmänner"*[130] *und drohten, daß seine Kinder keine deutsche Schule besuchen dürften und die Familie alle Rechte verlieren würde. Da sprachen sogar wir ihm gut zu, sodaß er schließlich mitfuhr. Er ist nie mehr wiedergekommen ...*[131]

Aber es gab einen, der nicht mitmachte, den Franz Frey: Er war gerade erst vom rumänischen Militär zurückgekommen und wollte nicht schon wieder zum Militär. Seine Familie bekam die Folgen zu spüren. Einmal ging seine Frau zu einer Zusammenkunft, zu einer Teerunde oder so, da wurde sie gleich wieder hinausgeschickt. Man sagte ihr, wenn ihr Mann kein Deutscher sein und nicht für Deutschland kämpfen wolle, dann hätte auch sie bei den Deutschen nichts verloren. Franz ging trotzdem nicht zum Militär. Später dann, als der Krieg vorbei war, wurde er wie alle anderen nach Rußland deportiert.

Als unsere Jungen nach Deutschland weggebracht wurden, gab es viele Tränen. Es war frühmorgens, als der Transport abfuhr. Am Bahnhof waren viele Leute! Alle weinten. Wir wußten, daß die Männer in den Krieg geschickt würden. Nur ein paar von den Jungen in den Waggons jubelten ein wenig – damals war jeder felsenfest überzeugt davon, daß Deutschland siegen werde. Auch wir hatten immer wieder gesungen „Heute gehört uns Deutschland und morgen die ganze Welt!". Überhaupt wußte ich viele Hitlerlieder. Hitler war für uns viel wichtiger als Antonescu. Wir waren ja Deutsche – und wir waren jung, hatten uns schnell begeistern lassen und nahmen immer wieder an Veranstaltungen teil, zum Beispiel an Fackelzügen. Da zogen wir mit Musik in der Nacht durch das Dorf. Und dann machten wir Sonnwendfeuer. Da wur-

den Gedichte aufgesagt und Lieder gesungen. Ich erinnere mich noch gut: „Singend wollen wir marschieren in die neue Zeit, Adolf Hitler soll uns führen, wir sind stets bereit …"

Aber es gab auch kritische Stimmen. Mein Vater sagte oft: „Ja, lauft nur in das Heim[132]; einmal, einmal wird schon etwas nachkommen!" Es war ihm nicht recht, wenn wir an Parteiveranstaltungen mitmachten. Da waren sicher mehrere, die das nicht gern sahen, vor allem die älteren Leute kritisierten uns Junge oft. Aber öffentlich protestierte doch keiner.

Unsere Jungen fuhren also fort, und nur sehr wenige von ihnen kamen wieder zurück. Sie wurden gleich an die Front geschickt, manche zur SS eingezogen.

Zu Hause warteten wir immer sehnsüchtig auf Post von unseren Lieben im Krieg – auch auf die Zeitung, die „Extrapost", mit der Seite „Gefallen für Führer, Volk und Vaterland". Da schauten wir immer sofort nach, wer und wieviele wieder gefallen waren, woher sie waren – und ob auch jemand von den Unseren dabei war.

War einer gefallen, wurde dessen Familie verständigt, und dann gab es ein Requiem, zu dem auch die Schulkinder geschickt wurden, und beim Kriegerdenkmal im Kirchenpark wurde ein Kranz niedergelegt. Und die Eltern von dem einen hätten sich am liebsten den Kopf abgerissen … So viele kamen nicht wieder! Kinder blieben ohne Väter, Eltern ohne Söhne, junge Frauen und Mütter ohne fürsorgenden Gatten!

Vor Weihnachten wurden wir aufgefordert, Päckchen für die Soldaten zu machen. Wir wollten es gern tun, wußten aber nicht recht, was wir einpacken sollten. Zu guter Letzt gaben wir eine Christbaumkerze und einen geschmückten Tannenzweig hinein, zwei oder drei Stück Salonzucker[133], ein Stück Mehlspeise und ein Stück Wurst. Alles mußte genau gewogen werden. Alles zusammen durfte nicht mehr wiegen als ein Kilo. Wir packten die Pakete und schrieben schöne Weihnachtswünsche dazu …

Und dann kam doch die Zeit, daß die Leute argwöhnten, daß alles nicht richtig sei, wir seien nicht im Deutschen Reich und so. Aber was hätten wir dagegen machen sollen?

Als Deutschland den Krieg dann doch verlor, waren wir niedergeschlagen und enttäuscht. Uns war ja stets eingetrichtert worden, Deutschland würde siegen – und unsere Männer hatten für diesen Sieg gekämpft. Und verloren!

Für uns wurde das Leben noch schwerer. In den Städten rührten sich bald die ersten Rumänen, die gegen die Deutschen gehässig waren, schimpften sie Hitleristen und so weiter. Bei uns im Dorf gab es keine Probleme, wir hatten damals noch keine Rumänen in Tirol. Aber nicht einmal die Rumänen aus den Nachbardörfern waren gehässig zu uns. Sie ließen uns nichts Schlechtes spüren.

Als die jungen Soldaten nach Hause kamen, wurden sie von den rumänischen Behörden eingesperrt und lange Zeit zum Arbeitsdienst verpflichtet. Für viele war das ein Grund, nicht nach Hause zu kommen. Manche blieben deswegen in Deutschland und kamen nie wieder zurück.

52 Tote im Alter zwischen 18 und 40 Jahren hatte das Dorf zu beklagen; und zu diesem schmerzlichen Verlust kam der Verlust all jener, die den Krieg zwar überlebt hatten, die aus den verschiedensten Gründen aber doch nicht in die Heimat zurückkehrten. Einer von diesen war der einstige Tiroler Ortsgruppenleiter Josef Maly. Im folgenden Beitrag erinnert er sich.

Abb. 32. Die Gedenktafel in der Kirche für die Toten des Zweiten Weltkriegs und der Rußlanddeportation.

JOSEF MALY, geboren am 27. Dezember 1909: Nationalsozialistische Begeisterung als Trotzreaktion

Wenn ich heute von meinen früheren Tätigkeiten im Rahmen der nationalsozialistischen Bewegung erzähle, taucht oft die Frage nach meiner grundlegenden Sympathie für die NS-Bewegung auf. Doch diese Frage trifft nicht den Kern der Sache. Vielmehr geht es darum nachzufühlen, was wir Deutsche in jener Zeit in Rumänien empfunden haben. Der Druck des Staates auf die deutsche Minderheit war groß, an allen öffentlichen Gebäuden stand zu lesen „Vorbiți românește!" („Sprechen Sie Rumänisch!"). Diese Situation war nicht leicht zu ertragen. Vor allem bei der jüngeren Generation kam es zu einer nationalen Trotzreaktion, deren Sympathie sich schon Mitte der zwanziger Jahre Deutschland zuwandte. Schließlich wurde in Tirol die Deutsche Volksgruppe gegründet. Mit einem Schlag verschwanden die bestehenden Parteien aus unserem Dorf. Alle Deutschen wurden in Listen registriert. Ich hatte damals bereits politische Erfahrung und wurde zum Ortsgruppenleiter ernannt. Das war ein unbezahltes Ehrenamt, das mich finanziell sehr belastete, denn weder die Fahrten zu Schulungen noch den Lohnausfall bekam ich ersetzt. Nun begann der Aufbau der NS-Volksgemeinschaft. Um die Aktivitäten unserer Volksgruppe finanzieren zu können, wurden Steuerlisten erstellt; fortan mußte jeder Deutsche neben der offiziellen Steuer an den rumänischen Staat eine zweite Abgabe leisten – an die jeweilige Volksgruppe.

Ende 1942 verabschiedete die rumänische Regierung ein Dekret, das allen Wehrpflichtigen der rumänischen Armee, die deutscher Volkszugehörigkeit waren, den Dienst in der Deutschen Wehrmacht erlaubte. Da meldeten sich nun alle zum deutschen Heer, wohl auch wegen der üblen Zustände im damaligen rumänischen Heer.

Im Juli 1943 gingen die Transporte nach Deutschland ab. Im Wehrkreiskommando Wien wurde jeder einzelne Mann registriert, dann wurden wir nach Deutschland weitergeleitet. Wir hatten auch im deutschen Heer Schwierigkeiten. So gab es einmal einen Eklat, weil ein Ausbildner seine Gruppe als „geschrubbte Russen" beschimpfte. Daraufhin verweigerte die Gruppe den Gehorsam, was dazu führte, daß sie wegen an-

Abb. 33. Josef Maly.

geblicher Meuterei in Gewahrsam genommen wurde. Ein SS-Major führte die Untersuchung. Weil die Inhaftierten geschlossen aussagten, daß sie und ihre Vorfahren das Deutschtum im fremden Land über zwei Jahrhunderte bewahrt hätten und daher keine schlechteren Deutschen seien als die Reichsdeutschen, daß sie zur Deutschen Wehrmacht gegangen seien, um für Deutschland zu kämpfen, und sich daher nicht als „geschrubbte Russen" beleidigen ließen, wurde die Untersuchung sofort beendet, die Gruppe rehabilitiert und der Ausbildner versetzt.

Ende September wurden wir in den Einsatz geschickt und hatten bald den ersten Toten zu beklagen. Von September 1943 bis zum Kriegsende war ich an vielen verschiedenen Kriegsschauplätzen eingesetzt, in Ostpreußen genauso wie in Estland, gegen die Russen ebenso wie gegen die Amerikaner.

Am 25. Mai 1945 – der Krieg war verloren – geriet ich in amerikanische Gefangenschaft, wurde dann aber den Engländern übergeben. Die erste Zeit der Gefangenschaft war grauenhaft, es war eine einzige Hungersqual. Pro Tag erhielten wir für 32 Mann eineinhalb Kilo Brot und für jeweils fünf Mann einen Hering! Es war ein Jammer, was sich bei der Essensverteilung abspielte. Im September 1945 wurden wir in ein Lager nach Belgien gebracht, dort gab es nicht einmal Unterkünfte. Wir hoben ein Meter tiefe Gruben aus und hausten darin. Bald stellte sich Hungertyphus ein. Im Spätsommer 1946 wurden wir nach England gebracht, wo wir sechs Wochen in einem Lager aufgepäppelt und dann in der Landwirtschaft eingesetzt wurden. Von da an ging es uns besser, wir hatten ein gutes Verhältnis zu den Farmern, auch Verpflegung und Unterkunft waren gut.

Im Dezember 1948 wurde ich nach Deutschland entlassen. Ich entschloß mich, für immer dort zu bleiben, weil ich wußte, daß ich nach dem verlorenen Krieg als Deutscher in Rumänien keine Zukunft haben würde. So begann ich, mir in Deutschland eine Existenz aufzubauen, und arbeitete fortan bis zu meiner Rente als technischer Angestellter. Es dauerte lang, bis auch meine Frau und die Kinder nach Deutschland kommen durften. Im August 1958 war es endlich soweit, und 15 Jahre der Trennung hatten ein Ende. Von da an war ich in Deutschland mit meiner Familie zu Hause.

Die Tragödie der Rußlanddeportation

Am 25. August 1944 unterbreitete die rumänische Regierung unter Constantin Sanatescu den Alliierten ein Waffenstillstandsangebot, das „die vollständige Vertreibung aller auf dem Gebiete Rumäniens befindlichen Deutschen" vorsah. Schon zwei Tage später, am 27. August 1944, erließ das Innenministerium die Weisung, „alle deutschen Zivilisten ab dem 16. Lebensjahr zu registrieren, sowohl Männer als auch Frauen, und zwar sowohl die fremden Staatsbürger als auch die Angehörigen des ‚grupul etnic german', also der Volksdeutschen"[134]. Die Sowjetunion war jedoch gegen die Vertreibung der Rumäniendeutschen. Die Gründe dafür sind nicht bekannt; vielleicht haben „die Sowjets bereits damals an die Abstellung von 100.000 Arbeitskräften aus Rumänien gedacht"[135] – eine nicht belegbare Spekulation.

Am 31. Oktober 1944 forderte der russische General Winogradow, „Listen und informative Daten und Ziffern über die Angehörigen der deutschen und ungarischen Minderheit"[136] an. Das läßt vermuten, daß die sowjetische Führung bereits im Herbst 1944 Pläne für die Deportation der Deutschen aus Rumänien erarbeitete.

Es waren wirtschaftliche Gründe, die für die Deportation verantwortlich waren. Die Deportierten wurden zum „Arbeitsdienst", oft an lebensgefährlichen Arbeitsplätzen, gezwungen und halfen beim wirtschaftlichen Aufbau und Wiederaufbau der Sowjetunion mit. Das geht auch aus verschiedenen Schilderungen einstiger Deportierter hervor, die von Arbeitsplätzen berichten, an denen ausschließlich Zwangsarbeiter beschäftigt wurden. So berichtet Karl Bereznyak aus Resita, der fünf Jahre in Rußland war: *Von der einheimischen Bevölkerung arbeitete niemand im Schacht. Das Bohren und Sortieren des Erzes wurden zugleich gemacht. Beide Personen, die diese Arbeit verrichteten, atmeten den Staub ein, der die Lungen betonierte und die Steinlungenkrankheit verursachte. Die Arbeit war gut bezahlt, aber man wußte, daß für denjenigen, der mehr als zwei Jahre dort arbeitete, keine Hilfe mehr war. Nur wir wußten es nicht. Aber selbst wenn wir es gewußt hätten, hätte es nichts genützt. Jeder mußte dort arbeiten, wo man ihn einteilte. Darum brachte man Menschen hin, die diese Arbeit gezwungen taten, Zwangsarbeiter also. Vor uns waren polnische Arbeiter dort gewesen, die auch verschleppt worden waren. Das war im September 1939 gesche-*

hen, als die Rote Armee halb Polen besetzte. Nach uns wurden die Deutschen aus der Ukraine zwangsweise dorthin verschleppt.[137]

Am 6. Januar 1945 richtete die Alliierte Kontrollkommission einen Aushebungsbefehl an den rumänischen Ministerpräsidenten Nicolae Rădescu: „Mobilisierung zur Arbeit gemäß den Instruktionen des Oberkommandos"[138]. Nun ging alles sehr schnell. Obwohl manche Kräfte gegen das Deportationsvorhaben protestierten – nicht jedoch die politischen Großmächte USA und Großbritannien, die nichts unternahmen – und doch noch viele Menschen vor der Deportation gerettet wurden[139], konnten die grausamen Pläne nicht mehr verhindert werden.

Der Deportationsbefehl betraf alle deutschen Männer von 17 bis 45 Jahren und alle deutschen Frauen von 18 bis 30 Jahren. Bei zwölf Prozent der Deportierten wurde selbst diese Altersklausel nicht berücksichtigt. Es wurde nicht gefragt, welche Politik diese Menschen betrieben hatten.[140] „Deutsch sein bedeutete schuldig sein."[141]

Die Deportation begann in den ersten Jännertagen. In Sathmar wurden die Deutschen angeblich schon am 2. Januar ausgehoben; das bedeutet, daß mit der Deportation bereits vor dem offiziellen Aushebungsbefehl begonnen wurde.

Wieviele Menschen aus Rumänien nach Rußland gebracht wurden, ist nicht ganz klar. Aus ganz Südosteuropa (Jugoslawien, Ungarn, Rumänien) waren es etwa 165.000 Menschen. Aus Rumänien waren es zwischen 70.000 und 100.000[142], wovon etwa 40.000 aus dem Banat stammten. Aus Tirol holten sie 104 junge Menschen, 16 von ihnen fanden in Rußland den Tod, fünf weitere starben an den unmittelbaren Folgen der Deportation.

Die meisten Deportierten wurden in die Ukraine gebracht, der Rest von ihnen in das Uralgebiet und nach Sibirien. Dort wurden sie in mehrere Arbeitslager aufgeteilt, in denen sich viele verschiedene Menschen in ähnlich furchtbaren Bedingungen wiederfanden.

Frau Anna Stuiber aus Resita erinnert sich: *Der Transport, bei dem ich war, endete im Ural, in Plast, Kreis Tscheljabinsk, im Lager Nr. 1652. Soweit ich mich erinnere, waren im Lager über 1.200 Menschen untergebracht, davon 68 Frauen, der größte Teil aus Reschitza. Wir waren eine sehr bunt zusammengewürfelte Gesellschaft: Reschitzaer, Temeswarer, Sachsen, Schwaben, aber auch Deutsche aus Österreich, Deutschland und aus der Tschechoslowakei. Es waren Arbeiter, Bauern, Intellektuelle, Musiker, ein Geigenvirtuose, ein evangelischer Pfarrer, ein Schriftsteller, ein Graf, ein Baron, ein Konsul, ein Bankier, ein Zahnchirurg, ein Reeder, ein Kommerzienrat, ein deutscher Fliegeroffizier. Vom Musi-*

ker angefangen, waren alle Ausländer. Auch Militär war mit uns: Soldaten, die einen deutschen Namen hatten, waren aus der Armee herausgeholt und nach Rußland transportiert worden.[143]

Nur eines war all diesen Menschen gemeinsam: Sie alle waren unschuldig Schuldiggesprochene![144] Viele von ihnen haben ihre Heimat nie wieder gesehen. Es fällt schwer, Verlustziffern zu nennen, da über dieses Kapitel der Geschichte lange Zeit der Mantel des Schweigens gebreitet wurde. Allgemein wird geschätzt, daß zwischen 15 und 20 Prozent der Deportierten in Rußland verstorben oder zugrunde gegangen sind.[145]

Nicht alle jedoch waren die ganze Zeit in Rußland, manche konnten frühzeitig nach Hause zurückkehren: Im Spätherbst 1945 trafen die ersten Transporte mit Kranken und Arbeitsunfähigen in Rumänien ein, von 1946 an wurden solche Transporte jedoch „nach Frankfurt an der Oder geleitet. Die Heimkehrer wurden in sowjetzonalen Arbeitslagern zusammengefaßt und vornehmlich in der Landwirtschaft eingesetzt."[146] Die Deportation nach Rußland bedeutete für manche also letztlich eine Deportation in die russische Besatzungszone Deutschlands. Dort waren sie wieder unfrei

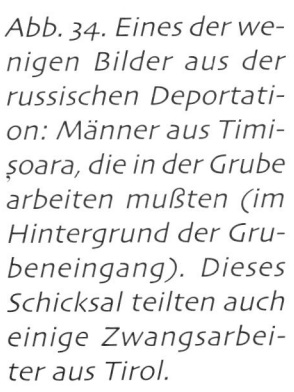

Abb. 34. Eines der wenigen Bilder aus der russischen Deportation: Männer aus Timișoara, die in der Grube arbeiten mußten (im Hintergrund der Grubeneingang). Dieses Schicksal teilten auch einige Zwangsarbeiter aus Tirol.

und mußten einmal mehr in Arbeitslagern arbeiten, doch im Vergleich zu ihren in Rußland gebliebenen Kameradinnen und Kameraden waren sie wohl doch die Glücklicheren zu nennen.

Die meisten der nach Rußland Deportierten trafen in den Jahren 1948/49 entweder in Deutschland oder in Rumänien ein: als endlich freie, für das Leben meist jedoch gezeichnete Menschen. Die letzten „Heimkehrer" kamen 1950/51 zurück.

Während der kommunistischen Epoche Rumäniens wurde die Tragödie der Rußlanddeportation mehr oder weniger totgeschwiegen. Sie wurde als abgeschlossenes Kapitel der Geschichte betrachtet. Daß viele der Betroffenen noch lebten und daß nicht wenige von ihnen an den Folgen dieser furchtbaren Zeit litten, schien das Regime nicht zu stören. Erst nach der Revolution von 1989 erschien ein Gesetz, das den einstigen Rußlanddeportierten eine monatliche Zusatzzahlung zur Pension sicherte, die der rumänische Staat bezahlte: spätes Schuldbekenntnis für längst vergangene Sünden.

KAROLINE KILBURG[147], geboren am 13. Januar 1922: Holzschlag bei minus 40 Grad!

Alles begann im Jänner 1945, als ein Leutnant aus Ploiești zu meinem Vater kam und ihm erzählte, daß die Russen kommen würden, um die Jungen wegzuführen; er bot sich an, uns Mädchen in Sicherheit zu bringen. Aber wir glaubten ihm nicht und wollten nicht fort von zuhause. Und da es auch der Vater nicht wollte, blieben wir also daheim. Aber wir erzählten, was uns der Leutnant gesagt hatte, weiter. Da waren bald alle aufgeregt; wir berieten, was zu tun sei, wenn alles wahr werden sollte. Zum Schluß war dann doch nichts zu machen, denn als die Russen kamen, hatte das Militär das Dorf schon umstellt, und keiner konnte entkommen. Die Russen kamen in der Nacht mit großen Autos von Füzeș her. Dann ging die Polizei zu den Leuten, klopfte an die Fenster und forderte, Essen für das Militär bereitzustellen. Jeder mußte etwas geben, der eine gab Schinken, der andere Wurst und Brot. Als wir Mädchen in der Küche das Licht brennen sahen und hörten, daß die Mutter im Haus umherlief, gingen auch wir in die Küche. Da sagte uns Vater, daß russisches Militär angekommen sei. In dieser Nacht wurde nicht mehr geschlafen, vor lauter

Abb. 35. Karoline Kilburg.

Angst und Aufregung. Die arme Mutter zitterte wie Espenlaub aus Angst, was nun kommen würde.

Um acht Uhr in der Früh kam der Bürgermeister mit ein paar rumänischen und russischen Soldaten. Wir waren die ersten, denn wir wohnten in der Nähe der Schule, wo die Russen ihr Quartier bezogen hatten. Der Bürgermeister hatte eine Liste dabei, auf der alle aufgeschrieben waren, die mitgehen mußten. Unsere Namen waren auch darauf.

Zunächst ging es in die Schule. Dort blieben wir drei Tage isoliert. Tag und Nacht durften wir das Haus nicht verlassen, mußten wir dort bleiben, umgeben von Soldaten.

In vielen Familien versteckten sich die Jungen, liefen hinaus aufs Feld oder entkamen über die Felder nach Doclin, um sich bei Freunden zu verstecken. Aber aus den Familien nahmen die Russen dann jemand anderen, den Vater oder die Mutter oder sonst jemanden. Da kamen die Jungen dann doch im letzten Moment wieder zurück und stellten sich, damit nicht die Alten an ihrer Stelle gehen mußten. Dann erst durften die Alten wieder nach Hause gehen.

In Wolfsberg gab es eine Familie, deren Töchter sich auch versteckten und deren Vater die Russen deshalb festnahmen. Als die Mädchen das erfuhren, kehrten sie zurück und stellten sich, damit der Vater freikomme. Was aber taten die Russen? Sie schickten alle zusammen, die Töchter und den Vater, nach Rußland. Und der Vater starb dann in der Fremde.

Dann war noch etwas: Es gab das Gerücht, daß alle Mädchen, die einen Rumänen heiraten, nicht verschleppt würden. Da gingen unsere Eltern zu rumänischen Soldaten und fragten sie, ob sie uns nicht heiraten möchten. So eine Ehe wäre natürlich nur so lang gültig gewesen, bis alles wieder vorbei gewesen wäre. So kamen sie mit ein paar jungen Soldaten in die Schule. Dort verlobten wir uns. Ich kann mich noch gut an meinen „Verlobten" erinnern – nur im Grund hatte das für mich doch keinen Wert. Auch eine Freundin verlobte sich mit einem Rumänen, und später wurde daraus wirklich ein Paar. Für unsere Situation damals aber war das alles umsonst, es änderte überhaupt nichts, wir mußten trotzdem nach Rußland gehen.

Bei uns waren auch zwei junge schwangere Frauen; ob die Russen davon wußten, weiß ich nicht, die Kinder kamen jedenfalls in Rußland zur Welt.

Wir waren also zuerst in der Schule. Die Eltern durften uns besuchen und brachten uns das Essen. Am dritten Tag wurden wir weggebracht. Das war schlimm. Links und rechts der Tür standen Militärposten, ganz eng aneinander. Der Wagen fuhr bis zur Tür zurück, sodaß wir direkt in die Autos steigen konnten, ohne daß uns dabei jemand sehen konnte. Die Autos fuhren dann auf den Platz vor der Schule. Die Eltern aber wußten nicht, in welchem Auto ihre Kinder saßen. Sie riefen und weinten. Jeder schrie, wo sein Kind sei, und wir streckten die Hände durch die Wagenfenster, und die Eltern küßten uns die Hände und schrien und weinten … und dann fuhren wir ab. Das war ein Tag mit so viel Leid und Elend, daß man ihn im ganzen Leben nicht vergessen kann!

Zuerst wurden wir nach Reșița gebracht. Dort standen wir einen Tag und eine Nacht, weil der Transport für Rußland zusammengestellt werden mußte. Da waren Deutsche aus der ganzen Umgebung, von Füzeș, Breson, Berzovia, Bocșa, Surduc, Anina, Dognacca, von überall …

Von Reșița fuhren wir mit dem Zug in Viehwaggons weiter. Da waren oben Holzbetten hineingemacht; die Frauen waren oben und die Männer unten am Fußboden.

Sechs Wochen waren wir unterwegs. Das war eine schlimme Zeit. Es gab keine Waschgelegenheit, es war zum Verzweifeln, wie Tiere lebten wir in diesen Waggons. Schon nach zwei oder drei Wochen hatten wir Läuse. Wir wußten nicht, woher sie gekommen waren, aber alle waren voll damit. Es war schlimm. Als der Zug durch Rußland fuhr, hielten wir dreimal irgendwo zum Baden an, immer nachts. Nach sechs Wochen kamen wir an. Man hatte uns in den Ural gebracht.

Gleich nach der Ankunft kamen wir in ein Lager. Dort waren Gefangene, Russen oder Deutsche … Aber es war annehmbar: Die Wände waren geweißt, es gab Holzbetten, Leintücher, Decken und Polster – leider auch Wanzen!

Etwa einen Monat lang blieben wir im Lager und mußten nicht arbeiten, weil gerade tiefster Winter war. Der Winter dauerte dort immer sehr lang: Ende September fiel der erste Schnee, und erst im Mai ging er wieder weg.

Wir bekamen dann eine Nummer, jeder eine eigene. Ich erhielt die 770 zugeteilt. Mein Name war dort nicht wichtig, „770" wurde ich gerufen.

Nach einem Monat wurde die Arbeitseinteilung gemacht. Die Männer, die zu Hause in der Fabrik gearbeitet hatten, mußten auch in Rußland in einer Fabrik arbeiten, alle anderen wurden im Wald beim Holzschlag eingesetzt, auch wir Frauen. Wir vom Dorf, wir waren gewöhnt zu arbeiten. Wir hatten auch daheim Holz geschnitten, die Leute aus der Stadt aber, die mußten erst lernen, mit der Säge umzugehen, Bäume zu fällen, zu spalten, …

Und dann begannen wir, Russisch zu lernen. Wir hatten eine Brigadierin, eine Wolgadeutsche, auch eine Zwangsarbeiterin. Irene Schuhalter hieß sie, sie konnte Deutsch und Russisch. Ich sehe sie noch vor mir, sie war so gut zu uns. Bei der Waldarbeit hatte sie die Aufsicht über uns. Da nahmen wir uns einen Zettel und einen Bleistift mit und schrieben uns immer das Wichtigste auf. Guten Tag, guten Morgen, guten Abend, Frühstück, Brot, Wasser – alles mußten wir langsam lernen.

Die Arbeit war sehr schwer, und wir verdienten nichts. Verdient hätten wir nur, wenn wir die „Norm" geschafft hätten. Jeden Tag hätte jeder von uns vier Festmeter Holz machen müssen: schneiden, spalten, zusammenschlichten. Für uns war das zuviel. Die Leute von Wolfsberg waren die harte Waldarbeit gewöhnt und erfüllten das Plansoll. Daher bekamen sie auch etwas bezahlt. Uns aber beschimpfte der Kommandant, daß wir nicht einmal unser Essen und Trinken verdienen würden. Es kam auch vor, daß einer eingesperrt wurde, weil er die Norm nicht erfüllt hatte.

Einige Male passierte das auch einer jungen Frau aus Tirol. Da entschloß sie sich, etwas zu unternehmen, um die Norm in Zukunft nicht mehr erfüllen zu müssen. Also ging sie zu einem Mann aus Franzdorf[148] und bat ihn, ihr den Daumen abzuhacken. Der wollte zuerst davon nichts hören, tat es dann aber doch. Als Lohn gab sie ihm die Brotration von einem Tag, das waren 700 Gramm. Die Frau war dann ein paar Tage im Krankenhaus. Der Arzt und der Offizier glaubten an einen Unfall, und die Frau wurde später nicht mehr im Holzschlag eingesetzt; aber dafür hatte sie einen Daumen geopfert.

Wir aber blieben im Holzschlag und arbeiteten dort in drei Schichten, also auch in der Nacht. Wir hatten einen verrückten Chauffeur, einen Russen, der uns mitten in der Nacht in den Wald führte, uns dort ablud und allein ließ. Er fuhr weg, um in die Kantine zu gehen. Wir aber weinten und beteten, denn mitten im Wald hatten wir Angst vor den Bären und Wölfen. Da machten wir ein großes Feuer, damit es hell wurde und keine wilden Tiere kamen. Vor lauter Heimweh redeten wir mit dem Mond und den Sternen. Wir fragten sie, ob sie auch in unserer Heimat so schön leuchteten, und sagten ihnen, sie sollten unsere Lieben in der Heimat grüßen und ihnen von unserem Unglück erzählen und berichten, daß uns das Herz zerspringe vor Sehnsucht und Heimweh. Aber leider gab der liebe Mond nie eine Antwort.

Wenn der Chauffeur dann zurückkam, mußten wir das Holz wegbringen. War ein Stück dann so schwer, daß wir es nicht aufheben konnten, schimpfte er und schrie "Essen könnt ihr, aber arbeiten nicht!" Und geflucht hat er zum Gotterbarmen.

Beim Holzfällen gab es auch Unfälle. Oft glaubten wir, daß ein Baum in die eine Richtung fallen würde, und dann fiel er geradewegs in die andere, wo wir standen. Einige Leute wurden vom Holz erschlagen, auch einer aus Tirol, der auf der Stelle tot war.

Wir mußten auch arbeiten, wenn es kalt war – bis zu minus 35 oder minus 40 Grad! Nur wenn es noch kälter war, heulte die Sirene, dann hatten wir frei.

Wenn wir im Winter einen Baum fällten und der in den Schnee fiel, sahen wir ihn oft nicht mehr – so hoch lag mitunter der Schnee. Dann mußten wir den Schnee erst mühsam zur Seite räumen und den Baum aus dem Schnee ziehen. Oftmals war die Arbeit so schwer, daß man am liebsten sterben wollte!

Auch im Frühjahr: Da war es zwar nicht mehr so kalt, dafür aber war alles sehr naß, und die Nässe ging uns durch und durch, auch in die Schuhe hinein.

Wir durften nach Hause schreiben. Wir schrieben aber selten und nur kurz. Über unsere Situation durften wir nichts berichten, denn die Post wurde zensiert. Da ließen wir uns oft etwas einfallen, damit unsere Lieben zu Hause doch erfuhren, wie es uns ging. Meine Eltern etwa wußten, daß ich nicht gerne Mamaliga[149] aß, ganz anders als der Rest der Familie. Ich kann mich gut erinnern, wie Vater zu Hause einmal sagte: "Ich wünsche dir nichts Schlechtes, aber vielleicht kommt einmal der Tag, an dem du so viel Hunger und Not leidest, daß du gerne Mamaliga essen möchtest!" Und in Rußland, da war es wirklich so. Da schrieb ich nun dem Vater: "Jetzt ist der Tag da, von dem du einmal geredet hast. Jetzt möchte ich so gerne Mamaliga essen!" In Rußland sagten wir oft: Wenn wir nur den Schweinetrankkessel von zu Hause hätten und uns daran satt essen könnten!

Manche Leute gingen wirklich zugrunde. Ich hatte einen Schwager, einen kräftigen Mann, der zu Hause Wagner gewesen war. Auch er mußte in Rußland hart arbeiten, aber für ihn war das Essen im Lager einfach zu wenig. Wir waren drei Schwestern. Da aßen wir zu dritt nur zwei Portionen, damit wir eine dem Johann geben konnten. Frauen brauchten nicht soviel wie die Männer. Er aß das, obwohl es ihm schwerfiel, von uns etwas anzunehmen. Und trotzdem wurde er schwächer und schwächer. Der Arzt sagte: "Er ist nicht krank, er hat nichts, er ist nur unterernährt. Die Kost ist wenig und schwach, aber die Arbeit ist schwer. Sein Körper hält das nicht mehr aus." Da kam er zuerst in das Zimmer der Arbeitsunfähigen. Wenn wir ihn dort besuchten, saß er oft gerade am Bett und betrachtete ein Foto von seinen zwei Kindern, und weinend schluchzte er dann: „Die sehe ich nicht mehr! Was wird Marie nur anfangen ohne mich? Wie wird sie die Kinder großziehen?!"

Dann kam er zu einem Transport. Beim Abschied sagte er: „Wenn ihr doch noch einmal nach Hause geht, dann grüßt mir die Heimat und alle Lieben daheim, ich sehe keine Heimat mehr!" So war es dann auch: Wäre der Transport nach Rumänien gegangen, wäre er zu Hause gestorben. Aber der Transport ging nach Deutschland. Auf dem Weg dorthin bekam er die Rote Ruhr[150], und drei Tage nach der Ankunft in Frankfurt am Main starb er. Meine Schwester bekam vom Roten Kreuz aus Deutschland die Nachricht, daß er zwar angekommen, aber gestorben und begraben worden sei. Seine paar Habseligkeiten, die Bilder von seinen Kindern, das haben sie alles meiner Schwester geschickt.[151] Wir erfuhren erst aus einem Brief von zu Hause, daß der Jani[152] gestorben war. Es war bitter, wie wir alle nach Hause kamen – allein und ohne ihn. Wie die Arme geweint hat ...!

In Rußland gingen wir immer zu einem alten Mütterlein, das ein mitleidiges Herz hatte. Sie sagte, wir sollten öfter kommen, und sie gab uns immer etwas zu essen – Milch oder ein bis zwei Kartoffel. Und einmal fragte sie uns, ob wir auch beten. Ja, haben wir gesagt. Da führte sie uns in ein Zimmer und zeigte uns ein Marienbild, das hinter einem Vorhang versteckt war. Und so haben wir mit dieser Frau immer geredet, auch vom Beten ...

Später kamen wir dann vom Holzschlag weg, wir mußten dann woanders arbeiten, bei der Heuernte, oder auch in der Stadt[153] beim Kanalausheben. Dann arbeitete ich in einer Gold- und Platinwaschanlage und auf anderen Plätzen. Aber nichts war so hart wie der Holzschlag.

Wir hatten auch viel Heimweh. Ich erinnere mich, wie einmal einer von den Männern zu einem Bahnhof in der Nähe ging, um zu schauen, ob man dort Wasser holen könnte, weil es im Lager gerade kein Wasser gab. Als er zurückkam, sagte er: „Ihr glaubt nicht, was ich gesehen habe! Rumänische Waggons! Am Bahnhof stehen rumänische Waggons!" Da gingen wir alle nachschauen, und wirklich: Da waren Waggons aus unserer Heimat. Da begannen wir zu weinen, und die Männer küßten die Waggons vor lauter Heimweh und Freude. Und wir sagten: „Wenn wir uns jetzt nur in die Waggons setzen und nach Hause fahren könnten!"

Wir wußten nicht, ob wir überhaupt wieder einmal nach Hause kommen würden. Einmal im Monat kam der Kommandant – das war ein anständiger Mensch –, um die Leute zu fragen, wie es denn so ging und ob sie mit dem Essen zufrieden waren, und dann sagten die Leute immer: "Wir wären ja gern zufrieden mit dem, wie es ist, aber wir möchten wissen, wann wir nach Hause dürfen." Da antwortete der Kommandant immer dasselbe: "Ja, einmal geht ihr bestimmt nach Hause. Ich kann nicht sagen, wann das sein wird, aber einmal wird der Befehl von oben kommen, daß ihr nach Hause dürft." So tröstete er die Leute.

Und dann kam wirklich dieser große Tag – nach dreieinhalb Jahren! Wir waren längst nicht mehr im großen Lager mit über 3.000 Leuten, sondern in ein kleineres verlegt worden. Eines Morgens kam der Offizier vom Dienst und sagte, daß wir an diesem Tag nicht arbeiten müßten, sondern zu Hause bleiben sollten. Wir waren überrascht und wußten nicht, was das zu bedeuten hatte, denn es war kein Feiertag.[154] Da hieß es plötzlich: "Der Kommandant kommt!" Da vermuteten unsere Männer gleich, daß wir vielleicht nach Hause dürften.

Wir mußten im Hof antreten, und der Kommandant hielt eine Rede. Ich weiß noch, wie er die Ansprache begann: "Liebe Genossen! Ihr habt mich schon oft gefragt, wann ihr nach Hause geht!" – Da hoben ihn die Männer in die Höhe und schrien Hurra, sie ließen ihn nicht mehr weiterreden, er lachte und ließ es sich gefallen, dann stellten sie ihn wieder auf die Beine, und er sagte – ich höre ihn noch: "Die Zeit ist da, jetzt geht ihr nach Hause." Das war eine Freude! Die Frauen fingen zu weinen an, kaum einer wollte es glauben!

Die nächsten drei oder vier Tage blieben arbeitsfrei, weil wir alles in Ordnung bringen mußten, baden, Kleider waschen, Haare schneiden, die Männer rasieren. Der Kommandant sagte in schlechtem Deutsch zu ihnen: "Daß ihr als schöne Männer nach Hause geht!"

Dann packten wir unsere paar Sachen zusammen, mit der Eisenbahn verließen wir das Lager. In der Stadt standen wir noch einmal zwei oder drei Tage, bis wir auf die Waggons aufgeteilt wurden. In einer Woche waren wir in Rumänien. Als wir über die Grenze kamen, war es gegen Abend. Der Zug hielt in einem Bergbahnhof, weit unten konnte man ein Dorf sehen und auch eine Kirche. Auf einmal fingen die Glocken zu läuten an. Wie wunderbar! In den dreieinhalb Jahren in Rußland war nie eine Glocke zu hören gewesen. Die Glocken begrüßten uns in der Heimat! Das war schön, das war so schön!

An der Grenze führte man uns für zwei Tage in ein Lager, wo wir unsere Papiere erhielten. Als wir dort ankamen, fuhr gerade ein anderer Transport heraus. Da waren Tiroler dabei, die aus anderen russischen Lagern gekommen waren; sie hatten die Papiere bereits und waren auf dem Weg nach Hause. Da rief einer: "Schreibt auf, was ihr gern essen möchtet, wenn ihr nach Hause kommt. Ich sag es euren Eltern, die werden euch alles kochen!" Da kritzelten wir in Windeseile unsere Lieblingsspeisen auf einen Zettel. Ich schrieb „Krummbirnplatzki"[155]. Meine Schwester kochte dann drei Tage lang das gleiche, weil die Arme drei Tage auf uns warten mußte.

Wir kamen mit dem Zug in Tirol an. Viele Leute standen am Bahnhof. Alle, die noch jemanden zu erwarten hatten, waren da. Und dann begrüßten wir einander, ein Wiedersehen nach dreieinhalb Jahren! Meinen kleinen Bruder hätte ich fast nicht erkannt, so groß und fremd war er geworden.

Als wir nach Hause kamen, war die Stimmung keine fröhliche mehr, weil die Schwester nur an ihren Mann denken konnte. „Wo habt ihr meinen Mann gelassen? Wieso habt ihr ihn nicht heimgebracht?" Sie war doch jetzt mit den zwei Kindern allein!

So waren wir also wieder zu Hause, nach dreieinhalb Jahren wieder daheim. Es war alles vorbei. Wir hatten überlebt, aber viele andere sahen ihre Heimat nicht mehr wieder.

ROSA DRAHOKOUPIL, geboren am 6. Mai 1922: Und wenn mich morgen der erste Baum erschlägt!

Von Rußland habe ich bald alles vergessen – oder vergessen wollen. Am 16. Jänner 1945 wurden wir geholt. Die meisten von uns kamen in den Ural, nach Iss nahe der sibirischen Grenze.[156] *Dort mußten wir im Holzschlag arbeiten, einige in der Fabrik, andere beim Platinwaschen.*

Oft war es sehr kalt. Die Leute sagten, daß die Kälte bis gegen minus 70 Grad ging. In den Häusern rückten die Menschen sogar mit dem Vieh zusammen, damit es wärmer wurde. Als wir dort waren, hatte es im Winter bis minus 45 oder minus 50 Grad. Zuerst arbeitete ich zweieinhalb Jahre im Holzschlag – bei minus 40 Grad waren wir noch draußen. Beim Hinausgehen froren schon nach ein paar Schritten die Tropfen an den Wimpern. Dreimal erfror es mir die Nase; wenn es sehr kalt ist, bricht mir die Stelle noch auf. Auch an den Füßen war und ist es so. Die Finger habe ich mir abgefroren, sodaß ich heute keine Nadel mehr spüre.

Abb. 36. Rosa Drahokoupil.

An den Füßen hatten wir Filzstiefel, die über Nacht nicht trockneten. Außerdem paßten sie oft nicht. Bei uns gab es welche mit Schuhgröße 37 oder 38, aber bekommen haben sie 42!

Einmal hatte ich beim Holzfällen fast einen Unfall. Eine dicke Schneedecke verbarg ein Loch; ich rutschte ab, im selben Augenblick fiel ein Baum. Das Mädchen, das mit mir arbeitete, erstarrte vor Schreck. Ich sah meine Innereien schon am Baum hängen, aber es ging alles noch einmal gut ab. Einmal allerdings kam beim Holzfällen wirklich jemand ums Leben. Die meisten starben allerdings vor Schwäche.

Ich war auch einmal krank, hatte 40 Grad Fieber. Ich ging zum Doktor, damit er mich von der Arbeitspflicht befreie. Er aber meinte, daß die Liste der Arbeitsunfähigen für diesen Tag schon voll sei. Da ging ich also mit 40 Grad Fieber hinaus in den Holzschlag! Gottlob begegnete ich dort einem Russen, der mich kannte. Er rief „Rojicska, du bist krank!" Da erzählte ich ihm alles, er hatte Einsicht und sagte, daß ich an diesem Tag nicht arbeiten müsse. Am nächsten Tag war ich wieder fieberfrei und ging normal arbeiten. In den fünf Jahren war ich keinen einzigen Tag krankgeschrieben.

Das Essen war wenig: 600 Gramm Schwarzbrot am Tag, und das nicht fertig gebacken. Mich plagten dauernde Magenschmerzen – und Hunger. Ich hatte die Möglichkeit, mir mittags ein Glas Milch zu kaufen, doch nicht allen ging es so gut. Je nach Arbeitsplatz konnte man sich besser oder schlechter mit zusätzlichen Lebensmitteln versorgen. Am Anfang liefen uns die Kinder nach und riefen: „Deutsche Frau, Hitler kaputt! Deutsche Frau, Hitler kaputt!" Viele schlimme Sachen mußten wir uns anhören. Überhaupt waren die Leute am Anfang wild zu uns, erst später wurde es besser. Die ersten Ostern mußten wir Klo putzen. Da haben wir alle geweint: zu Hause Ostern, das große Fest, und dann Ostern in Rußland, das große Kloputzen!

Der erste Kommandant war ein Russe und ein guter Mensch. Einmal fragten wir ihn, warum man uns nach Rußland gebracht habe. Er antwortete: „Rumänien war mit Deutschland verbündet. Deutschland hat den Krieg verloren. Rußland hat von Rumänien Arbeiter für den Wiederaufbau verlangt, nicht nur Deutsche, sondern Arbeiter. Aber der rumänische Staat hat die Minderheiten ausgesucht. Das ist nicht die Schuld der Russen!" Dieser gute Kommandant blieb nicht lang. Zuletzt hatten wir einen, der wie ein Hund war. Am liebsten hätte er uns vergiftet. Später erfuhr ich, daß ihn jemand erschossen hatte.

Die Kommandanten waren mächtig und hatten viel zu sagen. Ich war fünf Jahre in Rußland, weil ich einen ekelhaften erwischt hatte. Damals arbeitete ich in der Küche. Wir mußten für den Kommandanten einen Fisch zubereiten. Ich stellte ihm den Teller hin, er schob ihn zur Seite und fragte: „Was ist denn das? Das ist kein Fisch! Könnt ihr denn keinen Fisch kochen, ihr deutschen Weiber?" Dreimal schickte er den Fisch zurück. Da ging ich weinend in die Küche und wollte nicht mehr hinaus. „Wer bin ich, daß mich der Kommandant zum Gespött machen darf?" fragte ich. Da brachte der russische Küchenchef den Fisch selbst hinaus, und der Kommandant fragte nach mir. Dann kam er in die Küche und schrie: „Von morgen an bist du wieder im Holzschlag!" – „Und wenn mich morgen der erste Baum erschlägt!" antwortete ich ihm. „Ich bin kein Mädel von der Straße, mit dem man solches Gespött machen kann!" Und wirklich, vom nächsten Tag an mußte ich wieder im Holzschlag arbeiten.

Einmal lernte ich eine Frau kennen, die mich in ihr Haus nahm, wo Heiligenbilder an der Wand hingen. Betten und Tische waren gerade so wie zu Hause. Da habe ich viel geweint, weil es mich so an daheim erinnerte.

Bevor wir in die Heimat gebracht wurden, kamen wir in ein Sammellager. Dort gab es eine Russin, die uns Vorwürfe machte: „Was, ihr sollt nach Hause gehen? Die sollen Euch doch hier behalten, bis ihr verfault! Ihr seid doch schuld an diesem Krieg!" Da packte ich eine Latte und lief ihr nach! Wir sollten schuld gewesen sein? Wir hatten doch nicht einmal gewußt, warum wir nach Rußland gebracht worden waren! Aber so war es eben.

Nach fünf Jahren kam ich zu Weihnachten heim, am Heiligen Abend 1949 – gemeinsam mit Johann Belgram, Franz Laschose und Rudolf Zirler. Wir waren die letzten Tiroler, die zurückkamen.

Was für ein Erlebnis war das, als ich nach Hause kam! Sogar der Hund kannte mich noch! Ich hatte Angst, daß er mich beißen könnte! Aber er lief mir entgegen und bellte. Da rief ich seinen Namen, und er sprang herbei, winselte, leckte mich an den Händen und Füßen und rollte sich vor mich hin! Nach fünf Jahren kannte mich der Hund noch – nach fünf langen Jahren in Rußland!

THERESIA GRADIL[157], geboren am 9. Mai 1926: Ich habe mein Kind in Rußland geboren!

Als im Jänner 1945 die Russen kamen, versteckte ich mich zuerst auf dem Heuboden. Dann aber erfuhr ich, daß statt mir meine Mutter eingesperrt worden war. Da kroch ich hervor und stellte mich den Soldaten. Ich bat sie, statt der Mutter mich zu nehmen, und das taten sie auch.

Meine Mutter durfte wieder nach Hause, und ich kam nach Rußland. Ich war im dritten Monat schwanger.

Wir waren mehrere Wochen in Viehwaggons unterwegs. In den Boden waren Löcher gemacht, damit wir aufs Klo gehen konnten. In Rußland angekommen, wurden wir in ein Lager gesteckt. Gleich am Anfang gab es eine ärztliche Untersuchung, bei der festgestellt wurde, daß ich ein Kind erwartete. Von da an behandelte man mich sehr gut. Die anderen mußten sehr hart arbeiten und wurden über alles gefordert. Außerdem bekamen sie schlechte Kost – und davon zu wenig. Ich hatte es besser. Ich mußte nicht arbeiten. Ein einziges Mal wurde ich zur Arbeit in der Wäscherei eingeteilt. Doch da wurde es mir schon nach einer Stunde zu heiß, sodaß ich wieder aufhören durfte. Auch mein Essen war viel besser als die Kost der anderen. Es wurde stets zweierlei gekocht: für die deutschen Zwangsarbeiter und für die russischen Aufseher. Mir gab man die Kost der Aufseher. Ich durfte mich wirklich nicht beklagen.

Abb. 37. Theresia Gradil.

Im Juni 1945 bekam ich mein Kind. Ich wurde ärztlich betreut, und alles ging gut. Die Russen gaben mir auch Babykleidung – sie hätte für drei Kinder gereicht! Wenn sie gegen andere auch sehr hart waren, bei mir und meinem Kind zeigten sie Herz!

Im Herbst ging ein Transport mit Kranken nach Rumänien. Da durften wir mitfahren, ich und noch eine junge Frau aus Tirol, die auch ein Kind bekommen hatte, das aber auf der Heimreise starb. Ein rumänischer Priester, dem wir auf der Fahrt begegneten, nahm den kleinen Leichnam mit und versprach, ihn zu begraben.

Als ich in Tirol zum Haus meiner Eltern kam, war niemand dort. Meine Mutter war gerade beim Holzschneiden. Irgendjemand holte sie: „Geh schnell nach Hause, du hast einen Gast!" – „Ach, laß die Gäste heute", antwortete sie, „ich bin müde!" Dann aber sah sie mich. Da ging ich ihr entgegen und legte ihr mein Kind in die Arme. Meine Eltern wußten ja nicht, daß ich schwanger gewesen war, als ich fort hatte müssen. Ich hatte mich vor diesem Augenblick stets gefürchtet. Aber Mutter freute sich, daß ich wieder da war. Wir gingen ins Haus, und ich legte mich auf das Bett, das Kind an meiner Seite. Dann hörte ich Vater kommen. Was *würde er sagen, seine ledige Tochter mit einem Kind? Meine Patin aber nahm das Kind und ging zu Vater hinaus. Sie legte es ihm in die Arme und sagte: "Schau, was ich da für dich habe!" Der Vater staunte und wußte nicht recht, wie ihm geschah. Aber dann ging ich hinaus, begrüßte und küßte ihn und sagte: "Allein bin ich fort, zu zweit sind wir jetzt gekommen. Mach mit uns, was du willst, nimm uns auf oder schick uns fort!" Da antwortete er: "Und wärst du mit drei Kindern gekommen! Daß du nur wieder da bist!"*

ELISABET MICUCI[158], geboren am 21. Februar 1920: Von Bukarest nach Rußland.

Ich wurde in Bocșa-Montana geboren, wo ich auch meine Kindheit verbrachte. Als ich zwei Jahre alt war, starb meine Mutter. Als ich 13 war, starb mein Vater, und meine Stiefmutter heiratete einen Mann, der bei der UDR in Bukarest arbeitete. Als ich 17 Jahre alt war, nahm mich dieser nach Bukarest mit, wo ich dann als Kindermädchen arbeitete. Als die Russen kamen, war ich also in Bukarest. Das war 1944.

Und dann begann die Deportation: Per Radio wurde eine nächtliche Ausgangssperre verhängt. Ich versteckte mich bei einer Freundin, doch als ich dort einmal aufs Klo

Abb. 38. Elisabeth Micuci.

ging, wurde ich von ihrer Nachbarin gesehen. Sie muß mich noch am selben Tag verraten haben, denn am nächsten Tag wurde ich geholt. Man brachte mich sofort auf die Miliz. Ich durfte nur mitnehmen, was ich anhatte. Das passierte am 11. und 12. Jänner 1945.

In Viehwaggons brachten sie uns nach Rußland. Dort wurden wir zu verschiedenen Arbeiten eingesetzt. Ein Jahr arbeitete ich beim Kohleabbau oben, die anderen Jahre unten in der Kohlengrube. Ein Jahr lang schaufelte ich die herausgesprengte Kohle auf das Fließband. Unvorstellbar – wir mußten beim Schaufeln auf dem Bauch liegen, weil die Gänge zum Stehen zu nieder waren! Zehn Stunden mußten wir täglich so arbeiten. Drei Jahre arbeitete ich auf der dritten unterirdischen Station, 1.700 Meter unter der Erde. Da stand das Wasser, und Luft hatten wir nur, weil Ventilatoren eingeschaltet waren.

Fünf Jahre war ich dort, immer im selben Lager. Es war eine lange Zeit. Und immer wurde uns versprochen: Skoro domoi! – Ihr geht bald nach Hause! Sie sagten uns das so oft, daß wir nicht mehr daran glaubten. Einmal wurden welche aus unserem Lager geholt. Da hieß es, sie würden nach Hause gebracht. Aber das war nicht wahr. Als wir später einmal am Markt waren, sahen wir einen Lastwagen mit Mädchen aus dieser Gruppe, die uns dann erzählten, daß man sie nur in ein anderes Lager gebracht hatte.

Aber einmal kam doch die Zeit der Heimkehr. Das war kurz vor Weihnachten 1949. Vorher nahm man uns noch alles weg, was wir zu Hause herzeigen hätten können: die paar Fotos, die Arbeitskleider, … Es sollte niemals jemand erfahren, was dort passiert war.

Bei Sighet in Maramureș kamen wir über die Grenze nach Rumänien. Zuerst mußten wir alle zur Entlausung, dann erst durften wir nach Hause zurück. Ich kam wieder nach Bukarest. Aber dort hatte ich nichts mehr, denn meine frühere Freundin hatte alles verkauft. Über eine andere Freundin kam ich bei einem Apotheker unter, und über die Zeitung fand ich schließlich eine jüdische Familie, die mich als Kindermädchen anstellte. In dieser Zeit schrieb ich immer wieder nach Bocșa. Zwölf Jahre war ich nicht mehr zu Hause gewesen, und meine Tante antwortete nun, ich sollte doch kommen. Als die Sehnsucht nach der Heimat zu groß wurde, fuhr ich zu ihr. Im Kindergarten von Bocșa Varsiova fand ich eine Anstellung.

Erst später kam ich nach Tirol, weil meine Stiefeltern hier ein Haus gekauft hatten. Und so bin ich heute noch hier.

Rumänien unter kommunistischer Herrschaft

Unter dem Druck der sowjetischen Besatzungsmacht, die im August 1944 in Rumänien eindrang, und unter dem Einfluß der rumänischen Kommunisten vollzog sich seit März 1945 die Umgestaltung Rumäniens in eine sogenannte Volksdemokratie. Sichtbares Zeichen für die politische Umgestaltung war die Kollektivierung der Landwirtschaft, mit der in diesen Monaten begonnen wurde.

Am 10. Februar 1947 wurde ein Friedensvertrag geschlossen, der die Staatsgrenzen vom Jänner 1938 wiederherstellte und damit auch ganz Siebenbürgen wieder zu einem Teil Rumäniens machte.

Im selben Jahr mußte König Mihai abdanken. Am 13. April 1948 wurde die erste Verfassung der Volksrepublik Rumänien verabschiedet. Darin heißt es: „Alle Bürger der Volksrepublik Rumänien sind gleich vor dem Gesetz, unabhängig von ihrem Geschlecht, ihrer Nationalität, Rasse, Religion und ihrem Bildungsgrad."[159] Doch derlei Bestimmungen blieben im kommunistischen Rumänien nur leere Worte, was die Minderheitenpolitik der rumänischen Regierung gegen Deutsche und Ungarn immer wieder zeigte. In den ersten Jahren des Kommunismus verfolgte Rumänien einen strengen pro-sowjetischen Kurs: 1951 war es Gründungsmitglied des COMECON[160], 1955 Gründungsmitglied des Warschauer Pakts[161]. 1960 leitete Gheorghe Gheorghiu-Dej, der Generalsekretär der Rumänischen Arbeiterpartei[162], jedoch eine selbständigere Politik und einen Weg der politischen Emanzipierung gegenüber der UdSSR ein. Diese Politik setzte Nicolae Ceaucescu, der ihm 1965 in seinem Amt nachfolgte, fort.

1968 erregte Rumänien internationale Aufmerksamkeit, als es als einziges Land des Warschauer Pakts seine Truppen nicht am Einmarsch in die Tschechoslowakei teilnehmen ließ. In der Folge geriet das Land in immer größere politische Spannungen mit der UdSSR. Doch auch in der internationalen Politik mit dem Westen führte Ceaucescu Rumänien in die Isolation. Aufgrund eines nicht funktionierenden Wirtschaftssystems und mehrerer unfinanzierbarer Prestigeprojekte schlitterte das Land in eine tiefe Krise. 1980 zwang der größenwahnsinnige Führer sein Land zu einem wahnwitzigen Sparkurs, der Rumänien in den letzten Jahren des Kommunismus zum Armenhaus Europas verkommen ließ. Im Dezember 1989 war das Regime am Ende. In Timișoara brach die Revolution aus, die rasend schnell auf das ganze Land übergriff und den Sturz des verhaßten Diktators zur Folge hatte. In wenigen Tagen zerbrach die selbstherrliche Macht des stolzen Führers, der geglaubt hatte, der größte Sohn Rumäniens zu sein und selbst der Sonne trotzen zu können.[163]

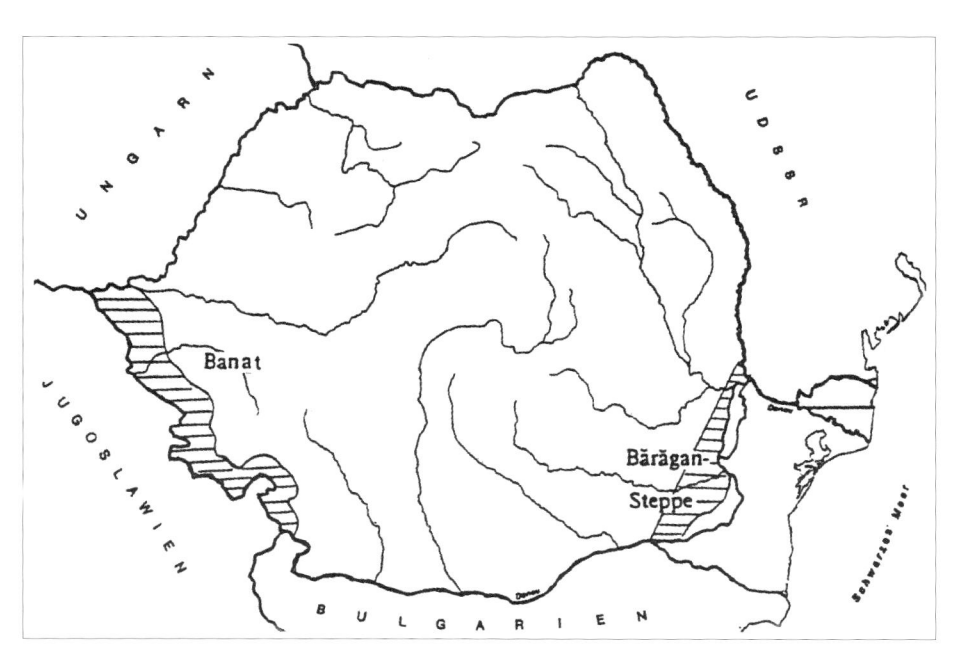

Abb. 39. Karte Rumäniens mit der Grenzzone im Banat sowie im südwestlichen Oltenien und mit der Bărăgan-Steppe im Osten Munteniens (aus: W. Weber, Und über uns der blaue endlose Himmel).

Die Bărăgan-Deportation

In den ersten Jahren der kommunistischen Herrschaft ereignete sich eine neuerliche Deportation, die die Menschen in furchtbarer Weise an die Schrecken der Rußlandjahre erinnerte.

Es gab jedoch drei wesentliche Unterschiede: Die neue Verbannung war – zum einen – eine innere Staatsangelegenheit Rumäniens und führte die Verbannten – zweitens – nicht in einen anderen Staat, sondern in den Osten des eigenen Landes. Und drittens: Es fielen ihr Menschen unterschiedlicher Volkszugehörigkeit (nicht nur Deutsche), unterschiedlichen Reichtums und unterschiedlicher politischer Gesinnung zum Opfer. Sie alle hatten nur zwei Dinge gemeinsam: Sie wohnten an der Grenze zu Jugoslawien, und sie wurden als „klassenfeindliche Elemente" betrachtet.

Für die neuerliche Deportation dürften drei Gründe ausschlaggebend gewesen sein:

Erstens befand sich die damalige kommunistische Welt in einem Konflikt mit Jugoslawien, das zwar ebenfalls kommunistisch war, unter Ministerpräsident Tito aber eigene ideologische Vorstellungen entwickelte und seine Unabhängigkeit gegenüber der Sowjetunion zunehmend betonte. Außerdem fürchtete Rumänien, Jugoslawien könnte den alten Anspruch auf das umstrittene Banat wieder geltend machen.[164] Die Zwangsumsiedlung der vielen Menschen erfolgte offiziell unter dem Vorwand, deren Anwesenheit würde die Sicherheit der Grenzregion gefährden.

Zweitens wollte die rumänische Regierung die Bărăgan-Steppe im Osten des Landes landwirtschaftlich nutzbar machen.

Drittens diente die Deportation der Realisierung des von den Kommunisten bereits 1949 gefaßten Beschlusses, „Klassenfeinde" unschädlich zu machen.[165]

Die neuerliche Massendeportation[166] wurde ein Jahr intensiv vorbereitet, jedoch so geheim, daß Außenstehende nichts davon bemerkten. Alles war organisatorisch bis ins Detail geplant. Später behauptete man, in diesem Land habe nichts so gut geklappt wie diese Deportation.[167]

Die Deportationszone betraf einen 25 Kilometer breiten Gebietsstreifen an der Grenze zu Jugoslawien. Tirol fällt knapp in diesen Streifen, ebenso das Nachbardorf Doclin, nicht mehr aber das nur vier Kilometer von Tirol entfernte landeinwärts gelegene Fizeș.[168]

In diesen Landstreifen fielen insgesamt 297 Ortschaften aus dem Banat und aus dem südwestlichen Oltenien. In Menschenschicksalen ausgedrückt bedeutet das: 12.791 deportierte Familien mit insgesamt 40.320 Personen! Etwa ein Viertel von ihnen – 9.413 Personen – waren Banater Deutsche. Von diesen starben 629 in der Verbannung.

Von Tirol wurden 71 Personen aus 40 Familien deportiert: 61 Deutschstämmige, sechs Rumänen und vier Kroaten[169]; drei Menschen aus unserem Dorf starben im Bárágan.

Daß es dem Regime um eine möglichst vollständige „Säuberung" der Grenzregion von allen „klassenfeindlichen" Elementen ging, ist an den Menschentypen ersichtlich, die für die Deportation ausgesucht wurden: Da waren die Staatsangehörigen sogenannter imperialistischer Staaten und Jugoslawiens wie auch die Staatenlosen, die aus dem Staatsdienst entfernten Beamten, die entlassenen Berufsoffiziere und Unteroffiziere der ehemaligen königlich-rumänischen Armee, alle Personen, die aus den von Rumänien an die Sowjetunion abgetretenen Gebieten in die Grenzzone geflüchtet waren, die Mazedo-Rumänen, die Angehörigen ehemaliger deutscher Einheiten, Funktionäre der ehemaligen Deutschen Volksgruppe, Schmuggler, Schlepper, Angehörige von Landesflüchtlingen, Titosympathisanten, ehemalige Kaufleute mit Verbindung zum Ausland, Wirtschaftssaboteure und viele andere.

In vielen Fällen handelten die Listenschreiber auch aus Neid und Rachsucht und setzten ihnen unliebsame Namen auf die Deportationslisten. Außerdem wurde der betroffene Grenzstreifen im Norden des Banats willkürlich um mehrere Kilometer landeinwärts erweitert, um mehr Dörfer in die Deportation miteinbeziehen zu können.

Erste Anzeichen für das Ereignis waren die auf allen größeren Bahnhöfen abgestellten Güterwaggons. Die Rußlanddeportation lag erst sechs Jahre zurück, und der Anblick dieser Waggons weckte die Erinnerung an kaum vergangenes Leid.

Bald wurde es zur bedrohlichen Gewißheit: Miliz- und Securitateeinheiten[170] bezogen in den Schulen und Kulturheimen der betroffenen Orte Quartier, der Eisenbahnverkehr wurde eingestellt, niemand durfte den Ort verlassen. In der Nacht vom 17. auf den 18. Juni begann das furchtbare Unternehmen: „Die auf Namenslisten erfaßten Menschen wurden nach Mitternacht in ihren Häusern von Uniformierten unsanft aus dem Schlaf geweckt, sofern in dieser Nacht überhaupt von Schlaf die Rede sein konnte. Unter Androhung von Strafe und Gewalt wurde ihnen kurz mitgeteilt, daß sie zu packen hätten, um innerhalb von zwei Stunden am Bahnhof zu sein. Laut einem Dekretgesetz wären sie zur Umsiedlung in eine andere Region des Landes verpflichtet und hätten diesem Gesetz widerstandslos zu folgen. Ein bewaffneter Bewacher blieb in jedem Haus zurück, um dafür zu sorgen, daß keiner mehr das Haus verläßt oder mit Nachbarn spricht."[171]

Abb. 40. Auf der Straße von Königsgnade sammeln sich die beladenen Wagen, um zum Bahnhof zu fahren – ein Bild von großer Seltenheit, das geschossen wurde, als der Bewacher noch im Hof war.

Die Menschen, die so plötzlich deportiert werden sollten, wurden offiziell nicht völlig entrechtet. Sie durften etwas von ihrem Hab und Gut in die Verbannung mitnehmen und das, was sie zurücklassen mußten, wurde ihnen teilweise offiziell abgekauft. Die festgelegten Preise waren jedoch lächerlich niedrig[172]; außerdem wurden manche Summen gar nicht ausbezahlt.

Von den zur Deportation gezwungenen Menschen mußten die meisten in die Bărăgan-Steppe im Osten des Landes siedeln. Manche der genannten Personenkategorien erhielten andere Aufenthaltsorte zugewiesen oder genehmigt, die Menschen deutscher Volkszugehörigkeit aber waren allesamt für den Bărăgan bestimmt.

Truppen des Innenministeriums bewachten die für die Transporte in das Deportationsgebiet benötigten 6.211 Güterwaggons. Überhaupt war der behördliche Aufwand enorm: 9.877 Militärangehörige sicherten die

Grenze zu Jugoslawien, 10.229 beteiligten sich bei der Aushebung und Bewachung der Opfer, und 1.964 Soldaten standen als eine Art Interventionsreserve bereit.

Nach ihrer Ankunft am Bestimmungsbahnhof im Bărăgan mußten die Deportierten alles ab- und auf herbeigebrachte Bauernwagen umladen. Dann brachte man sie zu ihrem neuen „Heimatplatz", einem mit Pflöcken abgesteckten Stück Land in der Größe von 2.500 Quadratmeter: keine Hütte, keine Grube, kein Dach, kein Brunnen – nichts! Abgeladen auf freiem Feld hatten die gedemütigten Menschen nichts weiter als den blauen endlosen Himmel und ein Stück hartes, trockenes Feld.

Manche schufen sich erste Abhilfe, indem sie aus den mitgebrachten Utensilien hüttenähnliche Unterkünfte errichteten, andere hoben Gruben aus. Ein Mann aus Tschakowa schilderte die Verhältnisse in einem Brief aus dem Deportiertendorf Fetestii Noi, dem späteren Valea Viilor: „Erst am 23. Juni 1951 kamen wir in Fetesti an, wurden dann sechs Kilometer weiter auf einem Baumwollfeld abgeladen. Kein Baum und kein Wasser. Unser Kind weinte ständig vor Hitze und Durst. Eine Hütte konnten wir uns nicht bauen, da wir nur Baumwolle als Material zur Verfügung hatten. Darum haben wir die Schränke aufgestellt und den Teppich darauf festgenagelt. Am 24. Juli 1951 regnete es zum ersten Mal. Da setzten wir das Kind unter den Tisch, und wir standen mit unseren Sachen unter freiem Himmel, warteten bis der Regen aufhörte ..."[173]

Bald begannen die Deportierten mit der Errichtung von Häusern: Manche stampften die Wände aus Lehm, andere schlugen Lehmziegel und ließen sie an der Sonne trocknen. Der Staat ließ immerhin das Holz für den Dachstuhl und zwei oder drei Fenster sowie Türen anliefern – je nach der erlaubten Größe des zu erbauenden Hauses. Doch alles andere mußten sich die Menschen selbst irgendwie besorgen oder herstellen.

Damit war der Bărăgan innerhalb kürzester Zeit zur zugleich größten und primitivsten Baustelle Rumäniens geworden. In den Regionen Ialomita und Galati entstanden auf diese Weise innerhalb weniger Monate 18 neue Dörfer mit je 300 bis 800 Häusern.

Neben dem Aufbau ihrer Unterkunft und der Bearbeitung ihres großen Hausgartens mußten die Deportierten beim Bau der öffentlichen Gebäude wie Gemeindehaus, Schule und Milizstation helfen. Darüber hinaus mußte jede Familie Arbeitskräfte für die umliegenden Staatsfarmen stellen, für die Arbeit in den Getreide-, Reis- und Baumwollfeldern, in den Kuh- und Schweineställen, an den Traktoren und technischen Geräten, mitunter auch in der Industrie. Nicht selten wurden diese Menschen auch in verantwortungsvollen Positionen eingesetzt – und das,

Abb. 41. Speisezimmer unter freiem Himmel. Dieses Bild aus Olaru läßt das Ausmaß der Tragödie erahnen.

Abb. 42. Winter 1954 in Olaru: Familie Friedmann mußte sich auf diese Weise behelfen, um aus dem eingeschneiten Haus zu kommen.

Abb. 43. Die Familien von Josef Drahokoupil und Josef Mestrich vor ihrem Haus im Deportiertendorf Olaru.

obwohl man sie offiziell doch als unzuverlässige Elemente eingestuft hatte! Die Arbeit in diesen Betrieben wurde bezahlt, meistens jedoch katastrophal schlecht.

Trotz der schlechten Lebensbedingungen versuchten die Deportierten mit aller Kraft, ihren Lebenswillen zu behalten und die Traditionen zu pflegen. Sie kamen zu heimlichen Gottesdiensten – meist ohne Priester – zusammen, feierten religiöse Feste wie Kirchweih, Hochzeit, Taufe und Erstkommunion, bildeten mitunter sogar Tanz- und Musikgruppen, sogar Fußballmannschaften gab es. Auch den Toten versuchte man ein den Umständen entsprechendes ehrenvolles Begräbnis in der fremden Erde zu geben.

Zu den bittersten Tagen des Jahres gehörte wohl die Weihnachtszeit. Lotte Wilhelm aus Freidorf[174] erinnert sich: *Über all den Mühen und Sorgen stand unverrückbar das Hoffen. Noch nie hatten sie samt und sonders soviel nach den Sternen des Himmels Ausschau gehalten wie in dieser Einöde. Nach einem, der größer und glänzender sein müßte als jeglicher, der erschaubar war. Da erschien er, doch nur dem inneren Auge sichtbar, der Weihnachtsstern. Die Urgroßmutter tat die blaue*

Kerze wieder in den Flaschenhals, die Mutter hatte Sternchen gebakken, die Nachbarin einen Rosmarinstock herübergebracht, der stand jetzt statt eines Tannenbäumchens auf dem Tisch. Ein Nachbar war mit der Mundharmonika gekommen. Drei Familien sangen beim Schein der blauen Kerze aus dem fernen Banat alte Weihnachtslieder. ... Die Kerze brannte mit steiler Flamme, still und rußlos. Als sie am Verlöschen war, sangen sie noch einmal wie zu Anfang: Es ist ein Ros entsprungen ... wischten die Augen und gingen lautlos auseinander.[175]

Der Lebensmut der Deportierten wurde auf eine harte Probe gestellt: Der Wohnort durfte nur bis zu einem Umkreis von 15 Kilometer verlassen werden; in die Personalausweise wurden die Buchstaben „DO" gestempelt, die Initialen für „Domiciliu Obligatoriu" (Zwangsaufenthalt), sodaß die Deportierten jederzeit als solche identifiziert werden konnten. Die Einheimischen mieden den Kontakt, weil man ihnen eingeprägt hatte, die Deportierten wären Verbrecher und Staatsfeinde. Besuche von auswärts wiederum waren verboten, Briefe und Pakete kamen oft nicht an. Total isoliert, sollten diese Menschen als Arbeitssklaven so primitiv wie nur möglich leben.

In dieser schwierigen Situation schlossen sich viele Deportierte zu Schicksalsgemeinschaften zusammen – eine Hand half der anderen, wo es nur möglich war. Die Securitate aber versuchte, die Gemeinschaftsbande zu zerstören, und alle Methoden – inklusive des Spitzelwesens – waren ihr recht, um die Verbannten gegeneinander aufzubringen. Doch nur selten gelang es, das Zusammengehörigkeitsgefühl zu zerstören. So glückte sogar manchen Verwandten oder Freunden aus dem Banat ein heimlicher Besuch. Dadurch wurde das Ausmaß der Katastrophe langsam auch in der Heimat bekannt, wo anfangs kaum jemand eine klare Vorstellung vom Schicksal der Deportierten gehabt hatte.

Die Menschen in Rumänien waren über die Lage im Bărăgan nur spärlich informiert. So erzählen Engelhard Mildt und Friedrich Resch aus Timişoara, die im Untergrund gegen das Regime tätig waren: *Obwohl dieses Ereignis nun schon drei Monate zurücklag, fehlte uns noch immer jegliche Information über die Zustände, die dort herrschten ... Das änderte sich, nachdem unser Freund Jakob Stein illegal seine verschleppten Eltern im Bărăgan besucht hatte. Auf Schleichwegen ist es ihm gelungen, bis zu seiner Familie zu kommen. Was er berichtete, war erschütternd. ... Dieses neue Wissen um das grauenhafte Schicksal, dem die Menschen dort ausgesetzt waren, löste bei uns allen helle Empörung aus. Wir beschlossen, eine neue Aktion zu starten. Es sollten Flugblätter gedruckt und in einigen Stadtteilen verteilt werden. ... Diese Aktion* hat uns unsere Freiheit gekostet, denn schon in den darauffolgenden Wochen wurden wir alle verhaftet. ... Was folgte, war ein öffentlicher Schauprozeß. ... Man wollte ein abschreckendes Beispiel statuieren. ... Wir wurden zu Zwangsarbeit und schwerem Kerker verurteilt, zu Strafen zwischen ... 10 und 25 Jahren! Diese Strafen haben einige von uns ganz, andere ... zum großen Teil verbüßt. Einer von uns ist schon nach fünf Gefängnisjahren in Gherla gestorben: Egon Zirkl. Die letzten fünf von uns sind im Sommer 1964 aufgrund eines Begnadigungsdekrets für politische Häftlinge ... entlassen worden. Dreizehn in kommunistischen Gefängnissen und Arbeitskolonien verbrachte Jahre waren zu Ende. Von den 167 Jahren, zu denen wir insgesamt verurteilt waren, haben wir 123 in 15 verschiedenen Haftanstalten verbracht.*[176]*

Überhaupt nahm die Weltöffentlichkeit anfangs kaum Notiz von dieser Deportation. Am engagiertesten zeigte sich wohl die Landsmannschaft der Banater Schwaben in Deutschland. Schließlich protestierte auch das Internationale Rote Kreuz bei der rumänischen Regierung; auch der Deutsche Bundestag und der Bayerische Landtag beschäftigten sich mit der Bărăgandeportation. Doch die rumänische Regierung ließ sich nicht beeindrucken, sondern beharrte darauf, daß es sich um eine innere Staatsangelegenheit handle, in die sich kein anderes Land einmischen dürfe.

Erst als Rumänien eine Aufnahme in die UNO anstrebte, leitete das Innenministerium 1955 die Entlassung aus dem Zwangsaufenthalt ein. 1956 durften die meisten Deportierten endlich in ihre Heimat zurückkehren; die Heimreise quer durch das ganze Land aber mußten die Deportierten selbst bezahlen. Schlimm traf es die sogenannten Großgrundbesitzer: Wer zu Hause mehr als 50 Hektar Feld besessen hatte, mußte weitere Jahre im Bărăgan verbringen. Die letzten Deportierten kehrten erst 1963 zurück: Die Bărăgan-Deportation hatte sie damit zwölf Jahre ihres Lebens gekostet!

Was aber geschah mit den Heimgekehrten? – Die meisten Heimkehrer fanden ihre Häuser von Zuwanderern oder staatlichen Unternehmen und Ämtern besetzt und zum Teil stark ruiniert. Viele mußten lange Zeit und manche sogar Jahre kämpfen, bis sie wieder in ihre Häuser einziehen konnten. Es gab auch Menschen, die diese gar nicht mehr zurückbekamen und sich anderswo einmieten mußten.

Und die 18 Dörfer im Bărăgan? – Mancherorts zogen politisch Verurteilte in die Häuser ein. „Das waren zum Großteil Intellektuelle, die ihrer kommunismusfeindlichen Einstellung wegen bislang im Arbeitslager am Donau-Schwarzmeer-Kanal arbeiteten und nach ihrer Entlassung zum Zwangsaufenthalt verurteilt waren. Nachdem auch sie freigelassen wurden, zerfielen die Häuser, sodaß auf den großen Flächen der ehemaligen Dorfanlagen kaum noch Lehmhaufen zu erkennen sind, die von den eingestürzten Häusern herrühren. Durch Überackerung sind sie schon fast eingeebnet worden. In nur wenigen Deportiertendörfern stehen noch einige Häuser, die von ... Mazedo-Rumänen und von Bessarabien-Rumänen bewohnt sind. Auch die Friedhöfe sind verschwunden, und viele Nachkommen der dort Beerdigten haben im Laufe der Jahre die Gebeine ihrer Toten ausgegraben und auf den heimatlichen Friedhöfen beigesetzt."[177]

Das Grauen der Bărăgan-Deportation war damit vorbei, ein Alptraum zu Ende. Doch bei vielen deutschen Menschen des Banats „festigte sich die Überzeugung, nach vielen Demütigungen, Enteignung des Vermögens, Rußlandverschleppung und erst beendetem Zwangsaufenthalt in der Bărăgan-Steppe, nur noch Fremde in der Heimat zu sein. Bei vielen reifte schon damals der Entschluß, so bald wie möglich die zur Fremde gewordene und so unsichere Heimat zu verlassen und in das Land der Vorfahren auszusiedeln."[178]

In Rumänien selbst wurde die Bărăgan-Tragödie lange Zeit totgeschwiegen. Erst nach der Revolution von 1989 wurde die Thematisierung kommunistischer Verbrechen möglich.

Anfang 1990 wurde die „Vereinigung der ehemaligen Bărăgan-Deportierten"[179] gegründet, um die Interessen der einstigen Deportierten zu vertreten. Der Vorsitzende der Gruppe, Adam Balmez, sagte in einem Interview für die Zeitung „Neuer Weg" vom 6. Februar 1990: „Die formelle Anerkennung, daß diese Aktion ein Fehler war, befriedigt uns nicht. Die neue demokratische Ordnung muß uns das Recht einräumen, mit jener verbrecherischen Aktion abzurechnen, und den Rahmen schaffen, dass wenigstens eine teilweise Wiedergutmachung und die Rehabilitierung möglich werden."[180]

Noch im selben Jahr gestand man den Betroffenen per Dekretgesetz eine Entschädigung zu. Im Juni 1996 wurde zum 45. Jahrestag der Deportation im Justizpark von Timișoara ein Denkmal zum Gedächtnis der Bărăgan-Deportierten eingeweiht. Am 1. Mai 1997 entschuldigte sich der rumänische Außenminister Adrian Severin bei Deutschland für die von den Kommunisten an den Deutschen verübten Untaten, und am 10. Juli 1997 verlangte Rumäniens Präsident Emil Constantinescu vom rumänischen Parlament eine Rehabilitierung der vom Kommunismus verfolgten Bürger. Die späten Eingeständnisse und Entschuldigungen wurden von den noch lebenden Opfern dieser Deportation mit Befriedigung zur Kenntnis genommen. Doch für die meisten von ihnen blieb der Name Bărăgan das größte Schreckenswort ihres Lebens.

JOHANN FRIEDMANN[181], geboren am 12. Februar 1928: Heiße Sommer und kalte Winter

In der Woche vor dem 18. Juni 1951 sahen wir Tag für Tag viele Güterzüge in Richtung Grenze fahren. Anfangs dachten wir an eine militärische Aktion gegen Jugoslawien, doch als wir am 18. Juni in der Früh zum Bahnhof gingen, um zur Arbeit zu fahren, zeigte sich, daß es gegen uns ging: Am Dorfausgang hielten uns Soldaten auf und schickten uns ins Dorf zurück. Da war es 3.30 Uhr. Etwa um sechs Uhr begann die Aktion. Den Betroffenen wurde mitgeteilt, sie müßten innerhalb von zwei Stunden zum Verlassen fertig sein. Meine Familie wurde erst um neun Uhr verständigt, weil eigentlich ein anderer auf der Liste stand – ein Dreschmaschinenbesitzer, dessen Name im letzten Moment aber gestrichen wurde; statt ihm mußten wir gehen!

Abb. 44. Johann Friedmann.

Nach Ablauf der zwei Stunden ging es unter Militärwache zum Bahnhof. Dort bekam jede Familie einen Viehwaggon zugewiesen: für das Vieh, den Hausrat und die Familie.

Am nächsten Morgen fuhren wir los. Wir glaubten, man würde uns nach Rußland bringen. Doch es ging in die Bărăgan-Steppe, von der wir damals nicht viel wußten. Als wir am Bestimmungsbahnhof ankamen, warteten dort Bauernwagen auf uns. Diese brachten uns etwa 25 Kilometer landeinwärts zu einem Getreidefeld. Dort waren schon Pflöcke in die Erde geschlagen, die eine Nummer trugen. Diese Pflöcke markierten den Platz, auf dem jeder nun „zu Hause" war. Hier mußten wir uns notdürftig einen Unterschlupf bauen, um vor der brennenden Sonne und dem Regen Schutz zu finden. Dann gab die Behörde, die größtenteils sowieso nur aus Pöbel bestand, Anweisungen, wie wir das neue Haus bauen mußten. Jede Straße bekam einen Verantwortlichen, der die Arbeit kontrollieren mußte. Nur wer arbeitete, bekam einen Bon[182] für Brot. Dann ging es los: Lehmziegel schlagen, in der Balta[183] Rohr und Schilf schneiden, ... Als wir aus dem Sumpf herauskamen, hatten wir so viele Blutegel, daß die Hosen schwarz davon waren! Oft hatten wir nicht genug Baumaterial und gingen nachts welches stehlen; dafür gab es oft Hiebe!

Die Wasserversorgung war katastrophal. Anfangs wurde das Dorf von einem Lastwagen mit Trinkwasser versorgt. Wenn der Wagen mit dem Wasser eintraf, gab es oft einen richtigen Kampf – man stelle sich vor: Ein Lastauto Wasser für 3.500 Menschen in brennender Hitze!

Als wir die Brunnen gegraben hatten, zeigte sich, daß nur einer davon Trinkwasser gab; die anderen hatten nur ungenießbares Wasser, das bitter und salzig war; das war nur für das Vieh gut, oder aber als Abführmittel.

Neben der Bauarbeit mußten wir auch sonstwo arbeiten. Wir arbeiteten bei der Staatsfarm. Manchmal hatte man mit der Arbeit mehr Glück, manchmal weniger. Einmal übernahm unser Nachbar eine Baustelle. Dort arbeitete ich mit meinem Freund Josef Drahokoupil und vielen anderen. In unserer ganzen Gruppe – für die eigentlich 30 Maurer und 30 Zimmerleute vorgesehen waren – gab es nur einen einzigen Maurer! Und trotzdem wurde diese Schweinemast-Baustelle aufgebaut, auch wenn sie Gemeinsamkeiten mit dem Turm von Pisa hatte! Im Winter kam aber ein gewaltiger Schneesturm und fegte alles durcheinander, sodaß von unserem Pfusch nichts mehr übrigblieb.

Grundsätzlich waren unsere Bewegungsmöglichkeiten eng begrenzt. An den Arbeitstagen durften wir bis zur Staatsfarm gehen, an den Sonn- und Feiertagen galt die Ortsgrenze. Einmal wollte ich sonntags in die Stadt fahren, um Getreide zu kaufen. Doch ich wurde erwischt, und zur Strafe mußte ich den gesamten nächsten Tag in einer Grube drei Meter unter der Erde verbringen. Das war das Gefängnis.

Später durften wir dann schon in die ganze Region gehen. Da wurde auch die Arbeitssituation besser. Anfangs wollten die Einheimischen keinen Kontakt mit uns, weil ihnen die rote Propaganda[184] eingetrichtert hatte, wir wären Verbrecher. Doch mit der Zeit lernten uns die Menschen kennen, und langsam entwickelte sich ein gewisses Vertrauen. Manchmal kamen die Einheimischen sogar zu uns ins Dorf und bewunderten unsere spärliche Hauseinrichtung. Im Vergleich zum Banat waren sie um 100 Jahre zurück!

So lebten wir uns langsam ein. Bald wurden eine Schule gebaut, ein Rathaus, Kaufhaus, Krankenhaus und eine Polizeistation. So nahm das Leben seinen Lauf, wenn auch auf holprigem Wege. Es wurden auch Ehen geschlossen – auch meine –, Kinder wurden geboren, und auch Beerdigungen gab es.

Das Schlimmste neben den heißen Sommern waren die kalten Winter. Die schweren Stürme haben die Häuser so verweht, daß man weder Tür noch Fenster öffnen konnte. Jene, die Glück hatten und noch *aus ihrem Haus konnten, mußten die Nachbarn ausschaufeln. Wenn wir morgens erwachten, war der Wassereimer neben dem Bett oft mit Eis bedeckt. Oft konnte man tagelang nicht in die Arbeit gehen. Einmal war ich am Arbeitsplatz eingeschneit und mußte drei Tage ausharren. Ein Kollege ging damals die vier Kilometer nach Hause. Da froren ihm sämtliche Zehenspitzen ab! Die Kälte war schrecklich, und dazu kam der Brennholzmangel. Das Heizmaterial bestand aus Maisstengeln und Baumwollruten. Als ich einmal mit Josef Drahokoupil Vermessungsarbeiten durchführte, fiel mir ein Akazienbaum auf. In der Nacht nahm ich das Pferd meines Vaters, und gemeinsam mit Vater und Schwiegervater fällte ich den Baum. Als wir wiederkamen, um das Holz zu holen, ging ich einige Hunderte Meter voran; da bemerkte ich einen Schatten; schnell rief ich: „Bitte, ist das hier der richtige Weg zur Mühle?" Als ich ein zweites Mal fragte, bekam ich als Antwort: „Muh!" Da waren wir beruhigt und schafften auch den Rest des Baumes auf unseren Hausboden. Am nächsten Morgen staunten alle Kollegen über das Verschwinden des Baumes. Auch ich tat ganz verwundert. Erst zu Hause habe ich dem Josef alles erzählt.*

Doch auch im Sommer war das Leben nicht viel besser. Da herrschte eine unerträgliche Hitze. Die Kleinkinder liefen nackt herum, und man hätte meinen können, es kämen kleine Negerlein gelaufen. In manchen Gegenden gab es Millionen blutsaugender Mücken. Und oft war weit und breit kein Baum, der uns Schatten gegeben hätte.

So lebten wir also fünf volle Jahre, bis eines Tages die Freudenbotschaft kam, daß wir nach Hause durften. Später erfuhren wir, daß wir für immer im Bărăgan hätten bleiben sollen. „Ausrottung durch Arbeit" – das war der Plan der Regierung. Daß es anders kam, geht auf den Druck der jugoslawischen Regierung zurück. Die ersten Menschen, die aus dem Bărăgan entlassen wurden, waren Serben. Und im Frühjahr darauf wurden wir alle frei, mit Ausnahme von einigen Großgrundbesitzern, die noch länger dort bleiben mußten. Aber für uns war es vorbei.

Die Entwicklung Tirols im Kommunismus:

Obwohl in unserem Dorf gegen Ende des Kriegs fast nur Deutschstämmige lebten und sich unter diesen wenig Sympathisanten der Kommunistischen Partei befanden, machte die neue Politik auch vor Tirol nicht halt.

Damit begann eine lange und tiefgreifende Umstrukturierung des gesamten Dorflebens. Eine der ersten Maßnahmen, die neue Politik im Dorf zu verankern, war die Ernennung eines neuen Bürgermeisters. Dieser – Alexandru Rambosch – wurde nicht aufgrund etwaiger Verdienste um das Dorf, die Partei oder den Kommunismus ausgesucht, sondern aufgrund seiner „Klasse": Rambosch gehörte zu den ärmeren Leuten im Dorf und hatte im Sinn des Sozialismus eine „reine Herkunft" – in den Augen der Partei ein wesentlicher Grund für seine Nominierung als Bürgermeister.

Ein zweiter Schritt zur Festigung des Kommunismus in Tirol war die Gründung der Kommunistischen Partei im Dorf.

Einschneidend und für viele Menschen furchtbar war die Kollektivierung: Darunter ist zu verstehen, daß die Leute ihr Feld dem Kollektiv, also der staatlich geleiteten Arbeits- und Produktionsgenossenschaft, überschrieben und sich zum Arbeitsdienst in diesem Kollektiv verpflichten mußten. Dem Schein nach geschah dies freiwillig. Die Menschen unterschrieben sogar ein Gesuch, das ausdrücklich erwähnte, daß der Beitritt freiwillig und ohne Zwang erfolge. Doch hinter den Kulissen sah es anders aus: So wurde das Privateigentum der Menschen so stark versteuert, daß bei vielen trotz fleißiger Arbeit die Sorge um das tägliche Brot immer größer wurde. Für die Menschen war es daher naheliegend, anstelle der privaten Bauernwirtschaft dem Kollektiv beizutreten. Außerdem wurde auch politischer Druck ausgeübt: Manche traten nur aufgrund rücksichtsloser Einschüchterungen bei.

Dieser Druck zur Kollektivierung betraf alle Tirolerinnen und Tiroler, ungeachtet deren sozialer oder ethnischer Herkunft; und sie betraf auch jene Männer und Frauen, die nach den Jahren der Verschleppung nach Tirol zurückkehren konnten. Die Freiheit, die ihnen zurückgegeben wurde, war also eine sehr beschränkte.

Gleichzeitig ging auch die Enteignung der Großgrundbesitzer oder anderer Personen, die als „Ausbeuter" deklassiert wurden, vor sich: Die größte Enteignung auf dem Gebiet Tirols war die Enteignung des Weinkellers und der dazu gehörenden Weingärten. Diese war Teil der landesweiten Enteignung der UDR,[185] die auch Eigentümer des damals noch nicht fertiggebauten Kellers samt Weingärten war. Eine weitere Enteignung war jene des Mühlenbesitzers Josef Ortmann, der sich zum Zeitpunkt der Enteignung in der russischen Deportation befand. Schließlich gab es auch Enteignungen von Bauern, die als Großgrundbesitzer eingestuft wurden, z. B. der Familien Alfred Deimer und Kató Desideriu.

Viele interessante Erinnerungen aus diesen schwierigen Zeiten brachte ein Gespräch mit Dr. Franz Rebejila[186] und dessen Gattin Stefanie zutage, das ich im Jänner 2000 mit ihnen geführt habe. Im folgenden Beitrag ist es niedergeschrieben.

Abb. 45. Stefanie Rebejila und Dr. Franz Rebejila.

Dr. FRANZ REBEJILA, geboren am 23. Oktober 1922, und STEFANIE REBEJILA[187], geboren am 15. Januar 1930: Eigentlich hätte es funktionieren müssen!

Harald Prinz:
Herr Doktor, Sie waren nach dem Krieg als Student in Bukarest und kamen dann nach Tirol zurück. Können Sie sich noch an die Gründung der Kommunistischen Partei im Dorf erinnern?
Dr. Franz Rebejila:
Das war für mich eine schwierige Sache. Es war 1947. Damals fuhr ich mit einem Kollegen aus Lugoj im Zug. Dieser schimpfte während der ganzen Fahrt über die Partei und die ganze Regierung. Keiner ahnte, daß da einer von der Securitate zuhörte. Der Mann war in Zivil; wir kannten ihn nicht. Aber plötzlich sagte er, daß er das nicht mehr hören wollte und daß das alles nicht wahr sei, sondern daß der Kommunismus eine gute Sache wäre.

Einige Zeit darauf war ich einmal im Dorf unterwegs, und plötzlich lief mir eben dieser Mann von der Securitate über den Weg. Ich glaubte, mir brechen die Füße zusammen! Wir sprachen aber doch miteinander, und da stellte sich heraus, daß er der Parteisekretär von Reşiţa war. Über alles wollte er mich ausfragen. Und plötzlich fragte er mich: „Hast du Geld zu Hause?", und ich antwortete ihm, daß ich nicht wüßte, ob der Vater Geld zu Hause hätte oder nicht. Da sagte er, ich solle sofort um das ganze Geld einkaufen. Aber als ich meinem Vater davon erzählte, wollte dieser nichts davon wissen und sagte nur: „Wenn wir verlieren, verlieren wir." So kam ich also zu dem Funktionär zurück und sagte ihm: „Wir haben nicht soviel zu Hause, daß es sich auszahlt!" Genau das wollte der Mann hören. Genau so einen hatte er gesucht. Und so hat er mich zum Geldtauschen angestellt.[188] Ein paar Tage später kam er zu uns nach Hause. Als er die vielen Pflaumen im Hof sah, sagte er: „Schade, schade", aber ich wußte nicht, was er damit sagen wollte. Danach aßen wir, und plötzlich fragte er mich, ob ich in Tirol die Kommunistische Partei gründen wollte. Das überraschte mich – auch deswegen, weil ich von meiner Abstammung gar nicht geeignet war. Die Kommunisten wollten ja stets Leute mit armer Abstammung. Aber er meinte trotzdem, ich sollte die Partei im Dorf gründen – und auf eine Parteischule gehen! Da sagte ich, daß ich noch überlegen müßte. Im Sommer darauf ertrank er aber. Das war mein Glück, denn damit war die ganze Sache vergessen.

Prinz:

War die Sache für Sie damit vorbei?

Dr. Rebejila:

Nicht ganz. Denn im Dorf wurde bald viel geredet. Meine Freunde fragten mich: „Gerade du willst bei uns die Kommunistische Partei gründen?" Das war weniger eine Frage als vielmehr ein Vorwurf.

Prinz:

Wie wurde die Kommunistische Partei dann wirklich gegründet?

Dr. Rebejila:

Das geschah heimlich. Wie damals im ganzen Land gab es auch bei uns eine Sozialistische Partei. Da schrieben sich auch die eigentlichen Kommunisten ein, und bei einer Parteiversammlung stimmten sie plötzlich für die Vereinigung mit den Kommunisten. Für die Sozialistische Partei war dies das Ende. So wurden auf dem Hinterweg viele im Dorf Kommunisten. Nach einiger Zeit wurden die Parteimitglieder doch auf ihre Abstammung, Gesinnung und manches andere überprüft. Und da wurden dann einige wieder hinausgeworfen.

Prinz:
Wie wirkte sich die Machtübernahme der Kommunisten auf das Dorf aus?

Dr. Rebejila:
Vor allem in der Wirtschaft sah man die Folgen: Die Kommunisten wollten immer die wirtschaftliche Vereinigung der Leute. Daher begannen sie mit der Kollektivierung, bei der die Leute ihre Felder dem Kollektiv überschreiben mußten.

Prinz:
Die Leute wurden dazu gezwungen?

Dr. Rebejila:
Nicht direkt: Dem Schein nach geschah es freiwillig. Man mußte sogar ansuchen; da stand ausdrücklich, daß man seine Flächen freiwillig abtritt. In Wirklichkeit stand massiver Druck dahinter: Die Menschen, die noch privat wirtschafteten, mußten dem Staat soviel abtreten, daß sie zu verhungern drohten und lieber dem Kollektiv beitraten. Und dann kam noch die Bărăgan-Deportation. Von da an hatten die Leute Angst. Man sah, was sie mit einem machten! Da traten noch einmal viele bei. Und wer immer noch nicht eingeschrieben war, wurde anders unter Druck gesetzt. Da gab es einen alten Mann, Nicolae Janca; er wollte sich einfach nicht einschreiben. Da kamen Beamte, um ihn zu überzeugen. Als seine Frau zu weinen anfing, sagte einer: „Siehst du, so wie du jetzt weinst, weint das Kind, wenn es auf die Welt kommt. Und doch ist es später froh, auf die Welt gekommen zu sein. Genauso ist es mit der Kollektivierung." Wirklich gefährlich war es für Rumänen und Ungarn. Bei denen wurde sehr viel Druck gemacht, mit Einschüchterungen zwang man die Leute zum Beitritt. Großes privates Feld hatte dann niemand mehr. Auch die Leute, die später vom Bărăgan zurückkamen, schrieben sich großteils ein.

Prinz:
Gab es neben der Kollektivierung auch Enteignungen in Tirol?

Dr. Rebejila:
Ja, wir hatten einige größere Bauern im Dorf, die jetzt als Großgrundbesitzer galten. Sie wurden enteignet, auch der Mühlenbesitzer Josef Ortmann. Er war gar nicht da; er war in der russischen Deportation. Und auch der Weinkeller wurde enteignet.

Prinz:
Wie verhielten sich die Leute, als sie sahen, daß die Partei ihr ganzes Leben veränderte? Ließen sie sich alles gefallen, oder gab es ab und zu auch Versuche des Aufbegehrens?

Dr. Rebejila:
> Die Leute machten nicht überall mit, einmal begehrte sogar der Parteisekretär Netelko Udoviţa gegen die Partei auf, daß alle gelacht haben. Er war nämlich gleichzeitig Parteisekretär der Kommunistischen Partei Tirols und Mitglied im Kirchenrat. Das war der Partei natürlich nicht recht. Damals war es so, daß während der großen religiösen Feiern immer eine Parteisitzung abgehalten wurde, damit möglichst niemand in die Kirche ging. So war es dann auch einmal zu Ostern. Im Kirchenpark wurde die Auferstehungsprozession gefeiert, und gleichzeitig hätte die Parteisitzung stattfinden sollen. Aber diese konnte nicht beginnen, weil der Parteisekretär im Kirchenpark bei der Prozession war und den Heiland trug! Und ohne den Parteisekretär konnte man nicht beginnen, also mußten alle warten. Die Sitzung fand im Büro des Kollektivs statt, also gleich neben dem Kirchenpark. Die Parteileute waren entsetzt, als sie plötzlich aus dem Fenster schauten und sahen, wie im Kirchenpark der Parteisekretär den Heiland trug. Und als die Prozession aus war, kam er und tat ganz unschuldig; er sagte nur: „Was soll ich machen? Dienst ist da, und Dienst ist dort!"

Prinz:
> Damit war die Sache erledigt?

Dr. Rebejila:
> Die Partei hatte viele einfache Leute. Die kamen oft ganz unschuldig zur Partei und ließen sich nie etwas zuschulden kommen. So einer war auch Netelko. Er war keiner, der den anderen etwas Schlechtes antun wollte. Im Gegenteil: Als man die Abgaben bei den privaten Bauern besonders stark erhöhte, um das Bauerntum umzubringen, vertrat Netelko nicht die Linie der Partei, sondern fuhr zur Parteileitung nach Reşiţa, um sich über die Höhe der Abgaben zu beschweren. Es ist nicht so, daß beim Kommunismus alle voller Begeisterung mitgemacht hätten.

Prinz:
> Ist es wahr, daß die Kommunisten auch versuchten, das private Handwerkstum zu zerschlagen?

Dr. Rebejila:
> Naja, das war so: Wer dem Kollektiv beitrat, mußte sein ganzes Inventar abgeben. Bei den Bauern waren das natürlich die Pferde, die Kühe, der Pflug und so weiter. Und wenn die Handwerker dem Kollektiv beitraten, mußten sie ebenfalls ihr Inventar hergeben. Wir hatten einen Schneider im Dorf, Franz Frey: Er hatte keine Pferde, daher mußte

er seine Singer-Nähmaschine hergeben. Und dem Schmied wurden die Schmiedegeräte weggenommen.

Prinz:

Und die anderen Handwerker haben nichts verloren?

Dr. Rebejila:

Nur die Handwerker, die dem Kollektiv beigetreten sind, waren betroffen. Schneider Schuch zum Beispiel wollte nicht beitreten, und so konnten ihm die Kommunisten auch seine Geräte nicht wegnehmen; genauso war es auch beim Schneider Schmidt, der eigenständig so eine Art Genossenschaft gründete und dort arbeitete.

Prinz:

Offiziell wurde den Menschen also nichts weggenommen?

Dr. Rebejila:

So ist es! Offiziell wurde den Leuten nichts weggenommen. Aber in Wirklichkeit war es doch so, daß das Leben der Privaten immer härter und schwerer wurde, weil die Abgaben immer höher wurden oder auch, weil die Partei ihnen andere Schwierigkeiten machte. Wissen Sie, die Kommunisten hatte so viele Möglichkeiten, die Leute weichzumachen …! Am Ende gingen dann doch die meisten ins Kollektiv, weil sie keinen Ausweg mehr sahen!

Prinz:

Gab es auch Leute, die es sich leisten konnten, dem Kollektiv nicht beizutreten?

Stefanie Rebejila:

Es gab Leute, die es versucht haben, aber ohne Erfolg. Es war fast nicht möglich. Was da für Methoden angewandt wurden! Man holte die Leute mit dem Lastwagen ab, drohte ihnen, sperrte sie hinten in den Lastwagen und fuhr mit ihnen los. Die Leute hatten Angst; sie wußten ja nicht, wohin sie fuhren. In Wirklichkeit fuhren sie nur im Kreis, aber die Leute fürchteten, man würde sie jetzt zur Securitate oder sonstwohin bringen. Und als sie dann doch wieder lebend und unversehrt aus dem Auto herauskamen, da entschlossen sie sich meistens, doch dem Kollektiv beizutreten, damit so etwas nicht doch noch passiert!

Prinz:

Gab es Menschen, die ihren Widerstand durchgehalten haben?

Stefanie Rebejila:

Nur einige von denen, die aus dem Bărăgan zurückkamen, traten nicht bei. Einige von ihnen verzichteten auf ihr Feld und gaben es dem Staat. Sie selber gingen dann wo in die Arbeit, in das Weingut oder in die Fabrik. Sie verloren also ihre Selbständigkeit und waren keine Bauern mehr, sondern Arbeiter.

Prinz:
Wie hat sich die Kollektivierung dann weiterentwickelt?

Dr. Rebejila:
Bei uns ist das Kollektiv im Herbst 1951 gegründet worden. Am Anfang ging alles sehr gut. Dafür gibt es mehrere Gründe: Natürlich wollte der Staat, daß möglichst viele Leute beitreten, und daher entlohnte man die Menschen im Kollektiv möglichst gut, damit sich die anderen leichter von der Sache überzeugen ließen.

Stefanie Rebejila:
Außerdem haben die Leute am Anfang wirklich gut gearbeitet, wie zu Hause: Das Kollektiv hatte wenige Mitglieder, und diese waren gewissenhaft, fleißig und ehrlich wie zu Hause. Und noch etwas: Die Kollektive wurden vom Staat begünstigt. Am Anfang waren sie überhaupt steuerfrei, und der Staat beanspruchte keine Abgaben für sich. Daher wurden gute Ergebnisse erzielt. Am Jahresende wurde nach Arbeitstagen abgerechnet, und der Gewinn wurde verteilt.

Prinz:
Durften die Leute, die im Kollektiv waren, zu Hause auch Tiere halten?

Stefanie Rebejila:
Ja, sie hatten ein Recht auf ein bißchen Landwirtschaft: 15 Ar Feld pro Person, die in der Kollektivwirtschaft arbeitete, eine Kuh, ein paar Schafe und Schweine. Hühner durften sie soviele haben, wie sie wollten, doch Pferde waren nicht erlaubt. Pferde, Pflug, Geräte und andere Dinge mußten sie dem Kollektiv überlassen. Die arbeitsfähigen Tiere wurden in großen Stallungen an den Dorfausgängen untergebracht.

Prinz:
Und wie lang ging die Kollektivwirtschaft gut?

Stefanie Rebejila:
Bis der Staat begann, Forderungen an das Kollektiv zu stellen.

Dr. Rebejila:
Zwischendurch gab es auch die Möglichkeit der „Tovarasie". Das war eine Art Genossenschaft: Die Mitglieder mußten einen Teil des Feldes abtreten, einen Teil durften sie selbst bearbeiten. Aber letztlich war das doch alles nur ein Versuch, die Kollektivierung durchzusetzen.

Prinz:
Was war der Grund, daß die Kollektivwirtschaft letztlich scheiterte?

Stefanie Rebejila:
Der Staat hat die Kollektivwirtschaften ausgenützt.
Dr. Rebejila:
Damit begann es. Und dann sahen die Jungen, daß das Kollektiv doch keine gute Versorgungsmöglichkeit bieten konnte. Da gingen viele von ihnen fort, in die Städte und in die Fabriken. Es blieben fast nur Alte zurück. Im Kollektiv fehlten dann die Arbeitskräfte: Daher mußte man fremde Arbeiter bringen, zu uns kamen viele Leute aus Maramureș[189]. Das forderte neue Ausgaben: Man mußte eine Kantine bauen und führen, auch Schlafräume mußten gebaut werden. Das kam teuer: Und so hatte das Kollektiv bald nicht mehr genug Geld, alle Felder zu bebauen ... Das war der Anfang vom Niedergang. Das Kollektiv mußte dann sogar Grund an die Staatswirtschaft übergeben.
Prinz:
Was ist eine Staatswirtschaft?
Dr. Rebejila:
Staatswirtschaften waren staatlich geführte Wirtschaften, die das Feld bearbeiteten. Der Staat war sozusagen der Dienstgeber. Er zahlte die Arbeiter und die Produktionskosten, dafür gehörten ihm auch die Erträge. Unter den Arbeitern wurde dann nichts mehr verteilt.
Prinz:
Und auch diese Staatswirtschaften sind gescheitert?
Dr. Rebejila:
Ja. Aber eines muß man doch auch ehrlich sagen: Eigentlich hätte das alles funktionieren müssen. Aber ...
Stefanie Rebejila:
Mißwirtschaft!
Dr. Rebejila:
Wenn man bedenkt, wieviel der Staat in dieses System investiert hat! Aber dann wurde angefangen, nicht mehr so gut zu arbeiten, weil es ja nicht das eigene Feld war; und dann wurde immer wieder auch gestohlen. Und das war der Anfang vom Ende.
Prinz:
Sie meinen, daß das System der kommunistischen Planwirtschaft nur deswegen versagt hat, weil sich niemand verantwortlich fühlte und weil jeder das System nur ausbeuten und ausnützen wollte?
Dr. Rebejila:
Ja, so könnte man das sagen ...

Der Hungersparkurs des Nicolae Ceaucescu

Nicolae Ceaucescu, der nach dem Tod von G. Gheorghiu-Dej 1965 die führende Rolle in Rumänien übernahm, ging als Führer in die Geschichte ein, der sein Land durch eine völlig verfehlte Wirtschaftspolitik in die Katastrophe führte. Dazu gesellte sich ein irrsinniger Größenwahn, der in überdimensionalen und oft völlig unnötigen Bauprojekten sichtbar wurde.

Zeugnisse dieses Größenwahns sind heute noch der Donau-Schwarzmeer-Kanal, dessen Errichtung dem Land zwei Milliarden Dollar kostete, und das wahnwitzige „Haus der Republik" in Bukarest, das zweitgrößte Gebäude der Welt, mit dem sich Ceaucescu auf Kosten des Volkes ein Denkmal setzen wollte.

Für all das benötigte der große Führer Geld. In den ersten 15 Jahren seiner Regierung nahm er immer wieder Kredite im westlichen Ausland auf; 1980 betrugen die Auslandsschulden Rumäniens 13 Milliarden Dollar.[190] Das Land stand vor dem Staatsbankrott. Da entschloß sich der „heroische Revolutionär und größte Sohn Rumäniens, der selbst der Sonne trotzt"[191], zu einem wahnwitzigen Sparkurs, bei dem er das Land gesundhungern lassen wollte.[192]

Ähnliches hat es in Europa in Friedenszeiten niemals gegeben, weder vorher noch nachher: Das Essen für die Bevölkerung wurde streng rationiert, pro Kopf gab es täglich 300 Gramm Brot und monatlich ein halbes Kilo Mehl. Auch der Energieverbrauch wurde drastisch eingeschränkt, Glühbirnen über 25 Watt waren verboten, das Regime maß sich sogar an, den Menschen eine maximale Raumtemperatur von 14 Grad Celsius vorzuschreiben! Was auf diese menschenunwürdige Weise bei der heimischen Bevölkerung eingespart werden konnte, wurde exportiert.[193] Davon profitierten die Abnehmer im Westen, die nun landwirtschaftliche Produkte billig wie noch nie kauften, und der rumänische Staat, der durch den Export Schulden abbaute. Die Rechnung bezahlten jedoch die kleinen Leute. Sie mußten hungern und frieren. In Siebenbürgen entwickelte sich in dieser Zeit ein schwarzer Humor: So wurden Hühnerfüße und Schweinepfoten „Patrioten" genannt, weil das die einzigen Teile der Tiere waren, die nicht exportiert wurden.[194]

Am meisten litten natürlich die Menschen in den Städten, denn sie hatten keine Möglichkeit, wenigstens kleinere landwirtschaftliche Erträge – wie etwa ein Ei oder vielleicht auch einmal ein Huhn – vor den Behörden zu verstecken. In den Städten waren diese Jahre tatsächlich ein bitterer Kampf ums Überleben.

MARIA ANGHEL[195], geboren am 7. Juni 1949: Nur mit Traurigkeit erinnere ich mich zurück

Ich lebte seit meinem 15. Lebensjahr in der Stadt und lernte in dieser Zeit alle Probleme kennen, die man als Kind, Jugendlicher, Erwachsener und Familienverantwortlicher haben kann. Meine Jugend war sehr schwer, weil ich in einem Miethaus wohnte und Saisonarbeit verrichtete. Das Geld reichte hinten und vorn nicht, es war nicht einmal genug für Essen und Miete, von anderen Dingen spreche ich gar nicht. Als ich heiratete, änderten sich die Dinge: Nun hatten wir Geld, aber nun gab es nichts zu kaufen! Seit dem Jahr 1977 verschlechterte sich die Situation in der Stadt immer mehr: In den Geschäften gab es immer weniger Lebensmittel, und die Menschenschlangen vor ihnen wurden immer länger. Schließlich wurden Lebensmittelkarten eingeführt, mit denen wir uns anstellen mußten. Damit konnten wir dann fünf Eier pro Person und Monat kaufen, ein Kilo Zucker und ein Kilo Mehl pro Person und Monat, ein bißchen Butter und Fleisch. Es gab eine Zeit, da bekam man sogar das Brot nur um Lebensmittelkarten. Es konnte passieren, daß man mehrere Stunden in der Schlange stand und einem dann vor der Nase die Tür zugeschlagen wurde; dann gingen wir – müde und frustriert – mit einem leeren Sack nach Hause. Aber das passierte nur uns einfachen Leuten; die Parteiaktivisten hatten alles, was sie zum Leben brauchten – und oft sogar im Überfluß! Wir waren alle verpflichtet, irgendwo zu arbeiten, Arbeitslosigkeit durfte es nicht geben.

Der Kommunismus hat auch das kulturelle Leben sehr geprägt. Die Kinder lernten in den Schulen, daß und wie man der Kommunistischen Partei und dem „geliebten Conducator" dienen sollte. Ihre Lernunterlagen und Bücher waren voll von Slogans. Alle – die Kinder und ihre Eltern – mußten an allen Aufmärschen und Feiern der Partei teilnehmen und die Partei auf den Straßen und in den Stadien bejubeln, unabhängig davon, ob Wochenende war oder nicht.

Abb. 46. Maria Anghel.

Für die Religion war es besonders schwierig: Wir konnten keine Parteimitglieder sein, wenn wir einer Kirche angehörten, insbesondere, wenn es die evangelische Kirche war. Damit verloren wir natürlich viele Rechte und Vorteile. Viele Kirchen wurden geschlossen, und viele Gläubige wurden verfolgt! Es gab keine Religionsfreiheit, keine Meinungsfreiheit, keine Pressefreiheit. Das Fernsehprogramm war auf zwei Stunden täglich beschränkt, nur sonntags war es ein wenig länger. Wir waren in vieler Hinsicht völlig manipuliert und vom Rest der Welt isoliert. Die Welt, die es außerhalb unseres Landes gab, wurde uns in den schwärzesten Farben vorgestellt, damit wir uns als glückliches Volk betrachteten, das im Begriff war, sich in die höchsten Sphären der Zivilisation und des Fortschritts aufzurichten.[196]

Nur mit Traurigkeit erinnere ich mich zurück, und mit Verwunderung frage ich heute, wie wir all das Schwere und die Ungerechtigkeit dieser Zeit ertragen konnten.

Doch auch die Menschen auf dem Land litten unter den unmenschlichen Bedingungen:

JOSEFINA AUGUSTIN[197], geboren am 2. Dezember 1911: Sogar unsere Hühner wurden registriert!

Damals war manches anders als heute. Heute gibt es alles zu kaufen, aber die Leute haben kein Geld. Damals war es genau umgekehrt: Die Leute hatten Geld, aber die Geschäfte waren leer. Uns im Dorf erging es nicht so schlecht wie den Leuten in der Stadt, denn wir hatten selbst Tiere und mußten daher nicht hungern. Aber von unseren Erträgen mußten wir sehr viel abgeben – das war genau vorgeschrieben. Da kamen Beamte ins Haus, die die Tiere zählten, um die Abgabe festlegen zu können. Da wurden sogar die Hühner gezählt! Aber wir haben die Beamten hinters Licht geführt und nicht alles angegeben, was wir hatten, sodaß die Abgabe etwas kleiner ausfiel. Gott sei Dank kam zu uns nie eine Kontrolle, die den Schwindel entdeckt hätte!

Besonders schlimm war die Abgabe bei der Getreideernte: Das Feld war nicht mehr unser Eigentum, sondern es war Teil des Kollektivs. Und

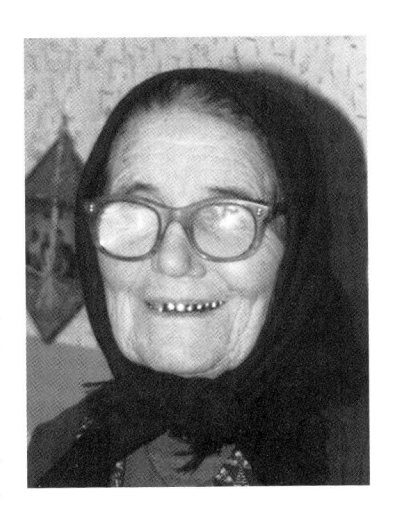

Abb. 47. Josefina Augustin.

dieses schrieb jedem vor, wie hoch die Ernte auf dem Feld sein sollte. Und als das Getreide gedroschen war, wurde die Ernte nicht zu jedem nach Hause gebracht, sondern auf einer zentralen Stelle abgeladen. Dort wurde gewogen und gemessen und schließlich der Ernteertrag aufgeteilt. Aber das, was wir bekamen, war sehr wenig. Denn der Diesel und alles, was bei der Arbeit verbraucht worden war, wurde abgezogen; dazu kam noch, daß sich viele Leute, die eine gute Position hatten, mehr von der Ernte nahmen, als vorgesehen war. So blieb für uns meist nur mehr wenig übrig.

Wir haben uns gefreut, als das alles ein Ende hatte und verkündet wurde, daß die Leute ihr Feld zurückbekommen würden. Wir freuten uns darauf, wieder unseren eigenen Grund bearbeiten zu können. Aber als es dann wirklich so weit war, hat alles wieder anders ausgeschaut: Als wir unseren Grund an das Kollektiv überschreiben mußten, gaben wir 1 1/2 Joch Weingarten ein. Und nun bekamen wir 1 1/2 Joch Feld zurück! – Als ob es keinen Unterschied zwischen einem gepflegten Weingarten und einem einfachen Stück Feld gäbe! … Es war immer noch eine schwierige Zeit!

Die Menschen in Rumänien hatten ungeheure Leiden zu ertragen, damit der Diktator die Schulden, die er dem Land aufgelastet hatte, bezahlen konnte. 1980 hatte Ceaucescu mit dem wahnwitzigen Hunger-Sparkurs begonnen und verkündet, in zehn Jahren würde der Schuldenberg getilgt sein. Obwohl dieses Ziel menschlichem Ermessen zufolge als völlig unerreichbar galt – zumal die größenwahnsinnigen Bauprojekte weitergeführt wurden und ungebremst Millionen und Milliarden verschlangen –, war das Land im Frühjahr 1989 tatsächlich fast schuldenfrei!

Trotzdem ließ der Diktator das Volk weiterhin hungern und frieren.[198] Wahrscheinlich tat er dies, um Geld für die Vollendung begonnener Projekte zu erhalten oder um neue Projekte zu beginnen, wie die „Dorfsystematisierung" oder neue Bauten, die ihn als Architekt des neuen Rumäniens in die Geschichte eingehen lassen sollten. Vielleicht aber hoffte er auch, die Bevölkerung mit den täglichen Sorgen so sehr beschäftigen zu können, daß der Gedanke an politische Rechte gar nicht erst aufkommen würde.[199]

Doch Ceaucescu irrte. Er hatte die Leidensfähigkeit des Volkes überschätzt. Noch im Dezember 1989 erhoben sich die Rumänen zur Revolution, um den Diktator zu stürzen.

Ungewisse Gerüchte über Ceaucescus Dorfzerstörungspläne in Tirol

In Tirol gibt es das Gerücht, daß das kommunistische Regime das Dorf zerstören lassen wollte und dies nur aus bestimmten glücklichen Gründen nicht geschehen sei. Ist es am Ende der Revolution und dem Sturz des Regimes zu verdanken, daß Tirol nicht dem Erdboden gleichgemacht wurde?

Tatsächlich plante Ceaucescu ein sogenanntes „Dorfsystematisierungs-Projekt": Etwa die Hälfte aller bestehenden Dörfer sollten aufgelassen werden, um Platz zu machen für sogenannte „agro-industrielle Komplexe". Bis zur Jahrtausendwende sollten drei Millionen Menschen in solchen Komplexen angesiedelt werden. Der Diktator verfolgte damit mehrere Ziele: Erstens hätte er damit eine bessere Kontrolle über die Bevölkerung erreicht; zweitens hätten die Minderheiten in diesen Komplexen ihre Kulturen kaum mehr pflegen können, und drittens wären damit die wenigen noch bestehenden privaten Bauernwirtschaften zerschlagen worden.

Einmal mehr hätte Ceaucescu dem Land damit nicht nur ethisch und moralisch geschadet, sondern es auch wirtschaftlich noch tiefer in die Katastrophe geführt: Denn Rumänien war und ist weitgehend ein Agrarland. Der Boden und das Klima sind in manchen Regionen so fruchtbar, daß das Land vor 100 Jahren noch zu den „Kornkammern Europas" zählte. Wer aber könnte diesen Boden besser nutzen als der Bauer, der ihn als sein Eigentum betrachtet, pflegt und bearbeitet? Und doch hat der Kommunismus versucht, genau dieses Bauerntum auszurotten. Zum Zeitpunkt der Revolution wurden nur noch knapp fünf Prozent des rumänischen Ackerlandes von privaten Bauern bewirtschaftet, aber auf ihnen ein Viertel (!) des gesamten Obstes und immerhin über 15 Prozent des Schaf- und Rindfleischs im ganzen Land erzeugt. Trotzdem wollte Ceaucescu das private Bauerntum, die eigentliche Kraftquelle des rumänischen Landes, vernichten! Daß Ceaucescu seine Dorf-Vernichtungspläne nicht verwirklichen konnte, dafür sind neben internationalen Protesten wohl auch seine finanziellen Probleme verantwortlich.

Doch die Pläne für die Dorfvernichtung waren nicht für immer aufgegeben. Vermutlich hätte Ceaucescu dieses Projekt mit ebenso großer Härte und Rücksichtslosigkeit realisiert wie alle anderen Projekte, wenn er nur erst einmal die Gelegenheit dazu gehabt hätte. Insofern kam die Revolution wohl rechtzeitig. Wer weiß, wie die rumänische Landschaft ansonsten heute aussehen würde?! Und wer weiß, ob es heute noch ein Tirol gäbe?

Revolution!

Noch im November 1989 gab Ceaucescu gewohnt große Töne von sich. Auf dem 14. Parteitag, der zu diesem Zeitpunkt stattfand, strahlte er die gewohnte Sicherheit aus, und auch im Westen ahnte niemand, daß Ceaucescus Abtritt kurz bevorstand. So schrieb etwa das renommierte deutsche Journal „Geo" im selben Monat über die Lage in Rumänien: „Der Geheimdienst hat das Land im Griff. Fest im Griff."[200]

Doch die Tage des größenwahnsinnigen Diktators waren gezählt: Bereits 1987 war es in mehreren Städten Rumäniens zu Demonstrationen gekommen. In Brașov (Kronstadt) waren mehr als zehntausend Demonstranten auf der Straße gewesen. Damals war es Ceaucescus Panzern relativ schnell gelungen, die Proteste niederzuschlagen, aber die Probleme, die die Unruhen hervorgerufen hatten, blieben bestehen.

Im Dezember 1989 brach in Timișoara eine Welle von Protesten aus, die sich sehr rasch zur offenen Revolution steigerten. Unmittelbarer Auslöser war die geplante Zwangsversetzung des beliebten ungarisch-reformierten Pfarrers László Tökés, der offen die Unterdrückung der ungarischen Minderheit kritisiert und gegen die Dorfzerstörung protestiert hatte. Nun sollte er auf Drängen der Behörden von seinem Bischof an einen entlegenen Ort versetzt werden. Doch seine Sympathisanten widersetzten sich und protestierten öffentlich. Dieser Protest war der berühmte Funke, der das Feuer zum Lodern brachte.

Am 20. Dezember verhängte Ceaucescu den Ausnahmezustand über Timișoara und stellte dies im staatlichen Fernsehen als Maßnahme zur Bekämpfung von Terroristen und ausländischen Geheimdiensten dar. Der Ausnahmezustand bedeutete für die Stadt unter anderem nächtliche Ausgangssperre und Versammlungsverbot. Doch die Menschen gehorchten nicht mehr. Am nächsten Tag protestierten Zehntausende. Es kam zu blutigen und grauenhaften Auseinandersetzungen.

Am 22. Dezember wurde auch in Cluj, Brașov und in anderen Städten gekämpft. Polizei und Securitate gingen mit großer Gewalt gegen die Protestierenden vor. Auch die Armee war in die Kämpfe verwickelt.

Noch am selben Tag zerbrach die selbstherrliche Macht des großen Diktators: Von einem Balkon aus hatte Ceaucescu in Bukarest noch versucht, die Massen auf der Straße mit großen Worten zu beruhigen. Doch die Menge war nicht mehr zu halten. Als die Menschen den Palast stürmten, flüchteten Ceaucescu und dessen Frau mit einem Hubschrauber. Doch die Flucht scheiterte. Die Armee, die sich mittlerweile auf die Seite der Revolution gestellt hatte, stellte das Diktatorehepaar am 25. Dezember vor ein geheimes Kriegsgericht, das nach knapp 45 Minuten das Todesurteil fällte. Nicolae Ceaucescu und seine Frau Elena wurden noch am selben Tag im Hof einer Kaserne erschossen. Die Bilder der Exekution wurden im rumänischen Fernsehen gezeigt und von dort in alle Welt übertragen. Die menschenunwürdige Ära Ceaucescu war zu Ende.

Abb. 48. Getta Augustin.

GETTA AUGUSTIN, geboren am 23. April 1934: Wir wußten nicht, was los war!

Wir arbeiteten gerade in der Kantine, als wir das Pfeifen des Zuges hörten; es pfiff und pfiff und pfiff; wir wußten nicht, was los war. Wir waren völlig ahnungslos. Da gingen wir alle zum Zug, und dort sahen wir eine rumänische Fahne, bei der das Zeichen in der Mitte herausgerissen war. Keiner von uns wußte, was das bedeuten sollte. Aber dann rief einer von der Lokomotive herunter: „Ceaucescu a casut, Ceaucescu a casut!" – „Ceaucescu ist gefallen, Ceaucescu ist gefallen!" – Da sperrten wir die Kantine zu und gingen zum Ingenieur nach Hause, wo wir uns alles im Fernsehen anschauten. Da sahen wir, wie alle gerufen haben: „Jos Ceaucescu!" – „Nieder mit Ceaucescu!" –, und wir sahen, wie die Jungen alle gesungen haben: „Ole, ole, ole, Ceaucescu nu mai e!" – „Ole, ole, ole, Ceaucescu ist nicht mehr!"

Dann sahen wir, daß das alles von Timișoara von einem reformierten Pfarrer ausgegangen ist, den man versetzen wollte. Am Sonntag davor war mein Bruder aus Timișoara bei mir gewesen, der hat mir gesagt: „Wenn du sehen würdest, was in Timișoara ist! Das ist nicht zu glauben, alles geht durcheinander, so wie bei einem Krieg!" Aber daß das der Anfang einer Revolution war, das hat auch er nicht gewußt.

Ich habe mich gefreut. Aber ich hatte doch auch Angst und weinte, weil ich fürchtete, daß ich meinen Sohn, der nach Deutschland geflüchtet ist, vielleicht nie mehr sehen würde. Wir hatten ja keine Ahnung, was jetzt kommen würde. Angst haben wir gehabt, und aufgeregt haben wir uns, aber dann ist uns doch nichts passiert.

ANDREEA CISMARU[201], geboren am 14. April 1980: Timișoara versank in Trauer

Als die Revolution ausbrach, war ich neun Jahre alt. Am 14. Dezember fuhr ich zu meiner Oma nach Timișoara. Auf dem Weg, den ich nahm, liegt die Piața Maria. Dort waren viele Menschen um Lászlo Tökés versammelt, und es wurde viel auf Ungarisch geredet, aber auch ein bißchen auf Rumänisch. Ich hörte, wie gesagt wurde, daß es nicht so bleiben kann, wie es ist, und daß man etwas machen müsse. Abends sah ich bei meiner Oma fern. Da wurde nur die übliche Ceaucescu-Propaganda gezeigt. Aber plötzlich konnte ich hören, wie die Leute draußen schrien: „Jos Ceaucescu!" –

Abb. 49. Andreea Cismaru.

„Nieder mit Ceaucescu!"; da ging ich zum Fenster und sah viele Leute auf der Straße; und es wurden immer mehr und mehr. Sie riefen Parolen und schrien viele Dinge. Dann kam eine benachbarte Frau zu uns. Ich konnte nicht verstehen, was gesprochen wurde, aber ich sah doch, daß sie sehr nervös war.

Wir gingen auf den Gang hinaus, weil wir uns dort sicherer fühlten. Wir hatten Angst, weil wir nicht wußten, was wirklich los war. Dann stiegen Leuchtraketen in den Himmel. Von welcher Seite sie abgeschossen wurden, wußten wir nicht, aber sie versetzten uns in große Unruhe. Dann erschien auf der Straße Polizei.

Ich kann mich nicht mehr an alles erinnern. Aber ich weiß, daß es die nächsten Tage nicht viel anders war.

Am 16. Dezember wurde geschossen. Es war viel Polizei auf der Straße. Abends wurde durch Megaphone verlautbart, daß niemand mehr hinausgehen dürfe und auf der Straße jeder mit Gewaltanwendung zu rechnen habe. Trotzdem blieben die Leute draußen. Da kam die Feuerwehr und setzte Wasserwerfer ein.

Am 17. Dezember war ich mit meinem Bruder auf der Straße. Er war damals zehn Jahre und wollte unbedingt sehen, was los war. An einem dieser Tage ging er mit zwei Freunden in das Stadtzentrum, um zu schauen, was dort vor sich ging. Als er zurückkam, erzählte er von Panzern, die über die Leute gefahren sind!

Mittlerweile hatte die Revolution auf das ganze Land übergegriffen, und die Revolutionäre hatten schon die Fernsehstationen besetzt, sodaß die Menschen Informationen über die Ereignisse in Timişoara und Bukarest erhielten. Da wurden politische Botschaften gebracht, es wurde zum Gewaltverzicht aufgerufen, zu einer Revolution ohne Gewalt! Das Fernsehen zeigte auch, wie auf dem Platz vor der Oper in Timişoara die Leute miteinander das Vaterunser gebetet haben.

Der Platz vor der Oper in Timişoara, das ist auch der Platz der Kathedrale: Auf der einen Seite ist die Oper, auf der anderen die orthodoxe Kathedrale. Da ist es passiert, daß einmal viele Leute in die Kathedrale flüchten wollten, weil sie hofften, im Innern der Kathedrale würde man nicht schießen. Aber da hat jemand die Tore der Kathedrale geschlossen, und die Leute sind auf den Stufen vor der Kirche erschossen worden. Deswegen steht auf dem Platz dort heute noch ein großes Kreuz zum Andenken an die Opfer der Revolution.

In den nächsten Tagen bis in den Jänner hinein war Timişoara in Trauer versunken, viele Leute haben geweint, wegen ihrer Toten und wegen dem vielen Leid, an vielen Plätzen der Stadt brannten Kerzen ... die ganze Stadt war verändert!

Dann fuhr ich zu meinen Eltern nach Reşița zurück. Meine Eltern hatten sich große Sorgen gemacht. Sie wußten ja, was in Timişoara los war. Und da waren sie froh, daß wir diese Tage gut überstanden haben.

Abb. 50. Gusti Crsta – auf dem Bild trägt er die Uniform der Securitate, bei der er seine Militärzeit ableisten mußte.

GUSTI CRSTA, geboren am 23. August 1969: Sie haben auf uns geschossen!

Als die Revolution begann, war ich beim Militär, ich war damals 20 Jahre alt. Von Januar 1989 bis Juni 1990 mußte ich Militärdienst machen. Ich wurde einer Securitate-Einheit zugewiesen, ohne daß man mich gefragt hätte, ob ich das auch wollte. Als die Revolution anfing, war ich also schon fast ein Jahr bei dieser Securitategruppe in Craiova. Ich hatte dort eine Gruppe von 25 Leuten, für die ich verantwortlich war. Mit diesen machte ich Ordnungsdienst in der Stadt, wir mußten uns darum kümmern, daß überall Ruhe und Ordnung herrschte. Einen solchen Dienst machten wir auch am 22. Dezember 1989. Wir hatten zu diesem Zeitpunkt keine Ahnung, daß etwas Außergewöhnliches im Gang war; wir sahen nur, wie Flugzeuge gegen Timișoara flogen. Zur Erklärung sagte man uns, daß in Timișoara viele Räuber wären und die Truppen deswegen dahin fliegen müßten.

So gingen wir also auch am 21. Dezember abends zur Kontrolle in die Stadt, um unseren Dienst zu verrichten. Außergewöhnlich war, daß man uns die Anweisung gab, mit niemandem zu sprechen. Wahrscheinlich sollten wir nicht erfahren, was los war.

Am 22. Dezember um sieben Uhr morgens kamen wir in unser Quartier zurück. Wir aßen und legten uns schlafen, ohne jede Ahnung, daß ein paar Stunden später die Revolution ausbrechen sollte. Um zehn Uhr wurden plötzlich die Fenster in unserem Zimmer eingeschossen. Wir erschraken, blieben aber im Zimmer und konnten von dort alles beobachten. Unsere Chefs verkündeten über Lautsprecher, daß wir nicht zurückschießen, sondern abwarten sollten. So blieben wir also ruhig. Dann kam plötzlich jemand und holte uns zum Fernseher: „Ein Pfarrer ist im Fernsehen!" rief er. Das war etwas Besonderes, das hatte es in der ganzen Zeit vorher nicht gegeben, wir konnten gar nicht glauben, daß ein Pfarrer im Fernsehen war!

In der Zwischenzeit wurde es draußen sehr unruhig. Immer mehr Leute kamen zusammen und riefen: „Jos securitate! Criminali"[202] *und noch viel mehr. Aber wir hatten einen guten Anführer. Er nahm einen Lautsprecher, ging zu den Leuten und sagte ihnen, daß von unserer Einheit niemand geschossen habe und solche Dinge. Dieser Mann war unser Glück: Er sagte uns, daß niemand schießen sollte, auch nicht zurückschießen, und daß niemand etwas machen sollte, bis wir nicht wüßten, was wirklich los sei. So ist Schlimmeres verhindert worden.*

Nach einiger Zeit kamen große 60-Tonnen-Autos. Sie kreisten unsere Einheit ein, sodaß wir eingesperrt waren. Das dauerte zwei Tage, erst am 24. wurden die Autos weggestellt. Dann kamen sie und sagten, daß wir wieder unseren Dienst machen und in der Stadt für Ordnung sorgen sollten. In der Stadt herrschte große Angst, zuerst schon einmal, weil geschossen worden war und es auch Tote gegeben hatte, aber die Angst war wohl auch wegen der Ungewißheit über die Zukunft. In Craiova wurden damals furchtbare Flugzettel verteilt. Auf diesen stand, in der Heiligen Nacht werde jeder einen Toten auf dem Tisch haben. Da ist schon zu verstehen, daß die Leute Angst hatten!

So fingen wir also wieder mit unserem Dienst an. Bei diesen Rundgängen in der Nacht sind wir manchmal auch jungen Leuten begegnet, die geschrien haben: „Terroristen! Kriminelle!" Aber es ist nichts passiert.

Am 27. kam ein Auto aus Bukarest; in diesem Wagen wurden zwölf junge tote Soldaten gebracht; sie waren einfach in Fernsehschachteln eingepackt! Sie waren zusammengeschossen, manche wie ein Sieb. Und sie waren auch schon ein paar Tage tot, daß schon der Totengeruch da war. Und dann nahm man sie aus den Schachteln heraus und legte sie auf den Beton. Dann wurden die Eltern geholt. Wie sie ankamen, stellte es mir alle Haare auf ... Stell dir vor, du schickst deinen Buben zum Militär und holst ihn dann zurück wie ein Sieb, ganz zerschossen! Für uns war das auch so schwer zum Ansehen, es ist mir damals schlecht gegangen. Als ich ein bißchen Urlaub bekam, fuhr ich nach Hause, und da habe ich denen daheim dann von der Revolution erzählt. Da habe ich eine ganze Stunde nur geweint!

Abb. 51. Calin Timar.

CALIN TIMAR[203], geboren am 22. April 1967: Eine blutige Revolution, die die Hoffnungen nicht erfüllte!

Als die Revolution ausbrach, war ich in Brașov, dem früheren Kronstadt. Brașov war für die revolutionäre Bewegung sehr wichtig, denn im Grund nahm der Protest von dort seinen Ausgang: nicht 1989, sondern schon 1987. Damals kam es in Brașov zu einer Protestbewegung der Arbeiter; es gibt dort ja sehr große Fabriken, wie die Traktorenwerke oder „Roman"; Roman hat 23.000 Arbeiter gehabt. Und dazu kamen Zehntausende von den Traktorenwerken. Gemeinsam gingen sie auf die Straße, um auf ihre Situation aufmerksam zu machen und ihren Forderungen Nachdruck zu verleihen. Aber die Miliz[204] sorgte dafür, daß sich die Lage wieder beruhigte.

Das war keine Revolution, aber doch eine große Protestbewegung. Auch „Europa libera" berichtete darüber. Das ist ein amerikanischer Radiosender, der von Deutschland aus in rumänischer Sprache sendete. Die Nachrichten im rumänischen Radio und Fernsehen waren alle kommunistisch geprägt. Also haben wir „Europa libera" gehört, jeder konnte diesen Sender empfangen. Das war zwar verboten, und wenn man erwischt worden wäre, hätte es Probleme gegeben. Auf diesem Sender wurde vom Protest in Brașov berichtet, es wurde gesagt, wieviele Menschen teilgenommen haben, was passiert ist, und es haben auch Men-

schen gesprochen, die gegen das kommunistische Regime waren, wie zum Beispiel Dissidenten. Seit dieser Protestbewegung von Brașov 1987 war Ceaucescu sehr vorsichtig gegenüber der Region und überhaupt gegenüber Protestbewegungen allgemein. 1989 begann es in Timișoara. Und von dort griff der Protest auf das ganze Land über, das war die Revolution!

Ich war damals in Brașov. Manche Leute munkelten damals schon, daß etwas passieren würde, aber niemand wußte es genau. Aber dann übertrug das rumänische Fernsehen die Rede von Ceaucescu, die er in Bukarest hielt, um der Bevölkerung die Vorgänge von Timișoara zu erklären und um die Situation zu entspannen. Bei dieser Rede waren sehr viele Menschen zugegen, Ceaucescu stand auf einem Balkon und redete von dort zu den Menschen, die unten auf der Straße standen. Plötzlich fingen die Leute zu rufen und zu schreien an und mit Steinen zu werfen. Ceaucescu hatte die Situation nicht mehr unter Kontrolle, er erschrak und zog sich vom Balkon in das Gebäude zurück. Die Übertragung wurde plötzlich abgebrochen, aber doch nicht schnell genug, als daß man nicht doch gesehen hätte, daß da jetzt etwas passiert.

Später erfuhren wir, daß Ceaucescu geflüchtet ist und die Leute den Palast gestürmt haben. Und die Leute sind auch in die Fernsehstation eingedrungen, da waren dann auch Ceaucescus große politische Gegner wie Iliescu und andere, und die verkündeten dann: „Es ist vorbei! Ceaucescu ist geflüchtet, er wird im ganzen Land gesucht …" Da wußten die Leute „Das ist die Revolution!" und gingen auf die Straße. Wirklich alle gingen hinaus, auch ich. Es war ein Zustand des Wartens. Ich war gespannt, was weiter passieren würde. Alle versammelten sich vor der Präfektur, genauso wie es auch 1987 gewesen war. Es war auch Miliz dort, aber sie griff nicht ein, sie wartete auf die Befehle. Die Leute riefen Parolen wie: „Nieder mit dem Kommunismus! Nieder mit Ceaucescu!". Dann kam die Armee. Wir wußten nicht, wie sich die Soldaten verhalten würden, aber schließlich stellten sie sich auf die Seite der Demonstranten. Es wurde nicht geschossen. Auch die Polizei zog sich zurück, als bekannt wurde, daß Ceaucescu geflohen war. Die Menschen waren überglücklich, sie dachten: „Schluß! Der Kommunismus ist gefallen, wir sind frei! …" Jeder glaubte das, ich auch, jeder hoffte, jetzt müßte Besseres kommen, es würde sich alles ändern, es würde eine andere Zeit kommen, eine bessere Zeit. Deswegen riefen auch wir die Parolen, deswegen schrie auch ich: „Nieder mit Ceaucescu, nieder mit dem Kommunismus! Wir wollen Demokratie! Wir wollen Freiheit!" Und ich habe das geglaubt! Jeder hat es geglaubt! Wir haben geglaubt, es würde alles besser werden. Denn für das haben wir die Revolution gemacht, daß es besser wird, besser als bisher. Doch es kam anders: anders, als wir geglaubt hatten …

Wir waren also auf der Straße; manche Menschen hatten ihre Fernsehgeräte auf die Straße getragen, und so konnten wir die Neuigkeiten der Revolution erfahren. Im Fernsehen war nur mehr davon die Rede, und schließlich wurde verkündet, daß man Ceaucescu gefunden habe. Die Leute waren sehr glücklich. Auch wenn wir nicht wußten, wer der Mensch neben uns war, links oder rechts, wir fielen einander in die Arme und freuten uns gemeinsam unbändig. Viele von uns zogen dann weiter zum Sitz der Securitate.

Ich ging nicht mit, ich war nicht so energisch. Einige mahnten, man solle nichts zerstören, aber andere wollten das nicht hören und hielten sich nicht daran. Am Ende gingen aber doch alle nach Hause. Irgendwie waren alle überrascht, wir hatten damit gerechnet, daß noch irgendetwas passieren würde, aber nein. Es war einfach vorbei. Ceaucescu war gestürzt und fertig!

Dann wurde freilich noch viel über diesen Tag geredet. Als in Timișoara alles angefangen hatte, war noch versucht worden, diese Geschichte von den Terroristen unter die Leute zu bringen. Die Menschen sollten Angst haben vor den Leuten, die dort die öffentliche Ordnung störten. Die Wahrheit ist, daß da kein einziger Terrorist war. Das glaube ich. Es war einfach eine öffentliche Panik und überhaupt ein chaotischer Zustand. Überall gab es plötzlich Waffen, an jeden wurden sie verteilt, sogar Kinder konnten welche bekommen, sogar kleine Kinder, sie hatten Waffen, sie hatten Patronen, und es wurde auch geschossen. Wer wirklich geschossen hat, weiß heute eigentlich keiner. Sicher hat auch die Armee geschossen, in erster Linie sogar die Armee. In Brașov hat es viele Tote gegeben, viele Menschen, die unschuldig gestorben sind! Aber das Interessante ist, daß die Schießereien erst in den letzten Tagen begonnen haben. Das ist das Unglaubliche: Nicht vor dem Sturz von Ceacescu wurde geschossen, sondern danach! Das ist das Unverständliche, aber das ist wahr, daran erinnere ich mich noch sehr genau.

Heute noch kann man in manchen Wänden von Brașov die Einschüsse dieser schlimmen Tage sehen: Stumme Zeugen einer blutigen Revolution, die nicht das brachte, was wir uns von ihr erhofften!

Rumänien nach der Revolution

Die Hinrichtung des Diktators am 25. Dezember 1989 war ein deutliches Signal für einen politischen Wechsel. Doch wer sollte das Land regieren? Wer hatte sowohl die Fähigkeiten als auch das Vertrauen des Volkes? Der erste große Mann dieser Tage war der frühere Außenminister Corneliu Manescu, der ein überzeugter Kommunist war, sich aber vom Regierungsstil Ceaucescus noch unter dessen Diktatur losgesagt hatte und im März 1989 Mitverfasser eines offenen Briefes war, in dem Ceaucescus Politik als „nationale Katastrophe" verurteilt wurde. Daß Manescu und seine Mitautoren diesen Schritt nicht mit ihrem Leben bezahlten, verdankten sie vermutlich ihrem prominenten Bekanntheitsgrad, den Ceaucescu doch gefürchtet haben dürfte.

Manescu übernahm die Führung der sogenannten „Front der Nationalen Rettung", die während der Revolutionstage gegründet worden war. Doch dann trat er plötzlich und unter etwas unklaren Umständen wieder ab. Seine Position übernahm der damals 59jährige Ion Iliescu, ein einstiger enger Vertrauter Ceaucescus, der sich 1984 die Ungnade des Diktators zugezogen hatte und aus den höheren politischen Ämtern entfernt worden war. Trotz der wachsenden Distanz zu Ceaucescu zögerte Iliescu 1989 lang, sich dem wachsenden Widerstandskreis anzuschließen.[205] Doch plötzlich stand er an der Spitze der „Front der Nationalen Rettung", freilich nicht nur umjubelt, sondern aufgrund seiner kommunistischen Vergangenheit auch heftig kritisiert.

Der Ruf nach Demokratisierung des Landes wurde immer lauter, am 12. Jänner 1990 gab Iliescu im Fernsehen das Verbot der Kommunistischen Partei bekannt, und schließlich wurden für den 20. Mai 1990 demokratische Wahlen angesetzt. Die Zahl der wahlwerbenden Parteien führt vor Augen, welches politische Durcheinander im Land herrschte: Mitte Mai gab es nicht weniger als 83 wahlwerbende Parteien und Gruppen, allen voran die „Front zur Nationalen Rettung", der es gelang, im Chaos dieser Monate organisatorische Vorteile aufzubauen und schließlich einen eindeutigen Wahlerfolg zu erzielen: Ion Iliescu wurde mit nahezu 87 Prozent der Stimmen zum Präsidenten des neuen rumänischen Staates gewählt, die „Front zur Nationalen Rettung" gewann in den Parlamentswahlen 69 Prozent der Stimmen. Erster Regierungschef wurde der 43jährige Petre Roman.

Auf die weitere politische Entwicklung Rumäniens, die zum Teil turbulent verlief und das Land trotz intensiver internationaler Hilfe nicht aus der Krise führte, wird hier nicht näher eingegangen.

Zum Jahrzehnt nach der Revolution kann – kurz überblickend – jedoch zumindest das eine gesagt werden: Die Hoffnungen, die bei der Revolution aufgebrochen sind, haben sich nicht einmal auch nur annähernd erfüllt! Das einzige, was tatsächlich eingetreten ist, ist die Freiheit der Menschen.

Abb. 52. Die hohe Inflation ist ein Hauptproblem des Landes.

Doch was bedeutet Freiheit angesichts der immer noch katastrophalen Lebensbedingungen in Rumänien – vor allem in den Städten? Ist ein Mensch frei, wenn ihn keiner lehrt, diese Freiheit zu nutzen? Ist ein Mensch frei, wenn ihn die ständige Arbeitslosigkeit um alle Zukunftshoffnungen bringt? Ist ein Kind frei, wenn es der Hunger zur Prostitution treibt?

Rumänien hat noch viele Fragen zu lösen.

Abb. 53. Unmittelbar nach der Revolution wurde vieles zerstört, was „dem Staat" gehörte: ehemalige Stallung der „Produktionsgenossenschaft Tirol" (einstige Volkskommune).

Abschied von der Heimat – die Auswanderung nach Deutschland

Bereits zur Zeit der Ceaucescu-Diktatur entschlossen sich viele Angehörige der unterdrückten deutschen Minderheit, ihre Heimat zu verlassen und ihr Fortkommen im Westen zu suchen. Manche von ihnen hatten das Glück, legal nach Deutschland ausreisen zu können. Von diesen profitierten viele von einem Abkommen zwischen der deutschen und der rumänischen Regierung aus dem Jahr 1977, aufgrund dessen Rumänien jährlich elftausend Rumäniendeutsche auswandern lassen mußte. Angeblich bezahlte die deutsche Bundesregierung[206] für jeden Auswanderer achttausend Mark Kopfgeld – nicht nur für den katastrophal defizitären rumänischen Staatshaushalt eine gewaltige Summe![207] Doch nicht jeder erhielt die Ausreisegenehmigung der rumänischen Behörden. Chancen durften sich nur jene machen, die nachweisen konnten, daß ihre Kinder oder Eltern schon im Ausland lebten. Und wer ins Ausland heiraten wollte, brauchte gar eine von Ceaucescu persönlich unterschriebene Erlaubnis.

Angesichts der doch eher geringen Wahrscheinlichkeit, irgendwann einmal zu diesen legalen Auswanderern zu gehören, entschlossen sich viele zur Flucht. Manche wählten dafür den riskanten direkten Weg über die Grenze, andere reisten legal in ein benachbartes kommunistisches Land – etwa nach Jugoslawien – und begaben sich dort in den diplomatischen Schutz der deutschen Botschaft. Auch aus Tirol haben manche Menschen eine Flucht gewagt und dabei ihr Leben riskiert. Ein Tiroler erinnert sich:

FRANZ MEESTRICH, geboren am 2. Oktober 1960: Keiner weiß, was mit dem Walter passiert ist!

Walter war ein Junge aus Arad. Er kam aus einer deutschen Familie und hatte bei uns im Dorf eine Großmutter, die in unserer Straße wohnte. Im Sommer kam er immer zu ihr, und da lernte ich ihn ein bißchen besser kennen. Damals war er noch ein kleiner Junge. Später, als er ungefähr 19 Jahre alt war, versuchte er über die Grenze nach Serbien zu flüchten. Seit damals haben wir nie wieder etwas von ihm gehört.

Ist er in der Donau ertrunken, oder ist sonst etwas passiert? Man weiß es nicht. Aber in Deutschland ist er nie angekommen. Seine Groß-

mutter hat mir später erzählt, daß er auch über das Rote Kreuz gesucht wurde, aber ohne Erfolg. Von uns weiß bis heute keiner, was passiert ist. Noch einen kannte ich, der geflüchtet ist. Wir waren miteinander in der Schule in Bocşa, er war ein Deutscher aus Moritzfeld.[208] An seinen Namen kann ich mich nicht mehr erinnern. Auf alle Fälle wollte auch er fliehen, auch nach Deutschland, auch über die Grenze zu Serbien. Ich habe gehört, daß er es geschafft hat. An der österreichischen Grenze haben sie ihn dann erwischt – und erschossen! Wer ihn erschossen hat, weiß ich nicht.[209] Sein Leichnam wurde nach Moritzfeld, seinen Heimatort, zurückgebracht. Dort wurde ein großes Begräbnis abgehalten, zu dem viele Menschen kamen. So haben manche bei der Flucht ihr Leben verloren. Aber aus Tirol, glaube ich, haben sie keinen erwischt. Die ich kenne, sind alle durchgekommen. Aber es hätte auch anders ausgehen können.

Abb. 54. Franz Meestrich.

Einer jener Tiroler, denen die Flucht aus der kommunistischen Heimat geglückt ist, ist Johann Bendig. Im folgenden Beitrag schildert er seine Erinnerungen.

JOHANN BENDIG[210], geboren am 2. Juni 1942: Diese Flucht war nicht geplant!

Am 17. Oktober 1981 gelang mir über Jugoslawien die Flucht nach Deutschland. Ich hatte es zuvor schon mehrmals versucht, immer ohne Erfolg. Im März 1981 wollte ich gemeinsam mit meinem Bruder Andreas fliehen. Wir fuhren damals nach Cacova, einem Dorf in der Nähe der Grenze, um zu angeln. Das war möglich, weil ich einmal einen Oberst der Grenzgarnison Moldova-Noua mit hundert Lei und zwei Flaschen Cognac bestochen hatte. Als Gegenleistung bekam ich einen Ausweis, der mir erlaubte, in gewissen Zonen an der Donau zu angeln. Von Cacova aus folgten wir dem Fluß

Abb. 55. Johann Bendig.

Caraș in Richtung Varadia. Von Varadia bis zur Grenze sind es etwa vier Kilometer. Natürlich taten wir nur so, als ob wir fischten, in Wirklichkeit galt unser Interesse den Grenzsoldaten. Um etwa 18 Uhr versteckten wir uns auf einer kleinen Insel, die durch eine Holzbrücke mit dem Festland verbunden war. Von dort aus wollten wir zwischen 19 Uhr und 23 Uhr zur Grenze marschieren. Der beste Zeitpunkt wäre etwa 21 Uhr gewesen, weil es da bereits dunkel war und die Wachen ruhten. Aber wir hatten Pech. Gegen 21 Uhr kam ein Militärfahrzeug mit getarntem Licht und setzte einen Wachmann ab. Wir konnten ihn gut beobachten. Auf der Brücke zur Insel breitete der Mann eine Zeltplane aus und legte sich zum Schlafen hin. Jetzt hatten wir zwei Möglichkeiten: Wir konnten uns an den schlafenden Soldaten heranschleichen, ihn entwaffnen und zwingen, uns zur Grenze zu führen. Das Risiko war aber zu groß, wir hätten entdeckt und getötet werden können. Die andere Möglichkeit war, im Versteck zu bleiben und zu warten. Das taten wir dann auch. Etwa um drei Uhr morgens weckten uns Geschrei und Hundegebell. Das Ganze spielte sich etwa eineinhalb Kilometer von uns entfernt ab. In dieser Nacht wurde ein Flüchtling geschnappt. Jetzt hatten wir die Hosen voll und wollten nur noch weg. Der Wachmann war mittlerweile verschwunden, und so schlichen wir ungehindert über die Brücke und liefen zum Bahnhof von Cacova.

In diesem Sommer versuchte ich es noch ein paar Mal, immer ohne Erfolg. Einmal versuchte ich es mit einem Diplomingenieur aus Reșița. Da wollten wir bei Brezeasca über die Donau schwimmen. Doch für mich war das zu riskant, weil ich kein so guter Schwimmer bin. Der Diplomingenieur hat es zu einem späteren Zeitpunkt geschafft.

Am Freitag, dem 16. Oktober 1981, wurde ich von einem Arbeitskollegen angesprochen, ob ich nicht Lust hätte, am Wochenende mit ihm zum Angeln zu fahren. Er war aus Socol, einem Ort an der Grenze. Er bot mir an, bei ihm zu übernachten. Nach Rücksprache mit meiner Frau und meiner Tochter fuhren wir noch am selben Tag ab. Ich war damals auf keine Flucht vorbereitet, ich hatte nur das Nötigste zum Fischen mit, und außerdem 300 Lei und 180 DM, die ich in meiner Jacke eingenäht hatte, da der Besitz westlicher Währung verboten war. Am Nachmittag kamen wir beim Kollegen an. Da es zum Angeln schon zu spät war, gingen wir in seinen Weingarten, der auf einem Hügel lag. Von dort aus sah ich den Stacheldrahtzaun der Grenze zu Jugoslawien. Wie ein Blitz schoß es mir durch den Kopf – Johann, hier ist deine beste Chance zur Flucht!

Wir gingen ins Dorf zurück und aßen beim Bruder meines Kollegen zu Abend. Es wurde sehr spät, und ich plante, in der Nacht, wenn alle schliefen, aus dem Haus zu schleichen und mich auf den Weg zur Grenze zu machen. Doch mein Plan ging nicht auf, ich hatte den Eindruck, der Mann ahnte etwas von meinem Vorhaben.

Am nächsten Morgen gingen wir angeln. Wir gingen am linken Ufer etwa zwei Kilometer flußabwärts, bis wir zu einer seichten Stelle kamen. Da fragte mein Kollege ganz plötzlich: „Möchtest du hinüber, auf die rechte Seite?" Ich sagte: „Ja! Dort ist auch ein Weg, und da kann man sich viel besser bewegen!" Wir wateten also durch den Fluß und gingen ans rechte Ufer. Dort sagte er nur kurz: „Da am Hügel ist die Grenze!" Ich antwortete nur: „Das kann nicht sein, aber wenn es so ist, dann vielen Dank – und schaff' mir das Auto zu meiner Frau!" Ich drückte ihm die Autoschlüssel in die Hand. Da wurde er blaß, aber als ich mich wieder umdrehte, war er verschwunden.

Nun stand ich da. Es war gar nichts abgesprochen gewesen, und ich dachte nur, ob er mich womöglich verraten würde, denn dafür bekäme er eine Geldprämie. Aber zum Überlegen war jetzt keine Zeit mehr.

Rasch versteckte ich mich im Gestrüpp. Das Ganze ereignete sich um etwa 13 Uhr. Nach einiger Zeit begann ich mein Umfeld zu erkunden. Da bemerkte ich ein Maisfeld, das etwa 50 Meter von meinem Versteck entfernt war. Feldarbeiter waren gerade mit der Ernte beschäftigt. Es war sehr günstig für mich, denn die Maisreihen liefen gerade in Richtung Westen, also zur Grenze. Als die Feldarbeiter in meine Nähe kamen, legte ich mich flach auf den Boden. Tatsächlich bemerkten sie mich nicht, sondern gingen in die andere Richtung weiter. Gegen 17 Uhr wollte ich das Maisfeld kurz verlassen, um mich zu orientieren, denn ich hatte Angst, mich nachts zu verirren und den Grenzposten in die Arme zu laufen. Als ich am Rand des Gestrüpps ankam, hörte ich plötzlich Schritte und Stimmen. Als ich kurz aufschaute, sah ich zwei Grenzwachen mit einem Wachhund an der Leine. Da stockte mir der Atem, noch nie im Leben hatte ich so ein Gefühl verspürt! Aber auch das ging gut vorbei.

Nun mußte ich also nur noch auf den Stolperdraht achten. Dabei handelte es sich um einen Draht, der wie eine Alarmanlage funktionierte: Bei Berührung löste er einen Alarm aus, das konnten Knaller, Klingeln oder auch ganz einfach Blechdosen sein, die in Bewegung gesetzt wurden.

Etwa 150 Meter vor mir befand sich ein Wachtturm. Er war nicht besetzt. Ich wußte, daß er mit Anbruch der Dunkelheit geräumt wurde, wohl aus Mangel an Nachtsichtgeräten. Als ich losgehen wollte, hörte ich plötzlich Schritte. Ruckartig duckte ich mich. Als ich den Kopf hob, sah ich zwei Frauen mit Jutesäcken auf dem Buckel, bestimmt waren es Maisdiebinnen.

Nun bewegte ich mich langsam fort, wobei ich mit einer Hand am Boden nach dem Draht tastete. Nach einer Stunde fand ich ihn tatsächlich. Ich richtete mich auf und gewahrte in der Dunkelheit den langersehnten Stacheldrahtzaun. Er war zwei bis zweieinhalb Meter hoch, und es gelang mir, mich ihm zu nähern, ohne den Alarm auszulösen. Doch bevor ich den Stacheldrahtzaun erreichte, verfing ich mich in Stacheldrähten, die auf schrägen Streben befestigt waren. Ich zog mich durch diese Drähte, verlor dabei aber meine Tasche mit dem Angelzeug und den Butterbroten. Nun saß ich zwischen Stacheldraht fest! Ich hatte keine Zeit nachzudenken und versuchte, den Draht zwischen zwei Pfosten mit bloßen Händen auseinanderzuziehen. Schließlich gelang es mir, und ich schlüpfte durch die Lücke. Mit blutigen Händen und zerfetzter Jacke war ich in der Freiheit! Ich wollte vor Freude aufschreien, aber das hätte gefährlich werden können.

Nun war ich also in Jugoslawien. Um nicht von dortigen Beamten gefangen zu werden, mußte ich schleunigst nach Belgrad zur Deutschen Botschaft. In Belgrad wurde man wegen illegalen Grenzübertritts nur zu 15 Tagen Gefängnis verurteilt, in der Provinz hingegen zu 30 Tagen. Also mußte ich nach Belgrad. Mein Ziel war vorerst Bela Crkva (Weißkirchen), eine Kleinstadt in etwa fünf Kilometer Entfernung. Um von niemandem gesehen zu werden, ging ich über die Felder und gelangte in einen verwilderten Weingarten. Dort ging es bergab, und ich konnte mich mit großen Schritten fortbewegen. Als ich fast im Tal war, stolperte ich und stürzte kopfüber in einen halb ausgetrockneten Brunnen. Es war wenig Wasser drinnen, aber viel Schlamm. Ich richtete mich auf und stand bis zum Gürtel in Wasser und Schlamm, ohne Brille und naß bis auf die Knochen. Ich schaute zum Himmel und dachte: „Johann, hier krepierst du!". Doch während des Sturzes hatte ich einige Weinstauden mitgezogen, die nun meine Rettung waren. Mit Mühe bekam ich eine davon zu fassen und zog mich daran hoch; dann ergriff ich eine zweite, stärkere – und so zog ich mich schließlich aus dem drei Meter tiefen Schacht.

Naß und dreckig ging es weiter, immer noch vorsichtig, um nicht entdeckt zu werden. Gegen 21 Uhr erreichte ich Weißkirchen. Dort fand ich ein Rohr mit fließendem Wasser, wo ich mich sauber machen konnte. Dann versuchte ich an jugoslawisches Geld zu kommen. Ich ging in die Hauptstraße und begegnete vor einer Disco einigen Jugendlichen. Da ich den Eindruck hatte, daß sie betrunken waren, ging ich weiter.

Fast am Ende der Stadt sah ich neben Hochhäusern zwei Baracken, in einer davon brannte noch Licht. Ich klopfte an, und ein Mann öffnete die Tür; im Hintergrund standen eine Frau und zwei Kinder. Der Mann sprach Deutsch. Er war bereit, 50 DM in Dinar umzutauschen. Sein Angebot war lächerlich, statt 850 Dinar erhielt ich nur 350! Aber ich nahm an und informierte mich, wann der erste Bus nach Belgrad fuhr. Die Bushaltestelle war gleich in der Nähe, doch der Bus fuhr erst um fünf Uhr! Ich mußte also sieben Stunden warten, mit nasser Kleidung, müde und hungrig. Schließlich fand ich ein zehnstöckiges Haus, bei dem die Tür einen Spalt offen war. In diesem Haus versteckte ich mich in der obersten Etage, um einige Stunden zu schlafen.

In der Früh ging ich zur Bushaltestelle und entging dort knapp einer Polizeikontrolle. Endlich kam der Bus, in der letzten Reihe nahm ich Platz; dann schlief ich bis Belgrad durch.

Sonntags kurz nach acht Uhr kamen wir an. Am Hauptbahnhof kaufte ich mir ein belegtes Brötchen und eine Seife. Dann ging es zur Post, um mit Frau und Tochter zu telefonieren, denn die beiden hatten ja keine Ahnung, daß ich es geschafft hatte. Nach dem Telefongespräch lief ich über die Donaubrücke und suchte ein stilles Plätzchen, wo ich mich endlich richtig waschen konnte. Schließlich ließ ich mir um 20 Dinar die Schuhe putzen und um 30 Dinar den Drei-Tages-Bart rasieren. Unter keinen Umständen durfte ich wie ein Hausierer aussehen! Doch bei der Deutschen Botschaft konnte mir trotzdem keiner helfen; man riet mir, am Montag wiederzukommen. Also wieder irgendwo eine Nacht verbringen. Kein Hotel, keine Pension nahm mich auf, denn alle verlangten den Reisepaß – kein Paß, kein Bett! Schließlich übernachtete ich wieder in einem Hochhaus, diesmal im Keller.

Am nächsten Morgen ging ich zur Deutschen Botschaft. Dort wurde ich freundlich behandelt, und man sagte mir genau, was ich zu tun hatte. Sie schickten mich direkt zur UNO-Vertretung, um mich als Flüchtling registrieren zu lassen, danach zum Hauptquartier der Polizei, wo ich wegen illegalen Grenzübertritts in einem 20-minütigen Schnellverfahren verurteilt wurde: 15 Tage Haft im Gefängnis Padinska Skela. Nach der Entlassung ging ich wieder zur Deutschen Botschaft und zur UNO, dann verbrachte ich drei Tage im Hotel Astoria. Endlich waren die Papiere fertig, und ich konnte mit einem deutschen Paß über Salzburg in die Bundesrepublik Deutschland einreisen.

Am 6. November 1981 kam ich in Nürnberg an, das Schwierigste war ausgestanden. Gleich nach der Ankunft stellte ich einen Antrag für die Aufnahme von Frau und Tochter in die Bundesrepublik.

Für die beiden zu Hause begann unterdessen die Hölle auf Erden. Meine Frau wurde acht Stunden lang ununterbrochen von Miliz und Securitate verhört. Man unterstellte ihr Mitwisserschaft und Beihilfe. Als man einsehen mußte, daß sie offensichtlich tatsächlich nichts gewußt hatte, setzte man sie unter Druck, sich scheiden zu lassen; in so einem Fall wäre die Scheidung innerhalb von 24 Stunden rechtskräftig geworden. Auch die Wohnung wurde durchsucht.

Im Juni 1983 wurde meiner Frau und meiner Tochter endlich die Ausreise genehmigt, wieder mit unendlich vielen Schwierigkeiten – aber doch! Heute leben wir in Düsseldorf glücklich und zusammen. Vergessen werden wir das nie!

Nach der Revolution bedurfte es keiner lebensgefährlichen Flucht mehr, um nach Deutschland zu kommen. Die rumänischen Grenzen waren offen, und die deutsche Regierung nahm die deutschstämmigen Auswanderer aus dem Osten auf, weil sie damit der deutschen Volkszugehörigkeit der betroffenen Menschen gerecht werden wollte.

Wenigstens theoretisch war nach dem Zusammenbruch des Ceaucescu-Regimes der Weg für die Ausreise nach Deutschland frei. Viele zweifelten an der Zukunft Rumäniens, man sah und spürte am eigenen Leib die Armut dieses Landes: Wie lang würde es wohl dauern, bis Rumänien sich erholen würde? Außerdem hörte man Berichte vom angeblichen „Goldenen Westen", sah verlockende Bilder im Fernsehen, und in vielen Fällen gab es auch Verwandte und Bekannte, die die Daheimgebliebenen nach Deutschland holen wollten.

Die ersten, die die Heimat in Richtung Westen verließen, waren junge Leute. Das war bereits 1990, im Jahr eins nach der Revolution. Eltern und Großeltern blieben meistens zurück, nicht selten untröstlich traurig und voller Trennungsschmerz. Manche von ihnen sind ihren Kindern später nachgereist. Aber alte Leute vergessen die Heimat schwerer als die jungen, und so haben nicht wenige der Ausgewanderten – Junge wie Alte – schon so manche bittere Träne um den Verlust der Heimat geweint.

Unterdessen ist auch im Westen die Situation immer schwieriger geworden. Man darf nicht vergessen, daß auch Deutschland kein Paradies ist, daß es auch in Deutschland soziale Probleme und Arbeitslosigkeit gibt. Und man darf nicht vergessen, daß nach dem Zusammenbruch des Kommunismus nicht nur Rumäniendeutsche ins Land ihrer Vorfahren einwandern wollten, sondern auch Deutschstämmige aus anderen Ländern des früheren Ostblocks, vor allem aus Rußland. So sind von

1988 bis 1996 unvorstellbare 2,3 Millionen deutsche Menschen aus diesen Ländern nach Deutschland eingewandert. Auch in den darauffolgenden Jahren riß der Strom der Einwanderer nicht ab – und alle brauchten Arbeit und Wohnung, Kranken- und Pensionsversicherung. Vor dem Hintergrund dieser Probleme hat Deutschland seine Einwanderungspolitik in der letzten Zeit verschärft, insbesondere seit dem Regierungswechsel im Jahr 1998. Wer heute nach Deutschland auswandern will, hat es nicht mehr so leicht.

Leicht aber haben es auch die nicht gehabt, die schon früher gegangen sind. Auch sie haben ihre Heimat verloren, und manche sind im Herzen noch immer „Tiroler". Von einigen weiß ich, wie schmerzhaft für sie der Verlust der Heimat ist und wieviele Tränen sie darüber immer wieder vergießen: Heimat, liebe Heimat ...!

Wir müssen uns bewußt sein, daß dieses Kapitel anders ist als die meisten anderen in diesem Buch: Es ist noch nicht abgeschlossen, denn es wird immer noch gelebt, es wird immer noch gelitten. Die Menschen, von denen dieses Kapitel handelt, leben heute in Deutschland oder in anderen westeuropäischen Ländern, und viele von den Lesern dieses Buches kennen sie. Mancher Leser wird sogar selbst einer von ihnen sein.

Im folgenden soll keiner dieser Menschen selbst zu Wort kommen, weil ich ihre Gefühle nicht verletzen möchte, indem ich sie öffentlich mache. Jeder von uns sollte aber versuchen, sich vorzustellen, was es heißt und wie es ist, in ein fremdes Land zu gehen, auch wenn es angeblich die Heimat der Vorfahren ist.

Der Roman „Dezembermohn" von Gerhard Ullmann handelt von einem rumänischen Jungen, der in der kommunistischen Zeit mit seiner Familie (legal) nach Deutschland auswandert und in der „neuen Heimat" Höhen und Tiefen erlebt; daraus ein Ausschnitt:

Der Schulhof ist leer. Die Schulbusse sind noch nicht da.
Er geht auf und ab und schaut immer wieder auf die Uhr.
Jetzt trudeln die ersten Schüler ein. Die Eingangstüren sind noch nicht offen, sie stehen da und warten, kleine Gruppen, die Mappen auf dem Boden. Turnschuhe und Bluejeans.
Ich habe auch Bluejeans, denkt Johann.
Da merkt er, wie sie über ihn reden. Er hört sie kichern, und er sieht, wie sie alle auf ihn schauen. Soll ich nähergehen? Ich kann doch nicht einfach wegrennen, obwohl ich es am liebsten täte. Schwerfällig geht er näher, Schritt für Schritt. Ich muß höflich sein.

„Guten Morgen", sagt er. „Wann wird das Schulhaus aufgeschlossen?"

Er sieht die ungläubigen Gesichter. „Um acht, das heißt, viertel vor acht", sagt einer aus der Runde.

Sie schweigen und schauen, als ob sie den Mund voll Gips hätten. Plötzlich lachen zwei Mädchen los. Sie halten sich die Hände vors Gesicht und werden feuerrot. „Sieht der aus", hört Johann, „schau mal die Schuhe."

Andere können sich auch nicht mehr beherrschen und stimmen mit ein. Johann weiß nicht, wohin er sich wenden soll, bis ein etwas älterer Junge ihn schließlich fragt: „Sag mal, wo kommst du denn eigentlich her?" Es ist keine provozierende Frage, eher Neugierde. Die anderen sind jetzt ruhig und warten auf Johanns Antwort.

„Wir sind vor vier Wochen erst aus Rumänien gekommen. Dort ging ich in die zehnte Klasse."

„Ach so", sagt der Junge. „Wir dachten schon, du wärst ein Aussteiger."

„Ein was?"

„Na, einer von den Alternativen. Es gibt einige hier an der Schule. Das sind solche, die alles anders machen, solche, die Brot selber backen und am liebsten Kühe melken, anstatt in den Supermarkt zu gehen. Aber ich glaube, du bist nicht alternativ, schon eher alternaiv."

Jetzt brüllen alle los vor Lachen, und Johann starrt auf seine Sandalen und die Socken mit dem kleinen Muster. Einen Augenblick wird er zurückgeschleudert in die weite hügelige Landschaft, dorthin, wo er die Kühe gehütet hat. Es ist wie eine gewaltige Woge, die ihn alles, was hier ist, vergessen läßt, die neuen glänzenden Kunstledersandalen und den Diplomatenkoffer ebenso wie die lachende Gruppe von Schülern. Er steht auf der Weide und hört über sich die Lerchen singen. Das Korn steht gut, es bewegt sich im Wind, sanfte gelbe Wogen, und der Klatschmohn und die blauen Kornblumen leuchten.

Sie zogen ihn durch die langen Gänge und schubsten ihn lachend herum. Dann stellten sie ihn vor das Rektorat, klopften laut und unverschämt und rannten davon.

Da stand er, die Lerchen hatten aufgehört zu singen, und das Korn war längst verbrannt. Die Mohnblumen waren nur noch blutige Spuren in rissiger Erde.

Der Direktor öffnete wütend die Türe und schnauzte ihn an, was er sich einbilde, so zu klopfen, er hätte wohl keine Manieren gelernt. Wer er sei und was er wolle.

Johann stotterte herum, wußte nicht mehr, was richtig und falsch war. Seine Welt, die so großartig aufgeblasen war und von der er so viel erwartet hatte, war schnell zusammengebrochen. Das Etagen-Mäppchen hatte nicht gehalten, was es versprochen hatte, und auch der Diplomatenkoffer bot keinen Schutz.

Der Direktor war nachsichtig, sprach langsam und einfach mit ihm, wie mit einem Geistesgestörten. Erklärte ihm, daß er außerordentlicher Schüler sei und ein halbes Jahr Probezeit hätte. Dann erst könnte man entscheiden, ob er den Anforderungen der Schule gewachsen wäre.

„Ich werde mich anstrengen", sagte Johann feierlich.

„Ja, ja", sagte der Direktor. Dann drückte er auf einen Knopf und sagte etwas in die Sprechanlage.

Nach ein paar Minuten kam ein Mann ins Zimmer. „Ist das der Neue?" fragte er den Schulleiter. Der nickte nur.

„Das ist dein Klassenlehrer, er heißt Herr Hansen", sagte er zu Johann. „Du gehst jetzt mit ihm. Er wird dir alles erklären."

Johann ging zwei Schritte hinter ihm. Vor einem Zimmer blieb er stehen. „Das ist unser Klassenzimmer. Du hast Glück, du kommst in eine nette Klasse. Du wirst dich sicher bald wohlfühlen. Wir gehen jetzt hinein, und ich stelle dich vor."

Johann spürte sein Herz klopfen, es war wie bei der heiligen Kommunion.

„Hier kommt unser neuer Mitschüler, er heißt Johann."
Absolutes Schweigen.
„Wo ist noch ein Platz frei für Johann?"
Man hätte eine Stecknadel fallen hören können.
„Da hinten, bei Ralf."
Dort saß einer allein. Er hatte seine langen Beine halb auf dem Tisch und kaute mißmutig auf einem Kaugummi.
„Ich möchte lieber allein sitzen", sagte Ralf schließlich.
Das war deutlich.
„Gut, also Johann, dann setzt du dich solange hier in die erste Bank. Da ist sowieso frei."

Er setzte sich. Er hörte zu und schrieb mit. Er strengte sich wirklich an, aber er verstand kaum die Hälfte. Sie sprachen so schnell, als hätten sie keine Zeit. Alle. In Mathematik und Physik konnte er gut mithalten. Aber in den Sprachen sah es schwierig aus. Ich werde alle Vokabeln nachlernen, alle. Heute fange ich an. Ich lasse mich nicht unterkriegen. Ich möchte Pilot werden, und dann fliege ich jeden Tag über die Kuhweide und sehe unser Dorf unten liegen.

„Ich ziehe die Sachen nicht mehr an", sagt Johann am Abend zu seiner Mutter. Sie sieht ihn an. Es ist dieser unbeholfene, mitleidvolle Blick, den sie in letzter Zeit oft hat.

„Was willst du denn dann anziehen?"

„Das, was die anderen auch anhaben. Richtige Jeans und Turnschuhe. Adidas, das sind die besten."

Es ist, als würde jemand anderes aus ihm reden, aber es ist wichtig für ihn.

„Wie stellst du dir das vor?" fragt seine Mutter. „Du weißt doch genau, wie es mit dem Geld steht, und du weißt, was die Kleider hier kosten."

„Ich kann dir das nicht erklären." Johann sucht nach Worten. „Es ist nicht, daß ich irgend etwas will, nur richtige Jeans und Turnschuhe und weiße Socken. Unterwäsche will ich keine andere. Ich möchte nicht auffallen. Weißt du nicht, was ich meine?"

Seine Mutter versteht ihn, aber da ist der Vater und die Haushaltskasse, die Kredite, für die sie Zinsen zahlen müssen.

„Vater erlaubt das nie. Sag ihm lieber nichts. Komm morgen nach der Schule zum Kaufhof. Wir treffen uns dort."

„Und das Geld?" fragt Johann.

„Das wird schon gehen. Wir müssen es eben woanders einsparen. Es ist dein Geburtstagsgeschenk."

Plötzlich hat Johann seine Mutter furchtbar gern. Sie hat ihn verstanden. Man braucht ihr nicht viel zu erklären, und das ist gut.

Als sie am nächsten Tag in die Stadt gehen, weiß er genau, was er will. Hautenge Jeans müssen es sein und Adidas-Turnschuhe. Als er sieht, was das alles kostet, erschrickt er, und trotzdem ... Er beißt sich auf die Lippen, daß es weh tut.

„Kann ich nicht irgendwie Geld verdienen?" fragt er die Mutter leise.

Da lacht sie, wie sie früher immer gelacht hat, als er noch ein Kind war und unbedingt etwas helfen wollte, die Töpfe blankscheuern oder die trockenen Blumen zusammenbinden. Er hatte mehr Unordnung als Ordnung gemacht, aber seine Mutter hatte gelacht, genauso, wie sie es jetzt tut.

Ein T-Shirt will er noch, und nach langem Suchen und vier Geschäften findet er endlich das richtige. ... Jetzt ist ihm viel wohler. Es ist, als hätte er sich eine neue Haut gekauft, mit der er im Dschungel der Asphaltwände nicht mehr auffällt. Die Haut der Jugend. Coke is live. Die Welt der Peter Stuyvesant, take off.

Als er in den Spiegel schaut, erschrickt er. Das ist er – Johann, zu dem man jetzt eigentlich John oder Joe sagen müßte. Einer wie alle.

Mit dem Gefühl der Freude und der Sicherheit schleicht sich gleichzeitig die Angst vor dem Verlust ein. Er nimmt gern Abschied von den alten Kleidern, von der Schuluniform und auch von den Pseudojeans und den Sandalen aus Kunstleder. Und doch. Irgend etwas ist da noch, das er nicht ausdrücken kann ...[211]

Die aus dem Banat Ausgewanderten ließen sich in den verschiedensten Städten und Gegenden Deutschlands – manche auch in anderen Ländern – nieder. So kommt es, daß Menschen aus Tirol heute fast in ganz Deutschland zu finden sind, im Norden wie im Süden.

Trotz der großen örtlichen Entfernung, die sie voneinander trennt, kommen viele von ihnen seit mehreren Jahren zu sogenannten Tiroler Heimattreffen zusammen.

Die Initiative dazu ergriff Günther Friedmann, der heute in Sindelfingen lebt.[212] Er ist ein talentierter Musiker und hat in seiner neuen Heimat Deutschland eine Musikgruppe zusammengestellt, die sich „Banater Musikanten"[213] nennt. Zu seinen Tanzveranstaltungen kamen immer wieder auch Freunde aus Tirol, und so entstand langsam der Wunsch, einmal ein offizielles Heimattreffen zu veranstalten sowie eine sogenannte „Heimatortsgemeinschaft" ins Leben zu rufen. Die Initiative zu diesem Schritt geht wesentlich auf seinen Vater Johann Friedmann zurück, der in vielen Dingen der Motor war, der die Dinge in Bewegung setzte. Geleitet wird die Heimatortsgemeinschaft von Günther Friedmann und Hans Sauer.

Das erste Treffen fand im April 1996 in Maichingen statt und wurde seither nahezu jährlich wiederholt. Dabei versammeln sich die „ehemaligen" Tirolerinnen und Tiroler zu einer Heiligen Messe, einem Fußballspiel der Jugendlichen und natürlich zu Tanz und jeder Menge Unterhaltung. Gerade bei Zusammenkünften wie diesen werden Erinnerungen und Neuigkeiten aus der alten Heimat ausgetauscht und viele Gedanken auf eine weite Reise geschickt, so wie es in einem Lied der Banater Musikanten heißt:

> *In weiter Ferne liegt ein kleines Dörfchen,*
> *von gold'nen Feldern und von Reben weit umsäumt.*
> *Wo Bächlein fließen wie in alten Märchen,*
> *da liegt mein Heimatdorf ganz still und verträumt.*

Ich denk' daran, wie gern wir sangen Lieder,
in froher Runde, in schönen Stunden,
Am Himmel hoch die Schwalben Kreise ziehen,
sie bringen Grüße für uns aus weiter Fern.[214]

Abb. 56. Heimattreffen ausgewanderter Tiroler in Deutschland.

Der Westen will helfen – das Projekt „Rumänienhilfe Tirol für Tirol"

Die Menschen in den Ländern Europas und Amerikas verfolgten die Revolution in Rumänien mit großer Aufmerksamkeit. Zu dieser Zeit stand die ganze Welt unter dem Eindruck des kommunistischen Niedergangs; in den Wochen und Monaten zuvor waren in anderen Ländern des Ostblocks die kommunistischen Machthaber gestürzt worden, und nun wartete man gespannt darauf, ob sich auch Rumänien von seiner Diktatur befreien würde.

Als dann die Revolution siegte und Ceaucescu hingerichtet wurde, liefen die Bilder von der Erschießung des Diktatorehepaars über die Fernsehbildschirme der ganzen Welt.

Doch nicht nur diese Bilder bewegten die Menschen im Westen. Da waren auch Bilder, die das unvorstellbare Elend der rumänischen Bevölkerung zeigten. Und mitten in die Weihnachtszeit 1989 hinein ertönte der Ruf: „Wir müssen diesen Menschen helfen!"

Eine unglaubliche Welle der Hilfsbereitschaft war die Folge. Lange Kolonnen von Lastkraftwagen und Hilfstransporten passierten die Grenze zu Rumänien. Sie kamen aus vielen verschiedenen Ländern und brachten Nahrung und Kleider, Medikamente und Spielsachen, Werkzeug und vieles andere mehr. Und sie brachten noch etwas mit, wovon dieses Land so viel brauchte: Hoffnung! In diesen ersten Wochen und Monaten nach der Revolution haben viele Menschen in Rumänien erfahren: „Wir sind nicht allein, man hat uns nicht vergessen!"

Manche Menschen in Tirol erzählen heute noch mit großer Freude und tiefer Dankbarkeit von den ersten Geschenken, die sie bekamen, sie erzählen von dem unfaßbaren Glück, das sie dabei empfanden, und sie erzählen von den Menschen in Österreich und Deutschland, die ihnen diese Hilfe schickten. Manchmal hat man dabei den Eindruck, sie würden von guten Freunden erzählen. Dabei kennen sie ihre Wohltäter oft gar nicht persönlich, manche wissen nicht einmal, wer sie beschenkt hat, andere kennen nur die Namen, wieder bei anderen hat sich im Lauf der Jahre eine intensive und herzliche Brieffreundschaft entwickelt.

Eine betroffene Frau aus Tirol ist Frau Anusch Nagy, die mit Dankbarkeit von einer treuen „Freundin" aus dem österreichischen Tirol erzählt:

ANUSCH NAGY, geboren am 30. Juni 1930: Mitten im Waschpulver war ein Kassettenrekorder versteckt!

In der Zeit nach der Revolution erhielten wir eines Tages ein Paket. Es stammte von einer Frau aus Österreich; organisiert wurde das Ganze von einer Hilfsorganisation – für uns eine große Überraschung und eine sehr große Hilfe! In den Paketen waren Dinge, die wir für unser Leben gut brauchen konnten. Und außerdem war ein Brief dabei, der auch eine Adresse erhielt, sodaß wir zurückschreiben konnten. Eine Nachbarin, die Deutsch kann, half mir beim Beantworten des Briefs; das war für mich eine große Freude. Ich habe diese Frau persönlich nie kennengelernt, aber wir haben uns geschrieben und einander Fotos geschickt. So sind wir Freunde geworden, ohne daß wir uns je begegnet wären! Wenn wir heute von dieser Frau sprechen, dann reden wir von der „Erna-Tant", als würde sie zu unserer Familie gehören.

Abb. 57. Anusch Nagy.

Und immer wieder haben wir ein Paket von ihr erhalten, jeweils zu Ostern und Weihnachten: immer Dinge, die sehr nützlich waren.

Einmal bekamen wir eine Packung Waschpulver; auch darüber freuten wir uns, denn auch das konnten wir gut gebrauchen. Aber die Überraschung kam erst: Als wir die Schachtel öffneten, kam mitten im Waschpulver ein Paket zum Vorschein – und darin war ein Kassettenrekorder! Was für eine schöne Überraschung!

Erna-Tant' hat uns nie vergessen! Ohne uns zu kennen, ist sie uns eine Freundin fürs Leben geworden!

Neben „Erna-Tant", von der Frau Nagy erzählt, gab es im Bundesland Tirol viele Wohltäterinnen und Wohltäter der ersten Stunde und auch viele, die es immer noch sind. Dr. Gerda Pahl aus Volders ist eine dieser Wohltäterinnen. Im folgenden Beitrag berichtet sie über ihre Hilfe:

Dr. GERDA H. PAHL aus Volders: Wir schrieben einander viele Briefe

Schon einige Jahre vor der Revolution hatte unser Nachbar, Herr Dipl. Ing. Horst Wessiak, in Zusammenarbeit mit der Vereinigung „Austria pro Romania" enge Beziehungen zur deutschstämmigen Bevölkerung in Rumänien geknüpft. Er organisierte Reisebusse, mit denen Ti-

roler nach Rumänien in die Ferien fuhren. Ihre Koffer waren mit Kleidern und Schuhen voll gepackt und an der Grenze als „persönliche Gegenstände" deklariert worden. Auf der Rückfahrt waren die Koffer leer, und dankbaren Menschen aus Siebenbürgen und dem Banat war geholfen worden.

Als nach der Revolution im Dezember 1989 die Grenzen aufgingen, schlug die Welle der Hilfsbereitschaft für Rumänien hoch, und Herr Wessiak organisierte im Januar 1990, wieder in Zusammenarbeit mit „Austria pro Romania", die erste große Hilfsaktion. Die Gemeinde Volders beteiligte sich daran und forderte die Volderer in einem Schreiben an alle Haushalte auf, Pakete für Familien im Dorf Tirol zu packen und zu einem bestimmten Zeitpunkt bei einer Sammelstelle abzuliefern. Darin waren auch Nahrungsmittel und Gebrauchsgegenstände aufgelistet, die besonders nötig waren. Viele Volderer beteiligten sich an dieser Spendenaktion und wir natürlich auch. Herr Wessiak organisierte 16 LKW, welche die Pakete in verschiedene Orte Rumäniens brachten.

Anfang Februar erhielt ich einen Brief von Frau Kilburg. Ich war völlig überrascht, daß sich die Menschen in Rumänien über so lange Zeit hinweg die deutsche Sprache erhalten haben und noch fließend solche Briefe schreiben können. Ich antwortete sofort, und wir hatten einen lebhaften Briefwechsel. Immer wieder schickte ich Pakete, die zu dieser Zeit von der österreichischen Post verbilligt spediert wurden, und nach und nach war Frau Kilburg auch frei genug, mir mitzuteilen, was sie wirklich nötig hatte und was nicht. Schon Ende Februar schrieb sie: „Das Notwendigste, Mehl, haben wir, und Brot bekommen wir zu kaufen. Wir haben auch ein Schwein geschlachtet, und das meiste Fleisch haben wir geselcht, und das muß reichen, bis im Sommer das Geflügel aufwächst. Es ist ja schlimm für alte Leute, immer nur Geselchtes zu essen, aber wir können nicht sagen, daß wir gehungert haben. ... Ich war in der Stadt, da gab es schon an mehreren Plätzen Fleisch zu kaufen, was schon seit Jahren nicht mehr möglich war. Und so hoffen wir mit Geduld, daß es langsam besser wird. Nun, liebe Frau Pahl, will ich schreiben, was man bei uns noch nicht bekommt. In Ihrem Brief bieten Sie Zigarren an für meinen Mann, dafür danke ich schön. Mein Mann ist kein Raucher und Gott sei Dank auch kein Trinker, aber wenn Sie ihm Rasierklingen und Süßigkeiten schicken wollen, dafür würde er Sie hoch verehren und Ihnen von Herzen danken, denn er ist eine alte Naschkatze ... Rasierklingen und Süßigkeiten, auch *Schokolade* gibt es noch nicht, und das essen wir alle gern ..." So war ich also bald informiert und konnte die Pakete packen, wie sie gebraucht wurden.

Aber wir korrespondierten auch über vieles andere. So schrieben wir über unsere Familien und unser Zuhause. Einmal wollte ich von ihr wissen, ob und wie die Kirchenfeste noch traditionell gefeiert würden und welche Bräuche es noch im Dorf Tirol gibt. So schrieb sie mir damals Ende März über das bevorstehende Osterfest, über die Feiertage Passionssonntag, Palmsonntag und Ostersonntag, natürlich auch über Gründonnerstag, Karfreitag und Karsamstag. Und dann schrieb sie über den Ostermontag: „Der Ostermontag wird auch Spritzen-Montag bei uns genannt. Bei uns ist das eine alte Sitte. Da gehen die Burschen die Mädchen mit Parfum anspritzen, und die Männer die Frauen. Auch kleine Buben kommen spritzen, dann bekommt jeder ein gefärbtes Ei und Mehlspeis. Die Burschen und Männer bekommen ein Stamperl Schnaps oder einen Kaffee und gehen in Gruppen weiter. Dieses Jahr werden auch die Männer und Burschen den Ostermontag feiern, denn bis jetzt mußten die meisten am Ostermontag zur Arbeit, das war kein Feiertag mehr bei uns im Land. Wir durften überhaupt keine kirchlichen Feiertage halten während dem Ceaucescu-Regime. Nun sollen wieder alle kirchlichen Feiertage erlaubt sein. Man kann es kaum glauben, daß es wirklich wahr sein soll."

Im Mai schrieb mir Frau Kilburg: „Bei uns ist es Sitte, daß wir am Pfingstfest in das Bergkirchlein Maria-Ciclova wallfahrten gehen, das ist so ungefähr 50 Kilometer von uns entfernt. Da gehe ich auch jedes Jahr hin, seit 1948, seit ich von Rußland heimgekehrt bin, zum Dank Gottes, weil ich wieder gesund heimgekehrt bin, viele sind nicht mehr zurückgekehrt, mußten ihr junges Leben dort lassen."

Natürlich wollte auch Frau Kilburg mir eine Freude machen und fragte, was ich mir aus Rumänien wünsche. Ich schrieb ihr, ich würde mich sehr über ein Bild von ihrem Haus und von der Kirche im Dorf Tirol freuen. Tatsächlich bekam ich im August zwei solche Zeichnungen. Ein Verwandter aus Deutschland war gekommen und hatte gemalt!

Im Winter hatte Frau Kilburg mehr Zeit zum Schreiben langer Briefe. So bekam ich auch Auskunft über die landwirtschaftlichen Verhältnisse im Dorf Tirol: „Ich kann mir gar nicht mehr eine Bauernwirtschaft hier vorstellen. Das Feld ist ausgenützt, es hat in den 30 bis 40 Jahren keinen Dünger gesehen, nur diesen Kunstdünger, und der hat ihm noch die letzte Kraft entzogen. Jetzt, wenn man das schwache Land nimmt, kann man auch keinen Kunstdünger mehr kaufen, weil er viel zu teuer kommt. Und das mechanische Arbeiten kommt so teuer, daß man das gar nicht zahlen kann, und Pferde, Pflug oder Egge gibt es auch nicht mehr, auch sehr wenig Kühe sind im Dorf. Wenn man auch Kühe ein-

spannen möchte, so hat man aber doch keinen Wagen und keine Vorrichtung dazu, und es gibt auch keinen Meister, der das machen könnte. 1948, als wir von Rußland kamen, hat unser Vater zwei Kühe eingespannt und hat viel gearbeitet mit ihnen, dann ging er in Rente und hat Pferde gekauft, und ein paar Jahre später wurde alles enteignet. Das Feld, die Pferde, der Wagen, Pflug und Egge und alles wurde dem Kollektiv übergeben und die Leute blieben mit nichts ... Unsere Gemeinde Tirol war einst eine schöne deutsche Bauerngemeinde, jedes Haus hatte Pferde, Kühe und Fuhrwerk, das wurde in den 40 Jahren alles vernichtet. Das jetzt wieder von Anfang an aufbauen und mit nichts, das wird eine schwere Sache sein. ..."

1994 machte Herr Wessiak einen längeren Besuch im Dorf Tirol, und dabei war er auch bei den Kilburgs. Als er wieder zurückkam, brachte er mir ein Paket von Frau Kilburg mit, und ich hatte Gelegenheit, den guten hausgemachten Speck, herrliche Marmelade und vor allem hervorragenden Wein aus dem Dorf Tirol zu verkosten.

So blieb meine Korrespondenz mit Frau Kilburg also sehr intensiv. Einmal schrieb sie mir auch einen langen Brief, in dem sie mir von ihren Erinnerungen an die Deportation nach Rußland erzählte.[215]

Die letzten Jahre aber waren für Frau Kilburg leider sehr schwer: Zuerst entschloß sich die Familie ihres älteren Sohnes, nach Deutschland auszuwandern, das Anwesen des jüngeren Sohnes Josef brannte teilweise ab, dann starb einige Jahre später Herr Kilburg, und im Frühling 1999 wanderte auch der jüngere Sohn mit seiner Familie aus. Da zog Frau Kilburg mit ihrer Familie nun in die neue Heimat, von der sie doch wußte, daß sie für sie niemals eine Heimat werden würde.

So hat also nach der rumänischen Revolution auch im Bundesland Tirol sofort eine Welle der Hilfsbereitschaft eingesetzt. Viele verschiedene Institutionen, aber vor allem auch private Menschen haben Spendenaktionen organisiert und durchgeführt. Auch politische Einrichtungen und die Kirche haben sich aktiv um die Hilfe für Rumänien gekümmert.

Manche dieser Hilfsaktionen waren zeitlich eng begrenzt: Man wollte die ärgste Not der Menschen lindern helfen und sich dann wieder zurückziehen; andere Hilfsaktionen waren von vornherein auf lange Sicht geplant und haben geholfen. So haben etwa die Diözesen der katholischen Kirche Österreichs untereinander vereinbart, welche Diözese sich fortan um welches Gebiet in Rumänien kümmern wolle. Dabei hat sich die Diözese Graz-Seckau (Steiermark) bereit erklärt, dem rumänischen

Landkreis Caraş-Severin zu helfen, das ist jenes Gebiet, in dem das Dorf Tirol liegt. Sowohl das Land als auch die Kirche der Steiermark (vor allem die Caritas) haben ihr Versprechen bis heute gehalten und dem Kreis Caraş-Severin im Lauf der Jahre immer wieder viel Hilfe gebracht.

Das Dorf Tirol jedoch hat Hilfe von anderer Seite erhalten, nämlich – wie könnte es anders sein?! – aus dem Bundesland Tirol, also aus jenem Land, aus dem die Menschen stammten, für die das Dorf ursprünglich gegründet wurde.

Schon bald nach der Revolution wurden Kinder aus dem Dorf in das österreichische Tirol eingeladen, wo sie Ferien erlebten, wie sie für rumänische Kinder bisher unvorstellbar waren. Zurück in ihrem Heimatdorf, erzählten manche dieser Kinder noch lange Zeit später von einem anderen Tirol, weit weg in Österreich. Dort entstand nun durch die Initiative und die Schaffenskraft vieler hilfsbereiter Menschen eine Hilfsorganisation, die sich einen bezeichnenden Namen gab: „Tirol für Tirol".

Der große Mann dieser Hilfsaktion ist Dr. Alois Leitner. 1924 im tirolerischen Jenbach als Sohn eines Metzgers und Bauern geboren, erwählte er für sich den Beruf eines Lehrers an der Landwirtschaftlichen Landes-Lehranstalt Rotholz, der er seit 1956 als Direktor vorstand. 1962 wurde er als Abgeordneter in den Nationalrat der Republik Österreich gewählt, dem er bis 1986 angehörte. Von 1975 bis 1989 war Leitner auch Direktor des Tiroler Bauernbundes, der die starke politische Vertretung der Tiroler Bauern darstellt.

Als 1989 in Rumänien die Revolution ausbrach, war Leitner noch Obmann der „Sektion der Akademiker und Freunde" des Tiroler Bauernbundes. Damals wurde der Grundstein für das Projekt „Tirol für Tirol" gelegt. Im folgenden Beitrag hält Dr. Leitner seine Erinnerungen fest.

Dr. ALOIS LEITNER, geboren 12. Juni 1924, aus Jenbach: Hilfe zur Selbsthilfe!

Als in Österreich und Tirol so viele Menschen etwas Gutes für Rumänien tun wollten und taten, kam der damalige Bezirksobmann der Akademikersektion des Tiroler Bauernbundes, Hofrat Dipl. Ing. Otmar Kronsteiner, mit dem Vorschlag zu mir, die Akademikersektion sollte bei ihren Mitgliedern auch eine Spendenaktion für Rumänien durchführen. Am Anfang stand ich dem reserviert gegenüber, aber der Bezirksobmann gab nicht auf, und so führten wir schließlich tatsächlich eine Spendenaktion durch. Das Resultat der damaligen Aktion war ein guter Anfang: 90.000 Schilling. Gleichzeitig führte auch die Tiroler Künstlervereinigung mit ihrem Obmann Professor Wilfried Kirschl eine Spendenaktion

Abb. 58. Dr. Alois Leitner.

für das rumänische Dorf Tirol durch. Sie wußte bereits von diesem Ort, hatte doch Professor Wolfgang Pfaundler 1968 dieses Dorf besucht und in der Tiroler Kulturzeitschrift „Das Fenster" einen Bericht darüber veröffentlicht. Die Künstler konnten noch mehr Geld aufbringen. Dipl.-Ing. Horst Wessiak aus Volders, Zivilingenieur für Bauwesen, hat als evangelischer Christ bereits während der kommunistischen Zeit Hilfe an Siebenbürgen vermittelt und auch Spenden für Rumänien gesammelt. Auch er kannte das Dorf Tirol. Als wir damals zusammenkamen, war uns klar: Unsere Hilfe gilt dem Dorf Tirol. Es war ja 1810 für die Kriegsflüchtlinge aus unserem Land gebaut worden. Die Frage war: Wie kann den Menschen in diesem Dorf so geholfen werden, daß ihre Lebenssituation verbessert wird?

Zunächst mußten wir einen Einblick in die Situation des Dorfes bekommen. Deshalb fuhren Dipl. Ing. Markus Schermer von der Tiroler Landwirtschaftskammer und Fachlehrer Franz Haslberger[216] von der Landwirtschaftlichen Lehranstalt Rotholz nach Rumänien. Die beiden wurden im Dorf Tirol sehr gut aufgenommen. Ihr Ansprechpartner war die Familie Rebejila, die für uns auch während all der weiteren Jahre sehr, sehr wichtig war und es auch heute noch ist. Hätte sich diese Familie nicht so bemüht, hätten wir überhaupt nichts machen können. Die ganze Hilfsaktion wäre ohne die Rebejilas zweifellos gar nicht zustande gekommen.

Schermer und Haslberger haben sich das Dorf sehr genau angeschaut, man hat ihnen alles großzügig gezeigt.

Als sie wieder zurück waren, kam es zu einem Treffen zwischen Mitgliedern des Bauernbundes, der Landwirtschaftskammer, der Tiroler Künstler, der Caritas Tirol und Dipl.Ing. Wessiak. Schermer und Haslberger berichteten dabei viel Interessantes, aber manches war auch erschütternd. Vor allem ihre Schilderung der landwirtschaftlichen Situation machte uns betroffen. In Rumänien war damals noch alles verstaatlicht, und dieses System funktionierte nicht. Die Mastrinder der Produktionsgenossenschaft waren am Verhungern. So etwas hatten die zwei vorher noch nie gesehen. Einer sagte, das wäre ihm vorgekommen wie ein „Auschwitz für Tiere".

Das Schlimme aber war, daß wir aufgrund der Verstaatlichung im landwirtschaftlichen Bereich überhaupt nicht helfen konnten.

Die beiden brachten jedoch zwei besondere Wünsche der Dorfbevölkerung mit: Der erste Wunsch war, daß wir helfen sollten, die Kirche innen zu renovieren. Das war ein ganz interessanter Wunsch. Damals waren doch alle Österreicher bestrebt, den Menschen in Rumänien zu helfen und ihnen das Lebensnotwendige wie Essen, Kleider und Medikamente zu schicken. Aber die Tiroler wollten eine Kirchenrenovierung. Der Gedanke hat bei uns nicht allen gefallen. Aber es war der ausdrückliche Wunsch der Tirolerinnen und Tiroler! Und diesen wollten wir einfach ernst nehmen.

Der zweite große Wunsch war die Errichtung eines Gemeindezentrums, damit die Leute im Dorf eine Versammlungsmöglichkeit hätten,

Abb. 59. Im Sommer 1990 wurden Kinder aus dem Banat – darunter welche aus Tirol – für einige Wochen nach Innsbruck und Fieberbrunn eingeladen. Freude, Staunen, Unsicherheit, vielleicht auch ein wenig Heimweh – die Kinderaugen auf diesem Bild erzählen vieles.

damit sie wo Theater spielen oder kulturelle Aktivitäten organisieren konnten. Darüber hinaus baten die Leute, daß wir ihnen verschiedene Materialien wie Samen, Werkzeuge, Motorsägen, Kinderbücher usw. bringen.

Wessiak fuhr daraufhin wieder nach Rumänien und brachte die gewünschten Waren ins Dorf. Im Sommer 1990 wurde Frau Stefanie Rebejila eingeladen, nach Tirol – in unser Land – zu kommen. Sie hielt im Grillhof[217] einen Vortrag über das Dorf Tirol und erzählte dabei nicht nur von der aktuellen Situation, sondern auch aus der Geschichte des Dorfes. Das war für uns alle sehr, sehr interessant.

Im April 1991 fuhr ich mit Dipl.Ing. Otmar Kronsteiner, Fachlehrer Franz Haslberger und Bauernbunddirektor Georg Keuschnigg das erste Mal selbst nach Tirol. In der Dorfschule von Tirol hielten wir eine Versammlung ab und fragten die Leute, ob auch wirklich alle mit der Kirchenrenovierung einverstanden seien. Da das der Fall war und die Genehmigungen von Bischof und Pfarrer vorlagen, wurde die Sache in Angriff genommen. Das Material zur Renovierung haben wir mit vielen anderen Geschenken aus Österreich gebracht, mit der Arbeit wurde die Firma Zidins aus Reșița beauftragt.

Am 8. September 1991, also am Kirchweihtag, wurde die Kirche gesegnet. Von uns Österreichern war Direktor Keuschnigg dabei. Er konnte sich dabei selbst davon überzeugen, daß die Arbeiten gut ausgeführt worden waren und die Kirche nun wieder ein helles, freundliches Gesicht zeigte.

Aber noch etwas anderes hat er bei diesem Besuch gesehen: In der kurzen Zeit hatte sich die landwirtschaftliche Situation im Dorf geändert. Der rumänische Staat hatte einen ersten zögernden Schritt in Richtung Privatisierung unternommen und den Menschen ihren Grund und Boden bis zu einer Obergrenze von 10 Hektar zurückgegeben. Nun gab es also die Möglichkeit, aber auch die Notwendigkeit, landwirtschaftlich zu helfen.

Die Tiroler wurden auf Initiative von Dr. Franz Rebejila nun rasch aktiv. Schon während des Besuchs von Dir. Keuschnigg wurde die Gründung einer neuen Genossenschaft beschlossen, damit die privatisierten Grundstücke gemeinsam bewirtschaftet werden können. Auch die anteiligen Gebäude von der landwirtschaftlichen „Produktionsgenossenschaft Tirol" wurden gefordert und dann auch erhalten. Dieser Gemeinschaft konnte jeder Grundbesitzer beitreten, der bereit war, ein Kapital von 10.000 Lei in die Gesellschaft einzubringen.[218] Bei der Gründungssitzung wurden ein dreiköpfiges Komitee und drei Aufsichtsräte gewählt.

Man gab der Genossenschaft den Namen „Innsbruck", hieß doch die Volkskommune Tirol. Die ganze Sache sah erfolgversprechend aus, und Direktor Keuschnigg leitete einiges in die Wege, damit wir diese Genossenschaft fortan unterstützen konnten.

So konnte in den folgenden Jahren unglaublich viel geschehen. Für die Genossenschaft „Innsbruck" wurden rumänische Traktoren und Maschinen für den Ackerbau wie Pflüge, Eggen, Sämaschine und sogar ein Mähdrescher angekauft. Später kam noch ein Claas-Mähdrescher dazu. Die Hilfe für diese Genossenschaft war uns deshalb sehr wichtig, weil wir wußten, daß die Landwirtschaft so etwas wie der Lebensnerv des Dorfes ist. Und die Genossenschaft hatte damals am Anfang immerhin 70 Mitglieder, sodaß wir sagen konnten, dem ganzen Dorf zu helfen. Aber auch sieben Waggons Hilfsgüter, darunter sechs Lindner-Traktoren, Pferdepflüge, landwirtschaftliche Maschinen und Geräte wurden geliefert – alles Spenden der Tiroler Bauern für die selbstwirtschaftenden Landwirte des Dorfes. Andere Waren, darunter viele Farben und Lacke der Adlerwerke, wurden mit großen Fernlastern geliefert.

Ein anderer Schritt, mit dem wir der Landwirtschaft in Tirol helfen wollen, ist die Ausbildung der Menschen. Bereits 1991 konnten zwei Traktoristen aus dem Dorf[219] drei Monate lang die Landwirtschaft bei uns und die Arbeitsweise der Maschinenringe kennenlernen. Ab dem Schuljahr 1998 besuchte ein junger Mann aus Tirol[220] die dreijährige Fachschule an der Landwirtschaftlichen Landeslehranstalt Rotholz. Diese Ausbildung brachte dem jungen Mann gute Kenntnisse in der Landwirtschaft, die er dann in Tirol einsetzen und weitergeben kann. Seit November 2000 ist Rupert Mairinger, ein oberösterreichischer Landwirt, im Dorf, der agrarisches Know-How vermittelt.[221]

Ich bin seit meinem ersten Besuch immer wieder nach Tirol gefahren, mittlerweile schon vierzehn Mal. Dies war nur möglich, weil das Dorf im Jahr 1994 in Dipl.-Kfm. Walter Praxmarer aus Sistrans bei Innsbruck, Inhaber einer Kaffeegroßrösterei, einen neuen Freund gefunden hat, und wir uns seither alle Jahre gemeinsam einen Überblick über die Lage im Dorf, über die Auswirkung der Hilfsprogramme und über neue Projekte verschaffen konnten. Praxmarer leistete auch persönlich viel materielle Hilfe – in Tirol trinkt man Praxmarer-Kaffee –, und er konnte auch viel Hilfe vermitteln. Unsere Hilfslieferungen haben nie nachgelassen. Neben den landwirtschaftlichen Geräten waren es vor allem Fahrräder, Mähmaschinen, Möbel und Schreibtafeln für die Dorfschule, eine Vollgatter-Sägemaschine, Matratzen, Lacke, Farben und vieles andere. Der 1995 überbrachte VW-Bus, der den Schwestern und über diese der

Abb. 60. 1992 gab es in Tirol noch einen Schmied.

Abb. 61. Dorfversammlung 1994.

Abb. 62. Ein Lindner-Traktor im Einsatz (1995).

Abb. 63. Von der Fa. Swarovski gespendeter LKW.

Dorfbevölkerung für Krankentransporte, Marktfahrten und ähnlich wichtige Dinge zur Verfügung steht, leistet gute Dienste. Dr. Norbert Hölzl vom Landesstudio Tirol gestaltete 1995 für den Österreichischen Rundfunk den wertvollen und vielbeachteten Film „Das Dorf Tirol in Rumänien". Die Abwicklung der Hilfslieferungen ist manchmal aber auch sehr schwierig. Der 1997 von der Firma Swarovski, Wattens, gespendete 10-Tonnen-LKW konnte nur geliefert werden, weil ihn der orthodoxe Pope[222] übernahm.

1993 hatten wir großes Glück und offenkundigen Segen für das Dorf. Die Schwestern von Wernberg wollten in einem ehemaligen Ostblockland eine Sozialstation aufbauen und wußten von unserer Tätigkeit in Rumänien. Nach einem ausführlichen Gespräch in Innsbruck, an dem auch Pfarrer Jäger vom Dorf Tirol[223] teilnahm, entschlossen wir uns zur Zusammenarbeit – eine neue Herausforderung für unsere Hilfsorganisation. Im September 1993 zogen Sr. Gertrud Petschan und Sr. Eduardis Mörwald, eine ausgebildete Krankenschwester, im leerstehenden Pfarrhof von Tirol ein. Später erhielten sie mit Sr. Rut Zemsauer Verstärkung, die später von Sr. Katharina Pinzhoffer, einer gebürtigen Rumänin, abgelöst wurde. Als Sr. Eduardis nach mehr als sieben Jahren Pionierarbeit nach Österreich zurückging, stellte das Kloster Sr. Verena Stelzmüller an ihren Platz, sodaß auch heute drei Marianhiller Schwestern mit Erfolg im Dorf arbeiten und von der Bevölkerung sehr geschätzt werden. Sie sind ein Segen für das Dorf, und in den Jahren der Zusammenarbeit ist viel geschehen: Im sozialen und im pastoralen Bereich wurde Großartiges geleistet, viele Hilfsaktionen wurden gemeinsam abgewickelt – wie etwa die Hilfe für die Dorf-Feuerwehr: Pumpen, Spritzen, Schläuche und ein Feuerwehrauto stellte die Berufsfeuerwehr Innsbruck zur Verfügung, sogar ein Löschwasserbassin und ein Feuerwehrhaus wurden gebaut.

Im Herbst 1995 brachten die „Wildschönauer Sturmlöder" – in Tracht und in Begleitung einer Tanzmusik – als erste und bisher einzige Tiroler Gruppe Spenden persönlich nach Tirol. Es gab zuerst einige Aufregung, dann viele Vorbereitungen und zuletzt einen großen Erfolg durch ein Dorffest – erstmals wieder nach vielen Jahrzehnten. Es gab eine große Tombola, deren Erlös dem Kindergarten zugute kam.

Das größte Projekt war der Bau des Bildungshauses St. Anna, das durch den Ankauf des Nachbarobjekts neben dem Schwesternhaus errichtet werden konnte. Damit wurde der zweite große Wunsch, der ganz am Anfang, nämlich im Februar 1990, von den Tirolern genannt worden war, erfüllt.[224] Das Bildungshaus besteht aus großem Veranstaltungssaal, mittelgroßem Gruppenraum, Küche, Gästezimmer, Toiletten und Abstellraum und wird von den Schwestern geführt. Es eignet sich für verschiedene Veranstaltungen und ist für die verschiedenen Kurse gut ausgestattet. Es ist bisher dementsprechend viel benutzt worden, von den verschiedensten Gruppen und von Tirolern jeden Alters. Für Fachkurse, für Feste und Bälle und als Probelokal für die Sänger, Musikanten und Volkstänzer ist es fast täglich in Betrieb.

Die Einweihung des Bildungshauses am 17. Oktober 1998 war ein großes Ereignis: Nach einem Gottesdienst in der Pfarrkirche nahm der Bischof von Temeswar, Sebastian Kräuter, die Einweihung vor. Viele Freunde aus Österreich waren anwesend und alle miteinander begeistert darüber, was beim anschließenden Fest an kulturellen Aktivitäten geboten wurde: Kinder sangen, die Volkstanzgruppe hatte ihren ersten großen Auftritt, die Musikgruppe spielte Lieder – es war einfach schön und beeindruckend. Und weil es ein herrlich schöner und warmer Herbsttag war, konnten die Leute auch im Hof von St. Anna beisammensitzen und sich an diesem Fest erfreuen. Es war ja die ganze Bevölkerung eingeladen. Die Einweihung von St. Anna war ein Höhepunkt unserer Arbeit[225] und hat uns mit großer Freude erfüllt – und auch mit tiefer Dankbarkeit, daß wir auf so viel Gelungenes zurückschauen dürfen.

Im Jahr 1999 erhielt das Pfarrhaus – das kleine Kloster der Schwestern – eine neue Eindeckung. Auch das angekaufte Nachbarhaus wurde saniert und steht zur Unterbringung von Gästen, aber auch zur Betreuung von Kranken zur Verfügung. Damit waren die Investitionen für die Sozial- und Pastoralstation abgeschlossen. Es gibt aber schon wieder neue Projekte ...

Helfen kann man nur, wenn die Kasse nie ganz leer wird. Für die bisherige Hilfe wurden fast fünf Millionen Schilling aufgewendet. Die beachtlichen Eigenleistungen des Klosters Wernberg sind dabei nicht berücksichtigt; ebenso wurden die vielen Naturalspenden nicht bewertet.

Im Namen der Rumänienhilfsorganisation „Tirol für Tirol" möchte ich allen Spendern herzlich danken. Ein herzliches „Vergelt's Gott!" den vielen Personen, von denen einige sehr tief in die private Brieftasche gegriffen haben. Ein Dankeschön auch dem Bundeskanzleramt, das unsere Arbeit in den ersten Jahren stark unterstützt hat. Die Tiroler Landesregierung hat immer wieder geholfen, und in letzter Zeit haben auch die Südtiroler Landesregierung und die Region Trentino Südtirol über den Südtiroler Hilfs- und Schulverein einzelne Projekte gefördert und so erst ermöglicht. Viele Tiroler Gemeinden, die Raiffeisen-Landesbank, die Österreichische Landsmannschaft und andere Organisationen und Firmen haben unser Spendenkonto immer wieder aufgefüllt. Nur da-

Abb. 64. Die „Wildschönauer Sturmlöder" zu Besuch in Tirol. Die wehrhaften Männer aus der alten Heimat waren die erste Gruppe, die Tirol besuchte (1995).

Abb. 65. Die Jugend war begeistert dabei.

Abb. 66. Den „Sturmlödern" schmeckte,...

Abb. 67. ... was eifrige Köchinnen kochten.

durch konnten wir dem Tiroler Dorf in Rumänien wirksame Hilfe leisten. Die Tiroler haben dieses Dorf, das den Namen unseres Landes trägt, nicht vergessen. Dafür möchte ich allen Helfern und Spendern ein herzliches Danke sagen – auch im Namen der österreichischen Schwestern und der Bevölkerung in diesem Dorf. Die Zusammenarbeit zwischen unserer Arbeitsgemeinschaft und dem Dorf Tirol hat sich im Lauf der Jahre in einem Ausmaß entwickelt, das früher keiner für möglich gehal-

Abb. 68. Das Schwesternteam 2001 mit Walter Praxmarer.

Abb. 69. Sr. Gertrud Petschan.

Abb. 70. Sr. Verena Stelzmüller.

Abb. 71. Sr. Katharina Pinzhoffer.

Abb. 72–76. Bildungshaus. Arbeiten ohne Gerüst (li. oben); Einweihung mit Bischof Sebastian Kräuter, Pfarrer Adalbert Jäger und Pope Silviu Bindea (oben); Feiern zur Einweihung: Sr. Pallotti Findenig, Dr. Alois Leitner, Bischof Sebastian Kräuter, Ing. Josif Laszlo (Bürgermeister von Doclin); Kindertanz (li. unten), im Bild rechts Harry Prinz, Zivildiener aus Österreich. Bei einer Besprechung (re. unten) Sr. Gertrud und Sr. Eduardis mit Dr. Alois Leitner.

ten hätte. So wie es ausschaut – die Wirtschaft und die Lebensverhältnisse in Rumänien lassen immer noch sehr zu wünschen übrig – braucht es auch weiterhin unsere Hilfe zur Selbsthilfe für das Dorf und zur Unterstützung für die wertvolle Arbeit der österreichischen Klosterschwestern.

Abb. 77. St.-Anna-Selbtritt-Statue von Hermann Lackner (Ried im Zillertal).

Abb. 78. Der Saal im Bildungshaus.

Abb. 79. Schwesternhaus, Bildungshaus, Gästehaus (von links).

Abb. 80. Verteilung der Farben-Spende der Adlerwerke in Schwaz/Tirol.

Abb. 81. Freude über die Medikamentenspende der Biochemie Kundl. Überbringer war RR Walter Doblander.

Die Tiroler Schwestern aus dem Kärntner Kloster Wernberg

Wie bereits im Beitrag von Alois Leitner zu lesen ist, kamen im Jahr 1993 zwei Klosterschwestern, Gertrud Petschan[226] und Eduardis Mörwald[227], aus dem Kärntner Kloster Wernberg[228] nach Tirol, die 1997 in Sr. Gertrude-Rut Zemsauer[229], die in Tirol unter dem Namen Schwester Rut bekannt wurde, eine wertvolle und bereichernde Ergänzung fanden.

Im Herbst 2000 löste Sr. Katharina Pinzhoffer[230] Sr. Rut ab, die ins Kloster zurückkehrte, und im Frühling 2001 trat Sr. Verena Stelzmüller[231] an die Stelle von Sr. Eduardis, als diese nach gesundheitlichen Problemen Tirol verlassen mußte, das sie siebeneinhalb Jahre mit ganzem Einsatz und liebevoller Hingabe betreut hatte.

Seit die Schwestern in Tirol ihre wertvolle Arbeit verrichten, fragen sich immer wieder viele Menschen – sowohl Einheimische als auch Besucher des Dorfes –, was diese Schwestern zu ihrem aufopfernden Dienst in Rumänien bewegt. Schwester Rut beantwortete diese Frage einmal, indem sie den Wahlspruch ihres Ordensgründers zitierte: „Unser Missionsgebiet ist das Reich Gottes, und das hat keine Grenzen."[232]

Sr. GERTRUD PETSCHAN, geboren am 9. April 1942 in Grosstajax/ CSSR: Der Hoffnung zum Leben verhelfen!
Unter dem Eindruck der Ereignisse von 1989/90 tauchte in unserer Schwesterngemeinschaft bald der Gedanke auf, daß wir nicht nur in Afrika, sondern auch in einem der ehemaligen Ostblockländer helfen sollten. Nach längeren Überlegungen interessierten wir uns für Rumänien und schrieben allen katholischen Bischöfen des Landes, um ihnen unsere Bereitschaft mitzuteilen und nach sinnvollen Möglichkeiten für einen Einsatz zu suchen. Dann kamen wir aber doch auf einem anderen Weg hierher: Damals besuchten zwei unserer afrikanischen Schwestern die Landwirtschaft-

Abb. 82. Schwester Gertrud Petschan.

liche Landeslehranstalt Rotholz im Bundesland Tirol, um für die Landwirtschaft in Afrika zu lernen. Dabei lernte unsere damalige Provinzoberin Sr. Franziska Maria Pirker Dr. Alois Leitner kennen, der ihr von Tirol in Rumänien erzählte.

Und so fing alles an: Anfang September 1992 fuhr ich mit Schwester Franziska das erste Mal in das Dorf Tirol. Dort fand gerade die Firmung statt, sodaß wir auch mit dem damaligen Bischof Sebastian Kräuter zusammentreffen konnten. Er sagte uns gleich, daß wir sehr willkommen seien, daß er uns aber nichts bezahlen könne. Und dann fragte er auch noch, ob wir anstelle von Tirol nicht vielleicht nach Lugoj gehen möchten, weil dort auch Hilfe nötig und es für uns Schwestern in der Stadt möglicherweise leichter sei als auf dem Land. Wir fuhren wirklich nach Lugoj, wo es uns auch gut gefiel. Wir überlegten uns alles sehr gut und gründlich. Ich fragte mich damals, wo die Not größer sei, in Lugoj oder in Tirol. In Lugoj gab es damals einen jungen Pfarrer, einen Kaplan und zwei Klosterschwestern aus Moldawien; in Tirol hingegen war niemand, denn Pfarrer Jäger war hauptsächlich in Bocsa und konnte Tirol nur mitbetreuen. So entschieden wir uns für Tirol, weil wir uns hier mehr gebraucht fühlten.

Bischof Kräuter schlug vor, daß wir zunächst für ein paar Wochen kommen sollten, um zu sehen, wie es uns ginge und ob wir uns das Ganze auch wirklich vorstellen könnten.

So kamen wir dann im April 1993 für knapp vier Wochen zum ersten Schnuppern: Sr. Eduardis und ich. Wir wohnten damals bei Familie Schuscha in der oberen Gasse und feierten mit den Leuten in Tirol auch das Osterfest. Besonders wichtig war uns, viel Zeit im Dorf zu verbringen. Uns wurde in dieser Zeit bald klar, daß wir wirklich nach Tirol kommen wollten, und so ließen wir dann – in Absprache mit der Hilfsaktion „Tirol für Tirol" und mit deren finanziellen Hilfe – das Pfarrhaus herrichten. Das war dringend nötig.

Am 14. August 1993 kam Sr. Eduardis in Begleitung von Sr. Maria Hemma nach Tirol. Und ich kam in Begleitung von Sr. Franziska am 5. September. Unser offizieller Beginn in Tirol war der 8. September 1993, also beim Tiroler Kirchweihfest. Für uns war das ein sehr schönes Datum, weil das zugleich der Gründungstag unseres Ordens ist.[233] *Pfarrer Jäger brachte an diesem Tag eine Tafel mit, auf der „Casa Maicilor"*[234] *stand. Seitdem ist das Pfarrhaus das Casa Maicilor.*

Am Anfang war vieles sehr schwer. Ich kann mich noch sehr gut an die furchtbare Resignation erinnern, die wir immer wieder feststellen mußten. Die Leute sagten bei jeder Kleinigkeit: „Da kann man nichts machen." Und wenn wir ihnen zur Antwort gaben: „Doch, da können wir schon etwas machen!" – da machten sie große Augen und konnten es in vielen Fällen nicht glauben, daß doch etwas zu machen war.

Besonders gut erinnere ich mich an den ersten Advent: Da begannen wir mit den Gottesdiensten in der Dorfkirche. Es war erstaunlich, wie gut sich die Leute darauf einließen. Schließlich war es doch sehr fremd für sie, daß eine Frau einen Gottesdienst leitet. Aber wir konnten schön miteinander feiern. Für den 24. Dezember lud ich die Leute zu einer abendlichen Lichtfeier ein. Das werde ich nie vergessen. Die ganzen Jahre über hatte es in Tirol keine Mette mehr gegeben, und die Mesnerin sagte zu mir: „Schwester, warum richten Sie so viele Kerzen her?! Wenn zehn Leute kommen, dann ist es schon viel!" Und dann kamen 120! Das werde ich nie vergessen! Jeder hatte eine Kerze. Die Kinder führten ein Weihnachtsspiel vor. Dabei hielt der kleine Cosmin seine Kerze in die Höhe und rief in die Kirche „Mein Licht heißt Hoffnung! Wer hilft mir, daß das Licht brennen bleibt?!" Das berührte uns alle sehr tief, viele fingen zu weinen an ...

Ja, Hoffnung bringen, das wollten wir. Es war nicht immer leicht, aber oft ist es uns auch gelungen. Besonders die Kinder brauchten diese Hoffnung. Im Hof unseres Schwesternhauses lernten sie Radfahren, auf zwei kleinen Fahrrädern, die ich aus Österreich mitgebracht hatte. Aber auch Ballspielen war für sie etwas Neues. Die Kinder hatten ja keine Bälle, und sie mußten erst lernen, einen Ball zu fangen. Oder mit einer Schere Papier auszuschneiden, auch das war neu für sie!

Schwester Eduardis kümmert sich um die Alten und Kranken. Gleich am Anfang, als die Leute hörten, daß sie eine Krankenschwester ist, wurde sie zu den Kranken gerufen. Später hat sie begonnen, die Alten- und Krankenbetreuung im Dorf zu organisieren, sie gründete einen Sozialarbeitskreis, der in der Folge mit ihr zusammen viele Arbeiten übernahm. Und so wurde die Arbeit immer mehr. Doch immer wieder kam auch Hilfe aus Österreich: Einmal kam Sr. Matthia aus Wernberg, um Nähkurse zu geben, und Sr. Maria Hedwig kam mit einer Bekannten aus Österreich für einen Erste-Hilfe-Kurs. Auch andere Freunde aus Österreich, Deutschland und Südtirol unterstützten uns immer wieder großartig. Für die Leute hier war es eine wichtige Erfahrung, zu sehen, daß Leute kommen, denen das Dorf und seine Menschen nicht egal sind. Viele konnten freilich nicht verstehen, daß es Menschen gab, die ihre Freizeit opferten und gratis und vor allem mit großem Eifer an die Arbeit gingen. Doch in manchen Fällen entstanden auch lange und intensive Freundschaften zwischen den Helfern und den Menschen aus Tirol.

Weil aber immer mehr Arbeit anfiel, wurde uns Schwestern bald klar, daß wir das alles zu zweit nicht schaffen konnten. So kam im Juli 1997 Schwester Rut zu uns. Sie machte vor allem den Haushalt, hielt für junge Frauen Strickkurse ab und zeigte immer wieder nützliche Dinge. Später gab sie auch Strickkurse für Kinder. Auch im Nachbardorf Surduc war sie aktiv. Als Sr. Rut in unser Kloster zurückging, folgte ihr nach längerer Pause Sr. Katharina; sie ist gebürtige Rumänin und bewirkt daher schon wegen ihrer Sprachkenntnisse viel Gutes. Als im Winter 2000/01 Sr. Eduardis nach Österreich zurückgehen mußte, kam im Frühling 2001 Sr. Verena zu

Abb. 83. Sr. Rut mit drei Schützlingen im Hof des Casa Maicilor.

Abb. 84. Das Schwesternhaus wurde im Jahr 1999 neu eingedeckt.

uns, die auch medizinische Kenntnisse mitbrachte und die Aufgaben von Sr. Eduardis übernahm.

Wir Schwestern sind vor allem auch in unserem Bildungshaus tätig. Der Bau von Sf. Ana war für uns eine sehr wichtige Sache. Früher mußte alles entweder im Schwesternhaus oder in der Schule stattfinden. Das konnte auf Dauer keine Lösung sein. So machten wir uns Gedanken über ein eigenes Bildungshaus. Dr. Leitner und „Tirol für Tirol" unterstützten uns bei diesem Projekt in großartiger Weise – sie trieben auch den allergrößten Teil des Geldes für den Bau auf. Aber auch andere Freunde aus Österreich halfen unglaublich viel. Da sind Karl und Hannelore Windner aus Perg in Oberösterreich, die uns immer wieder viel Material besorgten, und Alois Leithner mit seiner Frau Hedwig und Werner Feyersinger aus Hopfgarten in Tirol, die einen Monat lang gratis und über alle Maßen fleißig und schön die Tischlerarbeiten im Neubau durchführten. Dann kam zweimal Herr Abfalter aus Vils in Tirol, um tatkräftig zu helfen ... So haben uns unsere Freunde nie allein gelassen, und im Oktober 1998 konnten wir eine schöne Einweihung von Sf. Ana feiern. Freunde aus Österreich, Südtirol und Deutschland schickten uns immer wieder Hilfsgüter, mit denen wir hier im Dorf sehr viel helfen konnten: Medikamente, Kleidung, Fahrräder, andere Materialien, ... Die Bereitschaft zu helfen ist wahnsinnig groß, und die Hilfe veränderte im Dorf vieles zum Guten.

Eine ganz andere Form der Hilfe war der Einsatz des ersten Zivildieners, Harry Prinz aus Enns in Oberösterreich. Er war viel mit den Kindern und Jugendlichen zusammen, gewann im Nu auch die Herzen der alten

Abb. 85. Strahlende Gesichter über so viel Hilfe.

Abb. 87. Nähkurs mit Sr. Mathia.

Abb. 86. Sr. Gertrud mit ihren Ministranten.

Abb. 88. Kreatives Malen mit Brigitte Estermann (1997).

Abb. 89. Der Kulturarbeitskreis mit Sr. Katharina (2001).

Abb. 90. Der Sozialarbeitskreis in seinen ersten Jahren (mit Sr. Eduardis).

Abb. 91. Sr. Eduardis bei der Krankenpflege. Den Dienst am Nächsten verrichtete sie mit ganzem Herzen und mit aller Kraft.

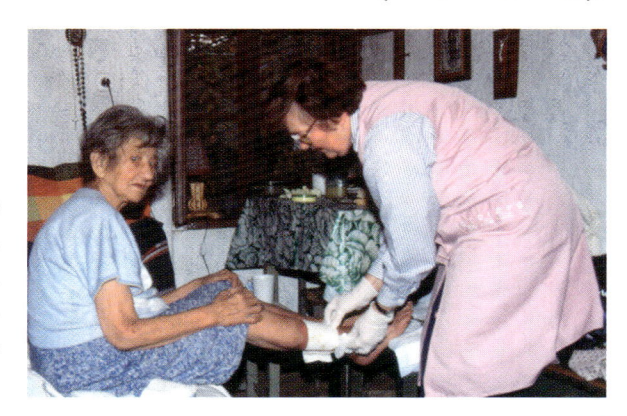

Abb. 92. Sr. Verena ist eine nicht minder hervorragende Nachfolgerin.

Menschen und war so vielseitig engagiert, daß ich hier nicht alles aufzählen kann. Später wurde er durch Siegi Stürzlinger aus Kefermarkt abgelöst, der sich unter anderem besonders um den Computer und die neue Dorfzeitung kümmerte, die „Albinuța Tiroleza"[235].

Trotz all unseres Einsatzes aber ist es uns nicht gelungen, die Abwanderung nach Deutschland zu stoppen. Bei meinem ersten Aufenthalt hier in Tirol drängte mich ein Tiroler: „Bitte, Schwester, sagen Sie mir, ob Sie kommen werden. Dann überlege ich mir das Auswandern noch!"

Als wir elf Monate später nach Tirol kamen, war dieser Mann zu seiner Tochter nach Deutschland abgewandert. Und nach ihm gingen noch viele.

Für die Zukunft unseres Dorfes habe ich trotzdem Träume: Mein größter Wunsch ist, daß Alteingesessene und Zugewanderte aus anderen Regionen Rumäniens zu einer Dorfgemeinschaft zusammenwachsen, daß sie miteinander Verantwortung für Tirol wahrnehmen und durch eine gute Dorferneuerung dem Dorf eine freundliche und saubere Gestaltung geben – und daß dabei auf das gemeinsame Feiern nicht vergessen wird.

Abb. 93 und 94. Kinder warten auf den Nikolaus.

Abb. 95. Brote streichen  ...   Abb. 96. ... für die Schülerspeisung.

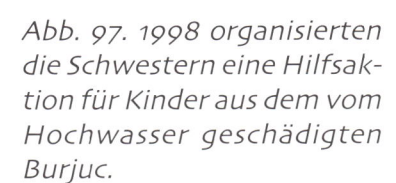

Abb. 97. 1998 organisierten die Schwestern eine Hilfsaktion für Kinder aus dem vom Hochwasser geschädigten Burjuc.

Abb. 98. Dank Bildungshaus möglich: Kinderferienwoche im Dorf Tirol – Kinder aus Bocşa gehen zu den Gastfamilien.

Abb. 98. Sr. Gertrud und Dr. Leitner mit der Herz-Jesu-Fahne – sie soll uns Tirolern Verpflichtung sein.

Abb. 99. Sr. Daniela mit Christian Timar und Rupert Mairinger.

Unser Dorf in der Gegenwart

Politisch gesehen ist Tirol längst nicht mehr das, was es einmal war. Im Jahr 1964 kam es zu einer Neuregelung der regionalpolitischen Strukturen, was zur Schließung des Tiroler Bürgermeisteramts führte. Heute bildet Tirol mit den Nachbardörfern Doclin und Biniş politisch eine Verwaltungseinheit. Wie das Büro der Polizei befindet sich auch der Bürgermeistersitz in Doclin. Im gemeinsamen elfköpfigen Gemeinderat ist Tirol derzeit durch drei Gemeinderäte vertreten, die – wie der Bürgermeister – demokratisch gewählt werden und mit diesem die Probleme ihrer Ortschaft gemeinsam in Angriff nehmen und lösen sollen.[236]

Gegenwärtig zählt Tirol etwa 640 Einwohner. Die meisten von ihnen sind Rumänen, zahlreich sind auch Kroaten und Deutschstämmige; darüber hinaus wohnen Ungarn, Serben und einige Roma- bzw. Sinti-Familien in Tirol. Die Rumänen selbst, die sich fast alle erst nach dem Zweiten Weltkrieg angesiedelt haben, kommen aus verschiedenen Teilen des Landes.[237] Anders als im ehemaligen Jugoslawien, das nur etwa 20 Kilometer Luftlinie von Tirol entfernt ist, vertragen sich die verschiedenen Volksgruppen in Tirol sehr gut. Als im Zug des Kosovo-Konflikts die NATO[238] im Jahr 1999 militärische Aktionen gegen das Milosevic-Regime durchführte und serbische Städte bombardierte, wurden die Tiroler unfreiwillig Zeugen des Krieges, weil die Bombardierungen mitunter von den Hügeln um das Dorf, vor allem aber vom Semenic-Gebirge aus zu beobachten waren.[239] In dieser Zeit wurde viel über die Vorgänge im Nachbarland gesprochen, aber unabhängig davon, ob die Menschen eher mit Serbien oder mit der NATO sympathisierten, hatte keiner Verständnis für die Aggressionen zwischen den Völkern Jugoslawiens. Daß man im Nachbarland Krieg zwischen Brudervölkern führte, konnte man in Tirol, dem Dorf mit sechs Volksgruppen, nicht verstehen. Auch die Kroaten und Serben in Tirol schüttelten nur bedauernd die Köpfe.

Die Bevölkerungsstruktur ist trotz der großen Abwanderung nicht ungünstig. Der Anteil an Kindern (160) ist mit 25 Prozent hoch. Die Zahl der Pensionisten ist in den letzten Jahren gestiegen (148 bzw. 23,2 %). Tirol zählt 121 Hausfrauen (18,9 %), 104 Berufstätige (16,2 %) und ebenso viele Arbeitslose. Viele Menschen im erwerbsfähigen Alter finden im Dorf und in der näheren Umgebung keine Arbeit; sie müssen oft weit pendeln. Die Schaffung von Verdienstmöglichkeiten im Ort ist eine schwieri-

Abb. 100. Mühsames Wassertragen.   Abb. 101. Wasser aus der Zisterne.

Abb. 102. Der schlechte Zustand vieler Straßen ist ein Hauptproblem des Dorfes, aber auch des ganzen Landes.

ge Aufgabe, zu der es Initiativen „von innen und von außen" bedarf. Tirol hat auch drei Studenten (0,5 %).

Wie in Tirol mehrere Volksgruppen vertreten sind, gibt es auch mehrere Religionen. Früher gab es im Dorf nur die römisch-katholische Konfession. Die ersten Einwohner des Dorfes kamen ja aus dem österreichischen Land Tirol, in dem die Menschen so treue und feste Anhänger des katholischen Glaubens waren, daß man heute noch gelegentlich vom „Heiligen Land Tirol" spricht. Doch als viele Tiroler schon nach wenigen Jahren aus dem Banat wieder fortzogen und Menschen aus anderen Ländern deren Platz einnahmen, wurde aus dem katholischen Tirol ein Dorf mit mehreren Konfessionen. Als sich das Dorf in der zweiten Hälfte des 19. und in der ersten Hälfte des 20. Jahrhunderts fast gänzlich wieder zu einem deutschen Ort entwickelte, verschwanden diese Religionen wieder. Erst der Zuzug vieler Rumänen nach dem Zweiten Weltkrieg brachte das orthodoxe Christentum ins Dorf zurück und führte – verknüpft mit der Auswanderung vieler Deutschstämmiger, die katholisch waren – dazu, daß sich heute die beiden Religionen zahlenmäßig in etwa die Waage halten.

Lange Zeit wurden die orthodoxen Gottesdienste auch in der katholischen Dorfkirche gefeiert. In den letzten Jahren des 20. Jahrhunderts begann die orthodoxe Pfarrgemeinde von Tirol jedoch mit dem ehrgeizigen Projekt eines Kirchenbaus. Die kleine, aber schöne Kirche liegt an der Hauptstraße gegen Füzes zu und paßt sehr gut ins Ortsbild.

Betreut wird die orthodoxe Gemeinde von Pr. Gheorghe Dobre, dem Popen des Nachbardorfs Füzes. In der „Albinuta Tiroleza" berichtete er über die Einweihung des neuen Gotteshauses im Oktober 1999: „Am Morgen des 24. Oktobers eröffnete der Bischof von Caransebeş, Dr. Laurentiu Streza, gemeinsam mit einer Reihe weiterer Priester, die Heilige Liturgie und die Zeremonie der Einweihung unserer Kirche. Nachdem sie heilige Reliquien in den Altartisch eingelegt hatten, wurde die Kirche eingeweiht und dem Patronat der Heiligsten Dreifaltigkeit unterstellt. So hat sich ein alter Wunsch der orthodoxen Christen dieses Ortes erfüllt, denen es mit der Hilfe Gottes trotz ihrer Bedürftigkeit und Armut gelungen ist, eine wunderbare Arbeit zu Ende zu führen: den Bau einer Kirche. An dieser Arbeit beteiligten sich auch einige römisch-katholische Christen mit einem Beitrag, weil sie verstanden haben, daß es gut ist, wenn wir christlich und geschwisterlich zusammenleben …"[240]

Die römisch-katholische Glaubensgemeinschaft von Tirol gehört als Filiale zur Pfarre Bocşa-Montana. Der dortige Priester, Pfarrer Adalbert Jäger, kommt etwa alle drei Wochen sonntags um 14 Uhr in das Dorf,

Abb. 103. Tierliebe. Jedes Haus hat einen Hund.

Abb. 104. Die Friedhofsgasse – erneuert mit Fahrrädern als Lohn.

Abb. 105. Schotterung des Wegs zur Sozial- und Pastoralstation.

um den Gottesdienst zu feiern. An den übrigen Sonntagen feiert Sr. Gertrud mit der Gemeinde Wortgottesdienste. – Die dritte Konfession im Dorf ist die baptistische. Ihr Gebetsort befand sich früher in einem Haus in der unteren Gasse, seit Ende 1999 treffen sich die Baptisten in der Kraschower Gasse, wo mittlerweile mit dem Bau eines Gebetshauses begonnen wurde. Auch dort wird alle Sonntage Gottesdienst gefeiert.

Die derzeitige Zugehörigkeit zu den Religionen: 48,9 Prozent Katholiken, 44,8 Prozent Orthodoxe, 4,3 Prozent Baptisten, 1,2 Prozent Griechisch-Katholische, 0,8 Prozent Reformierte. Das gute Miteinander der religiösen Gruppen zeigt sich nicht nur im Alltag, sondern auch in der Dorfzeitung „Albinuţa Tiroleza" („Tiroler Bienchen"). Sie führt eine eigene Seite „Religiöses Leben", wo sich abwechselnd Beiträge der katholischen, der orthodoxen und der baptistischen Gemeinschaft finden. Die Zeitung erscheint seit Mai 1999. Sr. Gertrud – sie erstellt die Zeitung mit einem Team von jungen Leuten – will damit den Zusammenhalt der Tiroler fördern, für eine gute Informationsmöglichkeit innerhalb des Ortes sorgen und eine Brücke zu den ausgewanderten Tirolern schlagen. Unter verschiedenen Rubriken („Religiöses Leben", „Reportagen", „Gedanken einer Biene", „Poesie", „Geschichte Tirols", „Informationen" und „Lustige Seite") erfahren die Leser Wissenswertes aus und über Tirol. Die Zeitung, die in rumänischer Sprache verfaßt ist und vierteljährlich erscheint, hat eine Auflage von 150 Stück und wird von vielen Tirolern – auch im Ausland – gern gelesen.

Abb. 106. Die orthodoxe Kirche von Tirol.

Abb. 107. Am Friedhof.

Abb. 108. Bei einem Totenmahl.

Abb. 109. Pfarrer Tribus (†).

Tirol hat auch einen Kindergarten. Er ist in dem Haus am Kirchenplatz untergebracht, in dem sich die Post befindet. Früher gab es zwei Abteilungen, eine deutschsprachige und eine rumänischsprachige, nur die rumänische hat überdauert. Die Kinder – für sie ist der Kindergarten eine gute Möglichkeit der Vorbereitung auf die Schule – sind nach dem Alter in Gruppen aufgeteilt.

Die Schule wird in acht Jahrgängen geführt. Grundsätzlich ist die Unterrichtssprache in allen Jahrgängen Rumänisch, es gibt jedoch auch eine deutsche Sektion, in der der Unterricht in deutscher Sprache abgehalten wird. Allerdings besteht diese nur aus den ersten vier Jahrgängen, danach müssen die Schüler in den rumänischsprachigen Unterricht wechseln, was oft Schwierigkeiten bereitet.

Die deutsche Sektion sollte ursprünglich den Kindern der deutschsprachigen Familien den Unterricht in der Muttersprache ermöglichen. Aufgrund des Auswanderungsproblems leben in Tirol aber nicht mehr viele Kinder, die Deutsch zur Muttersprache haben. Es gibt in der deutschen Sektion daher nur eine Klasse, in der die Kinder aller vier Jahrgänge miteinander von einer Lehrerin unterrichtet werden. Zu dieser schwierigen Unterrichtssituation kommt das Problem, daß manche Kinder der deutschen Sektion die deutsche Sprache nur mangelhaft beherrschen, weil zu Hause und in der Freizeit Rumänisch bevorzugt wird. Die Lehrerin ist in der Lösung ihrer schwierigen Aufgabe oft bis an die Grenzen des Möglichen gefordert.

Heute wird Deutsch als Fremdsprache unterrichtet – statt Russisch, das im heutigen Rumänien und insbesondere im Banat weniger wichtig ist; daß dieses Relikt aus vergangenen Zeiten endlich abgeschafft wurde, ist als Meilenstein in der Entwicklung der Dorfschule zu sehen – nicht nur, weil Tirol ein einstiges deutsches Dorf ist und heute noch Deutschstämmige dort leben, sondern vor allem, weil die deutsche Sprache für das spätere Leben der Kinder im Banat hilfreich sein kann.

Abb. 110. Jugendliche beim „Baumweißeln", das der Verschönerung und der Aufhellung der Gassen in der Nacht dient.

Abb. 111. Seit 2000 verkehrt der Schulbus zwischen Tirol und Doclin.

Im Schuljahr 2000/2001 gab es 130 Schulkinder in acht Klassen. Tirol hat das Glück, eine Oberstufe für die 10- bis 14jährigen zu haben. Die Kinder von Doclin und Surduc müssen die Oberstufe in Tirol besuchen – ein weiter Schulweg. Mit Untertsützung der Hilfsorganisation „Tirol für Tirol" schaffte die Gemeinde im Herbst 2000 einen Schulbus an, für dessen Betriebskosten die Eltern und die Gemeinde aufkommen.

Abb. 112. Die deutsche Klasse der Sechs- bis Zehnjährigen im Schuljahr 2000/2001 mit ihrer Lehrerin Sanda Cârsta.

Abb. 113. Die Abschlußklasse 2000/2001 mit den Lehrpersonen.

Die Landwirtschaft im Dorf Tirol – heute

Seit jeher ist die Landwirtschaft die wichtigste Existenzgrundlage für die Menschen des Dorfes Tirol. Im Kommunismus war sie zur Gänze verstaatlicht oder in Produktionsgenossenschaften, sogenannten Volkskommunen, organisiert. Seit der Revolution 1989 wurden die Eigentumsverhältnisse nicht endgültig geklärt, und daher liegt noch vieles im Argen.

Die alte Produktionsgenossenschaft Tirol hat die Bewirtschaftung der Felder schon lang aufgegeben. Die Staatsfarm bewirtschaftete 1991 noch 1.100 Hektar, seit 1997 wird kein Hektar mehr angebaut. 1992 wurden den ehemaligen Bauern bis zehn Hektar Feld zurückgegeben – allerdings erhielten die Nachkommen eines ehemaligen Betriebs zusammen nur diese Fläche.

Heute wird ungefähr die Hälfte des Ackerbodens von selbständigen Bauern bearbeitet, wobei 36 Betriebe eine Fläche von zwei bis fünf Hekt-

Abb. 114. Gänse in den Dorfgassen.

Abb. 115. Maria Meestrich und ihr Sohn pflegen die ortsübliche Schweinehaltung.

ar und 23 Betriebe eine solche von fünf bis zehn Hektar bewirtschaften. Größere Betriebe gibt es nicht.

Die meisten Häuser verfügen über einen großen Garten, sodaß die Grenze zwischen gärtnerischer Selbstversorgung und landwirtschaftlicher Erzeugung oft schwer zu ziehen ist. Es existieren alle möglichen Mischformen – von reiner Handarbeit, teilweisem Pferdeeinsatz bis hin zum Einsatz von Traktoren und Maschinen im Eigenbesitz oder als zugekaufte Dienstleistung. Die privaten Landwirte setzen 25 Traktoren, 13 davon mit 65 PS, und einige kleine, alte Lindner-Traktoren aus Österreich ein. Ein Dienstleister arbeitet mit mehreren Traktoren und Landmaschinen. Ein großer Teil der Traktoren und Maschinen sind alt und reparaturanfällig. Sie müssen immer wieder zusammengeflickt werden, weil neue Maschinen unerschwinglich sind und auch nicht wirtschaftlich erfolgreich eingesetzt werden können.

Ein Teil der neuen Grundeigentümer gründeten 1992 die landwirtschaftliche Genossenschaft Innsbruck zur gemeinsamen Bewirtschaftung ihres Ackerbodens. Sie zählte im Jahr 2001 bereits 113 Mitglieder, die zusammen zirka 370 Hektar – davon 350 Hektar Ackerboden – in die Genossenschaft eingebracht haben. Es gibt auch einen kleinen Weingarten und eine Obstanlage. 2001 wurden nur Winterweizen und Mais angebaut, ein Teil davon zur Saatgutvermehrung. In anderen Jahren gab es auch Gerste, Hafer und Sonnenblumen. Die von der Genossenschaft Innsbruck und den privaten Bauern erzielten Erträge sind überwiegend gering bis sehr klein. Ursachen sind Kalk- und Phosphormangel, mangelnde Fruchtfolge, fehlerhafte Bearbeitung der schweren Böden sowie Ernteausfälle durch Trockenheit oder Nässe.

Abb. 116. Ein stolzer Truthahn.

Die Tiere sind sämtlich bei den 40 privaten Haltern untergebracht. Es gibt nur zirka 80 Rinder und zwei Stiere. Der größte Rinderhalter hat sechs davon, viele nur ein bis zwei Stück. Eine gemeinsame Milchverarbeitung existiert nicht. Der Bau einer kleinen Sennerei – eventuell für die ganze Gemeinde Doclin – wurde 1999 mangels Interesses nicht verwirklicht. Die Rinder werden, solang kein Schnee liegt, täglich auf gemeindeeigene Wiesen und brachliegende Felder getrieben. Den diese Arbeit ausübenden Hirten bezahlen die Rinderhalter gemeinschaftlich, für die Weidenutzung erhebt die Gemeinde eine Stücksteuer. Da es keinen Feldfutterbau gibt und die Wiesen oft unter Trockenheit leiden, ist die Futterversorgung nicht ausreichend.

Abb. 117. Abendliche Heimkehr.

Abb. 118. Gänse und Truthühner zuhauf.

Abb. 119 (li.). Bienenstock an Bienenstock.

Abb. 120 (li. unten) Hausschlachtung.

Abb. 121 (oben). Eine Weinrebe – Zeichen der Fruchtbarkeit.

Abb. 122 (unten). Sonnenblumenernte bei der Genossenschaft.

Abb. 123. Sonnenblumenfeld in Tirol.

Abb. 124. Rückkehr von der Winterweide.

Abb. 125. Ackerung im Herbst.

Abb. 126. Felder der Genossenschaft.

Abb. 127. Weizendrusch.

Die Zahl der Schweinehalter ist wesentlich höher als die der Rinderbauern. Die meisten Haushalte besitzen ein bis drei Tiere, die weitgehend der Selbstversorgung dienen und in luftigen Verschlägen gehalten werden. Futterbasis für die zirka 230 Tiere sind das erzeugte Getreide und die Abfälle aus den Gärten und aus der Milchproduktion.

16 Betriebe halten zirka 25 Pferde, die für leichtere Zug- und Transportarbeiten und auch zur Zucht eingesetzt werden.

Die Schaf- und Ziegenhaltung geht von einigen Stück pro Betrieb bis zu Herden von etwa 20 Tieren. Im Sommer sind sie mit Hirten auf der Weide, sie werden von den Hirten gemolken, die Milch verarbeitet der einzelne Besitzer selbst – meist zu Primsen (grüner Schafkäse).

Geflügel findet sich in fast allen Haushalten. Angeblich sollen in Tirol über 4.200 Hühner, Gänse und Truthühner gehalten werden. Letztere bevölkern während des Tages die Dorfgassen und die nahen Weideplätze.

Abb. 128. Christian Timar ist seit 1998 Direktor der landwirtschaftlichen Genossenschaft „Innsbruck".

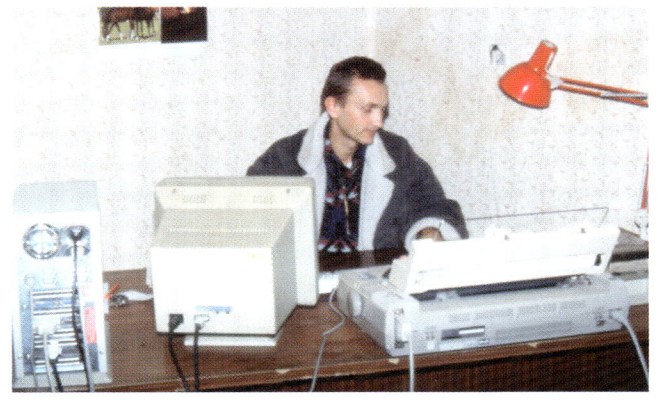

Abb. 129. Pferde im Einsatz.

Ein wichtiger Erwerbszweig ist die Bienenhaltung. Als 1997 die staatliche Bienenfarm mit zirka 2.000 Völkern aufgelöst wurde, wurden diese den Angestellten zum Kauf angeboten. Seither gibt es einige große Imker mit 100, 200 oder gar 300 Stöcken sowie eine größere Zahl kleiner Imker, die bloß einige wenige Bienenvölker im Garten haben. Die Honigernte – Akazien-, Linden- und Wiesenhonig – ist meistens sehr gut und beläuft sich auf 20 bis 30 Tonnen im Jahr. Die großen Züchter verkaufen an Händler zum Weltmarktpreis und sind zufrieden.

Die Genossenschaft Innsbruck übernahm 2001 das bereits 1993 gelieferte Sägevollgatter in alleinige Verantwortung; die Holzverarbeitung soll damit wieder in Schwung gebracht werden: fällen, bringen, schneiden, verkaufen. Das könnte Arbeitsplätze schaffen und wirtschaftlichen Erfolg bringen. Die alte Mühle war etwa drei Jahre stillgelegt und dem Verfall preisgegeben. Im Mai 2001 erwarb die Genossenschaft Innsbruck das Gebäude und will nach der Instandsetzung den Mühlenbetrieb wieder aufnehmen.

Mühle und Säge sind für die Genossenschaft Innsbruck und den Ort zwei neue Herausforderungen, die von der Rumänienhilfe „Tirol für Tirol" durch tatkräftige finanzielle Unterstützung ermöglicht wurden.

Abb. 130. Vierzig Kilo Maiskolben – ein Tageslohn.

Abb. 131. Willkommener Zuverdienst für Ana Bursuc: Ostereier.

Abb. 132. Die „Crama", im Hintergrund Dorf Tirol.

Das Tiroler Weinbaugebiet und die Crama

Wer mit dem Auto, von Doclin kommend, nach Tirol fährt, bemerkt zu seiner rechten Seite auf den Hügeln über dem Dorf ein imposantes Gebäude, das wie eine Festung über den Ort zu wachen scheint – die Crama[241] von Tirol. Es handelt sich dabei um einen Weinkeller, der früher für die gesamte Region bedeutend war, heute jedoch in große wirtschaftliche Schwierigkeiten geraten ist.

Der Weinbau in Tirol hat eine lange Geschichte. Aus einem Protokoll vom 20. Mai 1810[242] geht hervor, daß die Tiroler Einwanderer von Anfang an Weinbau betreiben wollten, was wohl damit zusammenhängt, daß viele der damaligen Einwanderer aus dem österreichischen Südtirol kamen, wo seit jeher Weinbau betrieben wurde. Bis 1848 wurden auf der Anhöhe gegen Boksán ungefähr 144 Joch Weingärten angelegt, von denen berichtet wird, daß sie einen guten Schillerwein lieferten.[243] Diese Weingärten wurden 1848 von der privilegierten Österreichisch-Ungarischen Staats-Eisenbahn-Gesellschaft („StEG") aufgekauft. In den nachfolgenden Jahrzehnten verfielen sie; die letzten Bestände wurden

Abb. 133. Tirol, von der „Crama" aus gesehen.

in den achtziger Jahren des 19. Jahrhunderts von der Reblaus größtenteils vernichtet.

Doch der Tiroler Weinbau erholte sich wieder, was wohl vor allem dem für die Reben besonders günstigen Mikroklima und dem guten Boden zu verdanken ist.[244] 1940 begann die UDR[245], die Nachfolgegesellschaft der StEG, mit dem Bau des großen Weinkellers. Die Steine für den mächtigen Bau wurden aus dem nahen Steinbruch Surduc-Banat herbeigeschafft. Die Anbaufläche betrug damals 87 Hektar.

Die politische Wende nach dem Krieg führte zur Enteignung

Abb. 134, 135. Gepflegte Weingärten – und verwilderte.

der UDR und zur Umwandlung der Crama Tirol in einen Staatsbetrieb.[246] Die größte Anbaufläche in der kommunistischen Ära betrug 437 Hektar. Der Wein, der in Tirol produziert wurde, war im ganzen Land bekannt und begehrt. Das 1982 erschienene Buch „Banater Bilder" findet lobende Worte über den Tiroler Wein: „Bakowa, Rekasch, Marienfeld, Tirol – wenn von Banater Weinen gesprochen wird, hört man diese Namen. Sie haben einen guten Klang, und nicht allein im Landstrich zwischen Marosch und Donau. Nur noch Bentschek und Großscham oder Neumoldowa im südlichen Zipfel werden da noch im zweiten Zuge genannt, doch wählt man die besten der guten, so setzt man auf die ersteren der Reihe. Tirol ist für den Banater Südwesten, was Rekasch und Bakowa für den Südwesten und Marienfeld für den Nordrand der Heide sind."[247] Und an anderer Stelle heißt es: „Wird also von Banater Weinen gesprochen und der Tiroler nicht genannt, so merken Sie bitte auf – Sie haben es nicht mit Kennern zu tun."[248]

An diese glanzvolle Epoche des Tiroler Weinbaus erinnern heute viele Medaillen und Urkunden, die im Kostraum der Crama Tirol zu bewundern sind. Doch diese Zeiten sind längst vorbei: Der Zusammenbruch des Kommunismus und der Planwirtschaft führte zu einem rasanten Nie-

Abb. 136. Riesige Fässer erinnern an die Blütezeit des Weinkellers.

dergang des Weinguts: Die Anbaufläche schrumpfte kontinuierlich auf gegenwärtig etwa 285 Hektar, ein wesentlicher Teil befindet sich in einem äußerst schlechten Zustand.[249] Seit 1989 wurden nur drei Hektar neu ausgepflanzt, 60 Prozent der Weingärten sind weit älter als 20 Jahre. Wie die Weingärten sind auch die Gebinde, Pressen, Pumpen, Schläuche und Geräte großteils in einem überaus schlechten Zustand. Als Konsequenz daraus hat der Wein in den letzten Jahren stark an Qualität eingebüßt.

Im Lauf der vergangenen Jahre hat es mehrere zum Teil intensive Privatisierungsversuche gegeben: Es gab mehrere kompetente Kaufinteressenten aus dem Ausland, allein die schwierige Gesetzeslage und vor allem der mangelnde Privatisierungswille der zuständigen Behörden haben diesen für Tirol so wichtigen Schritt bisher vereitelt. Und wieder heißt es jetzt: „Die Privatisierung kommt."

Noch gibt es den Tiroler Weinbau, und noch wird im offiziellen rumänischen Weinatlas ein eigenes Weinbaugebiet mit der Bezeichnung Tirol angeführt[250], doch die Zukunft der Tiroler Weinwirtschaft ist ungewiß.

In Tirol gab es während und auch nach der kommunistischen Ära einen weiteren Staatsbetrieb mit Weinbau: die Intercoop, deren 70 Hektar Weingärten seit Jahren weitgehend unbearbeitet blieben und mittlerweile großteils unbrauchbar geworden sind. Im Jahr 2000 – es war ein ausgezeichnetes Weinjahr – gab es wieder eine kleine Ernte und eine Weinerzeugung im eigenen Keller. Auch dieser Betrieb soll demnächst privatisiert werden.

Daneben gibt es in Tirol eine Reihe von kleinen Weingärten, die von den Menschen des Dorfes privat bewirtschaftet werden. Viele Familien betreiben den Weinbau zur Eigenversorgung. Dabei handelt es sich oft um Direktträgersorten[251], die auch bei wenig Pflanzenschutz Erträge garantieren. Überwiegend wird Weißwein gekeltert, vereinzelt auch Rotwein.

Wer in Tirol als Gast ein Haus betritt, dem wird mitunter nicht nur selbstgebrannter Schnaps, sondern auch ein guter Tropfen echten Tirolerweins kredenzt.

Die Gruppen des Dorflebens

FLÖTEN- UND GITARRENGRUPPE: Im Oktober 1996 kamen zwei junge österreichische Lehrerinnen nach Tirol: die 22jährige Karin Widauer aus Wörgl und die 25jährige Rosi Kurz aus Ischgl. Sie wollten ein Jahr bleiben, um den Kindern in der Schule Deutschunterricht zu geben.[252] Da sich jedoch Schwierigkeiten ergaben und nichts daraus wurde, begannen sie mit den Kindern zu musizieren. In den ersten Monaten wurden immer wieder Nachmittage veranstaltet, an denen interessierte Kinder teilnahmen und erste Kenntnisse auf der Flöte oder im Gitarrenspiel erlernten. Diese Treffen fanden im Gruppenraum des Schwesternhauses statt.

Rosi Kurz beendete ihren Einsatz früher als geplant im Jänner 1997. Karin Widauer blieb und stellte innerhalb eines halben Jahres jene Flö-

Abb. 137. Früh übt sich ... Karin Widauer mit ihrer Musikgruppe (1997).

Abb. 138. Musikgruppe mit Sr. Eduardis. In der Bildmitte Siegi Stürzlinger, ein Zivildiener.

ten- und Gitarrengruppe zusammen, die heute aus dem Dorfleben Tirols nicht mehr wegzudenken ist.

Regelmäßige Zusammenkünfte im Schwesternhaus oder in der Kirche trugen dazu bei, daß die Gruppe bald erste Lieder sang und spielte. Mit viel Mut gingen die Mädchen daran, die Gottesdienste in der Kirche musikalisch zu gestalten. Karin Widauer erinnert sich: „Damals konnten wir auf der Gitarre erst zwei Griffe spielen. So haben wir also ein Lied für zwei Griffe gesucht. Das war dann ‚Eines Tages kam einer'. Das haben wir gelernt, und schlußendlich hat es wunderbar geklappt!"

Im Juni 1997 kehrte Karin Widauer in die Heimat zurück. Aber sie tat es nicht, ohne die Gitarrengruppe in gute Hände zu legen: Viele Stunden hat sie in Tirol mit ihrer Freundin verbracht und ihr viele wichtige Dinge im Gitarrenspiel beigebracht. Seit damals leitet nun Carmen Vulpescu[253] die Musikgruppe, die heute acht Mädchen umfaßt. Ob bei den Gottesdiensten in der Kirche, bei besinnlichen Feiern im Haus St. Anna oder bei fröhlichen Festen – die Musikgruppe ist meistens mit dabei.

VOLKSTANZGRUPPE: Seit März 1998 gibt es in Tirol eine Volkstanzgruppe. Die Idee dafür kam von Sr. Eduardis, die Jugendliche einlud, sich wö-

Abb. 139. Die Volkstanzgruppe (1998).

Abb. 140. Die Volkstanzgruppe (1998).

chentlich zu einer Tanzprobe zu treffen. Da sich zu diesem Zeitpunkt das Bildungshaus Sf. Ana erst im Entstehen befand und noch nicht verfügbar war, trafen sich die jungen Leute vorerst in der Schule oder im Hof der Schule. Die Leitung der Tanzgruppe übernahm Jeaneta Perian aus Bocșa-Montana, die bereits die Tanzgruppe des Deutschen Forums in Bocșa leitete.

Bereits bei den ersten Treffen zeigte sich, daß viele Jugendliche und junge Erwachsene am Mitmachen interessiert waren. Das Einüben der ersten Schritte war gerade am Anfang nicht einfach, doch schon die ersten Aufführungen im Kirchenpark bei einem Frühlingsfest im Juni 1998 und bei einem Seniorenfest im Hof des Schwesternhauses wurden ein erster großer Erfolg. Seither setzt die Tanzgruppe ein Zeichen für neues Leben in Tirol.

Abb. 141. Helmut Jenewein mit Frau, die Tanzlehrer beim Kurs 2001.

Abb. 142. Die jungen Volkstänzer (2001).

In den letzten Jahren ging es mit der Gruppe gut voran. Im Frühsommer 1999 übernahmen zwei junge Erwachsene die Leitung, die bei einem Tanzseminar in Ungarn neue Tänze gelernt hatten, welche sie nun der ganzen Gruppe beibrachten, die seither immer wieder auch auswärts auftritt, wie etwa in Timișoara oder bei Kirchweihfesten in anderen Orten. Sogar im Regionalfernsehen war ihr Können schon zu sehen! Im Sommer 2000 besuchten zwei Mädchen die Volkstanz- und die Volksmusikwoche in Rotholz in Österreich.

Gegenwärtig gehören der Tiroler Volkstanzgruppe unter der Leitung von Nicu Sirbescu etwa acht Paare an. Für viele Tiroler sind sie es, die manche Zusammenkunft erst richtig zum Fest werden lassen.

FREIWILLIGE FEUERWEHR: In Tirol gab es schon immer eine freiwillige Feuerwehr, die für die Sicherheit des Dorfes sorgte. Das war auch nötig, denn die Sicherheitsvorkehrungen in den meisten Häusern Tirols waren seit jeher schlecht – viele Haushalte haben sogar heute noch keinen eigenen Brunnen.

In den Jahren nach der Revolution waren die Schläuche und andere Geräte der Feuerwehr in einem desolaten Zustand; die nächste funk-

Abb. 143. Die Feuerwehr mit Instrukteur Karl Faik aus Innsbruck (1998).

tionierende Feuerwehr befand sich in Bocşa. Selbst ein Einsatzwagen der Feuerwehr benötigt bei hohem Tempo und guten Fahrverhältnissen mindestens 20 Minuten, um von Bocşa nach Tirol zu kommen. Bei einem Brand im Juli 1994 im Ortszentrum von Tirol rückte die Feuerwehr Bocşa – angeblich aufgrund finanzieller Differenzen mit der Gemeinde Doclin – nicht einmal aus! Die Feuerwehr von Reşiţa mußte kommen!

Abb. 144. Obmann Ioan Nagy und Gusti Crsta vor dem neuen Feuerwehrhaus (2000).

Als diese eintraf, war es freilich längst zu spät. Nur dem Einsatz der Tiroler selbst war es zu verdanken, daß Ärgstes verhindert werden konnte.

Die bessere Ausrüstung der Tiroler Feuerwehrtruppe war somit eine dringende Angelegenheit. Die Hilfsorganisation „Tirol für Tirol" unterstützte das Vorhaben mit aller Entschiedenheit und brachte im Frühling 1998 ein Feuerwehrauto aus Österreich nach Tirol; auch Spritzen, Schläuche und Feuerwehrausrüstung wurden aus dem österreichischen Tirol gebracht. Männer der Berufsfeuerwehr Innsbruck unter der Leitung von Branddirektor Christoph Wegscheider übernahmen die Einschulung der Tiroler Feuerwehrleute. Im Sommer 1999 finanzierte die Hilfsorganisation mit Unterstützung des Südtiroler Hilfs- und Schulvereins den Bau eines Löschwasserbassins im Kirchenpark, in dem das Regenwasser vom Dach der Kirche gesammelt wird, weil im Ortszentrum kein anderes geeignetes Wasserreservoir vorhanden war. Weiteres Gerät, das der Tiroler Feuerwehr und der Sicherheit im Dorf gute Dienste leistet, wurde aus Sistrans angeliefert. Die Feuerwehrtruppe, der gegenwärtig zwölf Männer angehören, wird von Ioan Nagy geleitet. Er ruft die Truppe immer wieder zu Übungen zusammen, um den Ernstfall zu proben, der – so hoffen alle – nie eintreten möge. Um Fahrzeuge und Geräte ordentlich unterzubringen, wurde im Jahr 2000 das von der Hilfsorganisation „Tirol für Tirol" finanzierte Feuerwehrhaus errichtet.

Abb. 145. Einsatzübung (Oktober 1998).

Fussballverein: Tirol hat seinen eigenen „FC". Er trägt den Namen „Unirea Innsbruck Tirol" und geht auf eine Initiative von Sr. Eduardis zurück. Zwei- bis dreimal wöchentlich treffen sich die jungen Burschen und Männer zum Training am großen Fußballplatz in der Nähe des Tiroler Bahnhofs. Bis Herbst 1999 lag die Leitung des Vereins in den Händen von Gusti Crsta, dann folgte ihm Nicu Sirbescu als „Teamchef" nach.

Die Tiroler nehmen an der Fußballregionalliga teil. Durchschnittlich jeden zweiten Sonntag müssen sie in einen anderen Ort des Judeţs[254], um dort ein Spiel zu bestreiten, an den anderen Sonntagen kommt eine auswärtige Mannschaft nach Tirol. Dann ist der Fußballplatz, der wochentags oft den Schafen zur Weide dient, Ort spannender Auseinandersetzungen, und wenn es den Tirolern unter dem Jubel der Zuschauer auch noch gelingt, die Gegner zu besiegen, ist ein feucht-fröhliches Ausklingen des Fußballtags in einer der Tiroler Bars so sicher wie der Jubel nach dem Schlußpfiff.

Abb. 146. Die Fußballmannschaft mit Leibchen „ORF Tirol".

Jägerschaft: Die Jagd hat in Tirol eine alte Tradition. Im österreichischen Tirol war das Jagen eine weitverbreitete und angesehene Betätigung, die „Tiroler Stutzen"[255] waren weithin bekannt.

Wenn man den Worten des Dorfchronisten Sayler glauben darf, war das Gebiet, in dem sich heute das Dorf befindet, einstens reich bewaldet. Sayler schreibt, daß das Gebiet von Wäldern, Sträuchern und Gestrüpp bedeckt gewesen sei und daß man sich sogar erzähle, „dass die

Tiroler Schützen am Kirchenplatze, wo gegenwärtig die Hl. Maria-Kirche steht, einst manch' prachtvollen Rehbock zur Strecke brachten."[256]

Die Jagdtradition hat sich in Tirol über lange Zeit hinweg erhalten. Die Jäger dürften sich bald zu einer Gruppe zusammengeschlossen haben. Aus der Zwischenkriegszeit ist der Jagdverein bezeugt, viele Leute können sich heute noch an den sogenannten Jägerball erinnern. 1974 errichteten die Jäger auf den Hügeln hinter dem Friedhof die Cabana[257], wo fortan die Zusammenkünfte der Jäger stattfanden. 1976 entstand daneben eine zweite Hütte. Im Lauf der letzten Jahre verfiel die Cabana weitgehend, in lauen Frühlings- und Sommernächten dient sie heute vielen Jugendlichen als beliebter Treffpunkt für Parties und gemütliches Beisammensein. Die Jäger von Tirol gibt es aber noch: als Mitglieder der Jägergruppe von Bocșa-Montana. Immer noch gehen sie gern auf die Jagd und erlegen, unter Berücksichtigung der Schonzeiten, Fasane, Enten, Hasen, Füchse, Rebhühner, Dachse und – ab und zu und nur mit etwas Jagdglück – vielleicht auch ein Wildschwein.

BILDUNGSHAUS SF. ANA:

Wenn von den verschiedenen Gruppen Tirols die Rede ist, muß auch das Bildungshaus Sf. Ana[258] erwähnt werden: Am 17. Oktober 1998 wurde es eingeweiht.[259] Seit diesem Tag wurde das neue Gebäude regelmäßig von verschiedenen Gruppen und Personenkreisen Tirols intensiv benützt. Zu den regelmäßigen „Gästen" zählen die Musikgruppe und die Volkstanzgruppe, die sich jeweils wöchentlich im Bildungshaus treffen. Außerdem gibt es eine Kindertanzgruppe, bei der die Kinder des Dorfes mit Hilfe von Jugendlichen Kindertänze und einfache Volkstänze erlernen. Die Kinder haben darüber hinaus die Möglichkeit, einmal wöchentlich an einem Bastel- und Spielnachmittag teilzunehmen. Neben diesen Gruppentreffen gibt es ein regelmäßiges Kursangebot: Je nach Möglichkeit werden verschiedene Kurse durchgeführt: Deutschkurse für Kinder, Deutschkurse für Jugendliche und Erwachsene, Strickkurse, Kurse in modernem Tanz und dergleichen. Mehrmals wurden auch landwirtschaftliche Kurse veranstaltet: Schon der erste diesbezügliche Kurs, der im März 1999 von den österreichischen Fachreferenten Franz Regner und Walter Erlacher geleitet wurde und vor allem Fragen des Obst- und Weinbaus behandelte, stieß in Tirol auf großes Interesse.

Kurze Zeit später leiteten die Österreicherinnen Klara Marksteiner und Burgi Juffinger einen Kurs über die Anfertigung von Toggeln[260] aus Schafwolle. Mit diesem Angebot haben sie vor allem manche fleißige Tirolerin angesprochen. Im Frühling 2000 wurde die noch junge Tradi-

Abb. 147. Landwirtschaftskurs 1999: Walter Erlacher demonstriert das richtige Schneiden von Obstbäumen.

tion landwirtschaftlicher Seminare in Sf. Ana mit großem Erfolg fortgesetzt.

Schließlich ist das Bildungshaus für die Tiroler Feste von großer Bedeutung geworden: Seniorenfeste werden in Sf. Ana ebenso regelmäßig veranstaltet wie Kinderfeste (Nikolausfeier, Kinderfasching usw.); auch zu religiösen Feiern kommen die Leute im Bildungshaus zusammen (Adventabend, Weltgebetstag der Frauen usw.). Die großen Tanzveranstaltungen wie Traubenball, Kathreinball, Faschingsball und andere Bälle finden ebenso in Sf. Ana statt wie der zu Silvester 1999 veranstaltete Revelions-Ball.

Darüber hinaus wird das Bildungshaus zu Besprechungen aller Art genutzt, insbesondere vom Sozial- und vom Kulturarbeitskreis.

Abb. 148 und 149. Walk- und Toggelkurs mit Klara Marksteiner und Burgi Juffinger – und die Ergebnisse (unten).

Abb. 150. Heiteres „Tiroler" Faschingstreiben von jung ...

Abb. 151. ... und alt.

Der Sozialarbeitskreis besteht seit dem Jahr 1994. Er setzt sich aus acht Frauen zusammen, die vorwiegend soziale Aktivitäten übernehmen – etwa die Mitbetreuung alter Menschen, die Gestaltung von Seniorennachmittagen, die Mithilfe bei der Verteilung von Hilfsgütern, die Vergabe von „Willkommensgeschenken" für die Neugeborenen und vieles andere mehr. Im Unterschied dazu bestehen die Aufgaben des Kulturarbeitskreises – er besteht seit dem Frühjahr 1999 – im Organisieren der Feste und Festlichkeiten von Sf. Ana und in der Organisation von Dorfsäuberungsaktionen und anderen Aktivitäten. Im Bildungshaus arbeitet das Redaktionsteam der „Albinuţa Tiroleza"[261], mitunter werden in Zusammenarbeit mit der Schule sogar sozialpädagogische Fortbildungsveranstaltungen wie Vorträge für Eltern veranstaltet.

Das Bildungshaus Sf. Ana ist aus dem Dorfleben Tirols nicht mehr wegzudenken. Es dient nicht nur der Bildung und dem Vergnügen der Tiroler, sondern vor allem dem Zusammenhalt der Dorfgemeinschaft. Den Schwestern von Tirol, die während der Errichtung des Bildungshauses ihren ganzen Einsatz gegeben haben und heute die Hauptverantwortung und Hauptarbeit tragen, gebührt der allergrößte Dank des Dorfes. Durch sie ist vieles von dem, was dieses Buch schildert, erst möglich geworden. Möge ihre Arbeit auch weiterhin gut vorangehen, und mögen ihnen Gott und die Menschen das Gute, das sie für Tirol getan haben und tun, reichlich vergelten! Dank gebührt schließlich den zahlreichen Spendern aus Österreich und aus Deutschland, die die finanziellen Mittel für das Projekt „Sf. Ana" bereitgestellt haben. In besonderer Weise sind Dr. Alois Leitner und Dkfm. Walter Praxmarer zu erwähnen, die mit ihren Freunden und Helfern nie müde werden, neue Pläne der Tiroler zu verwirklichen, wenn sie von den Bewohnern kommen, von ihnen mitgetragen werden und Erfolg versprechen.

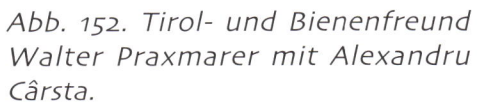

Abb. 152. Tirol- und Bienenfreund Walter Praxmarer mit Alexandru Cârsta.

Abb. 153. Die „Mollner Gruppe" aus der Heimat von Sr. Rut unterstützt Tirol materiell und ideell. Sie finanziert z. B. den Einsatz von Rupert Mairinger für die Genossenschaft „Innsbruck".

Die Gegenwart – Schnittpunkt zwischen Vergangenheit und Zukunft

Am Ende dieses Buches über die Vergangenheit Tirols lade ich den Leser ein, mit mir einen letzten Weg in das Dorf zu gehen – einen Weg, den jeder kennen sollte, der sich für die Vergangenheit dieses Ortes interessiert: den Weg in das kleine Dorfmuseum von Tirol!

Seit einigen Jahren hat Tirol ein eigenes Dorfmuseum. Es wurde von Rodica Miclea, die bis Herbst 1999 der Schule von Tirol als Direktorin vorstand, in zwei Räumen der Schule eingerichtet. In mühevoller Kleinarbeit und mit viel Liebe und Interesse für alte Sachen hat sie vieles zusammengetragen, das aus der Geschichte unseres Dorfes stammt und stummes Zeugnis für vergangene Zeiten gibt: alte Fotos und Dokumente, Bücher und Gebrauchsgegenstände, Trachten und Bilder.[262] Wer immer nach Tirol kommt und sich ein wenig auch für die Vergangenheit des Dorfes interessiert: Er wird seine Freude daran haben, das kleine Museum in der Schule zu besichtigen.

Das kleine Museum in der Schule – da bleiben meine Gedanken hängen. Was mögen die vielen verschiedenen Gegenstände in diesen Räumen erlebt haben?

Abb. 154. Rodica Miclea in ihrem Dorfmuseum.

Vielleicht war manches Werkzeug dabei, als das Dorf gegründet wurde! Ganz bestimmt waren manche der ausgestellten Trachten einmal auf dem Jägerball oder beim Maibaumsetzen. Und die Schuhe in der Ecke – vielleicht waren sie dabei, als der Krieg ausbrach oder als die Russen die Deutschen verschleppten! Und das Verkündigungsheft von Pfarrer Tribus – bestimmt hörte es manchen Seufzer des alten Mannes, wenn es darum ging, in kommunistischer Zeit die christliche Botschaft zu verkünden.

Diese Gegenstände haben viel gesehen. Und wer sich die Mühe macht, genau hinzusehen und hinzuhören, dem erzählen sie ab und zu auch etwas von ihren Erlebnissen!

Hin und wieder ist zwischen den Gegenständen irgendwo noch ein Plätzchen frei. Was dort wohl einmal hinkommen wird – später, in ferner Zukunft? Vielleicht etwas aus unserer heutigen Zeit, ein Schafwollpatschen vielleicht oder ein Exemplar der Dorfzeitung oder der Fußball der Kinder ...

Ich frage mich, was diese Gegenstände dann berichten werden: Was werden der Patschen, die Dorfzeitung und der Fußball wohl einmal von uns und unserer Zeit erzählen? Vielleicht die Geschichte von einem kleinen Dorf, wo viele zusammengeholfen haben, damit das Leben besser wird.

Wenn ich darüber nachdenke, kommt mir in den Sinn, daß es eigentlich eine schöne Geschichte werden könnte ...

Abb. 155. Nach vielen Jahren – beim Besuch der Wildschönauer „Sturmlöder" das erste Tirolfest. Jung und alt machten mit – so soll es bleiben.

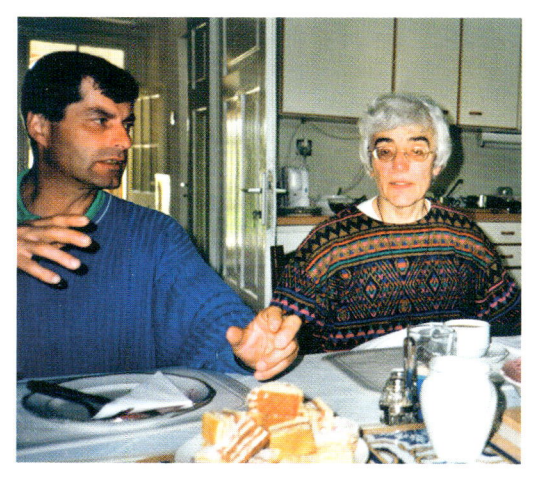

Wege in die Zukunft. Abb. 156. Wirtschaftsberater Rupert Mairinger und Sr. Gertrud.

Abb. 157. Josif Cheda hat 2001 in Rotholz die Fachschule abgeschlossen.

Abb. 158. Dr. Norbert Hölzl bei den Dreharbeiten in Tirol.

Wer mit den Augen der Andacht geschaut,
Wie die Seele der Erde Kristalle baut,
Wer die Flamme im Keime des Kerns geseh'n,
Im Leben den Tod, Geburt im Vergeh'n,
Wer in Menschen und Tieren den Bruder fand,
Im Bruder den Bruder und Gott erkannt,
Der feiert am Tische des heiligen Gral
Mit dem Heiland der Liebe das Abendmahl,
Er suchet und findet, wie Gott es verhieß,
Den Weg zurück ins verlorene Paradies.

(Augustin)

Danke

der Tiroler Landesregierung, Innsbruck
dem Bundesministerium für Bildung, Wissenschaft und Kultur, Wien
der Südtiroler Landesregierung, Bozen
der Österreichischen Landsmannschaft
dem Allgemeinen Deutschen Kulturverband
den Mitgliedern der Heimatortgemeinschaft Königsgnad-Tirol

Dr. Wolfgang Dieing
Robert Loht
Rosa Grich
Walter Grich
Johann (Jani) Friedmann
Stefan Radomir sen.
Michael Kiefer
Anna Tuschkan
Adolf Hinterecker
Josef Laschose
Herbert Schmarda
Hans Sauer

Kati Dieing
Josef Schmidt
Franz Mowatz
Marliese Sass
Maria Gintzing
Hartmut Bordiga
Alexander Gurka
Dominik Boden
Anton Gurka
Helmut Speckert
Elisabeth und Peter Burosch
Josef Bordiga
Manfred Bordiga
Josef Maly
Kathi und Rosa Friedmann
Günther Friedmann
Johann Friedmann
Johann Panhartek
Erika Zwick
Maria Neff
Robert Kindich
Richard Kindich
Edith Paul
Alexander Mayer

Ein Dank auch den Fotografen und Personen, die alle Bilder kostenlos zur Verfügung gestellt haben.

Zeittafel

1809 Aufstand im österreichischen Land Tirol gegen Bayern und Franzosen; nach anfänglichen großen Erfolgen wird der Aufstand blutig niedergeschlagen.

1810 Kaiser Franz I. beauftragt Josef Speckbacher, im Osten des Reichs eine Kolonie für Tiroler Flüchtlinge zu gründen.
Im August wird der Grundstein des neuen Ortes gelegt. Die Finanzierung der Arbeiten übernimmt die Staatskasse.

1812 Der neue Ort, zuerst Tirol genannt, erhält den Namen „Königsgnade"; ein großes Einweihungsfest im September 1812 markiert die offizielle Geburtsstunde des Dorfes.

1813/15 Napoleon, Kaiser der Franzosen, wird gestürzt – für viele Tiroler das heißersehnte Signal zur Rückkehr in ihre Heimat.

1818 Gemeinsam mit ihrem Pfarrer verlassen zahlreiche Tiroler Königsgnade, um sich in einem Vorort von Temeswar niederzulassen; in Königsgnade verbleiben nur 22 Familien. Die leerstehenden Häuser und Gehöfte werden von Zuwanderern aus anderen Gegenden und Ländern besiedelt.

1848 Die Donaumonarchie wird von mehreren Revolutionen erschüttert; auch das Banat bleibt von Kriegshandlungen nicht verschont. Die Königsgnader Bevölkerung wird gezwungen, für beide Seiten Soldaten zu stellen.

1850 Nach dreijähriger Bauzeit wird die Königsgnader Kirche zu Ehren der „Geburt der Heiligen Jungfrau Maria" eingeweiht.

1888 In weiten Teilen des Banats werden die Ortsbezeichnungen ungarisiert. Königsgnade heißt fortan „Királykegye".

1909 Királykegye wird an das Eisenbahnnetz angeschlossen.

1914/18 Im Ersten Weltkrieg kämpfen 103 Männer aus Királykegye in der Österreichisch-Ungarischen Armee; 25 von ihnen verlieren ihr Leben.

1918 Österreich-Ungarn verliert den Krieg; der größte Teil des Banat wird Rumänien eingegliedert.

1927 Die ungarischen Ortsbezeichnungen werden abgeschafft; Királykegye erhält wieder den ursprünglichen Namen „Tirol".

1939/45 Im Zweiten Weltkrieg rücken 126 Männer aus Tirol für das mit Rumänien verbündete Deutsche Reich ein; 52 von ihnen verlieren ihr Leben; auch viele andere kehren nicht wieder heim.

1944 Nach dem Einmarsch russischer Truppen wechselt Rumänien im Krieg die Fronten; im Mai 1945 kapituliert das Deutsche Reich.

1945/50 Alle deutschstämmigen Frauen Rumäniens im Alter zwischen 18 und 30 Jahren und die Männer zwischen 17 und 45 Jahren werden zum Arbeitsdienst in die Sowjetunion deportiert; aus dem Dorf Tirol werden 104 junge Menschen verschleppt, 16 von ihnen sterben in Rußland, fünf weitere an den Folgen der Deportation.

ab 1945 Der sowjetische Einfluß auf Rumänien bringt die Kommunisten an die Macht; in allen Lebensbereichen, vor allem in der Landwirtschaft, kommt es zu einschneidenden Veränderungen.

1951/56 Mehr als 40.000 Menschen aus dem rumänisch-jugoslawischen Grenzbereich werden in den Baragan im Osten des Landes verschleppt; aus Tirol werden 71 Menschen deportiert, drei sterben im Baragan.

1968 Im Zug von Gemeindezusammenlegungen kommt es zur Schließung des Tiroler Bürgermeisteramts.

1989 Die Revolution führt zum Sturz des kommunistischen Regimes unter Nicolae Ceaucescu; in den folgenden Jahren wandern fast alle deutschstämmigen Tiroler nach Deutschland aus.

1993 Schwestern aus dem Kärntner Kloster Wernberg lassen sich in Tirol nieder; im Sinn gelebter christlicher Nächstenliebe widmen sie ihren Einsatz und ihre Arbeit dem Aufbau eines neuen Miteinander und Füreinander im Dorf.

1998 In Tirol wird das neue Bildungshaus Sf. Ana eröffnet.

Anmerkungen

1. Dem Dorfchronisten Dr. Julius von Sayler (1912) zufolge ist die Existenz der Daker in der Gegend des späteren Dorfes Tirol aufgrund verschiedener Fundgegenstände nachweisbar: „Vor und nach Christi Geburt waren hier die Dacier … als Herrn der Gegend. Aus dieser Zeit stammende Bronzegegenstände und zwar: 1 Armspange aus Bronzedrähten, 3 Ringe, 3 Bronze-Sicheln und ein Meisel mit durchgelöchertem Ohr und eine Scheide mit linearer Verzierung liegen im südungarischen Museum in Temesvár, ‚als archäologische Funde bei Königsgnade vom Jahre 1873.' Ebenfalls aus diesem Bronzezeitalter wurden … in Királykegye Leichenstätten aufgedeckt, in welchen Schmuckgegenstände und Waffen aus Kupfer und Bronze, aber keine eisernen Werkzeuge zum Vorschein kamen." (Sayler J., Das Tirolerdorf Királykegye-Königsgnade 1812–1912, 13 f.).
2. J. H. Schwicker führte 1881 in seinem Werk „Die Deutschen in Ungarn und Siebenbürgen" folgende Herkunftsgebiete der Kolonisten an: Sie „stammten aus Lothringen, Trier, dem Elsaß, Schwarzwald, Breisgau, aus Fürstenberg und der Pfalz, aus Vorderösterreich, Mainz, Luxemburg, Nassau, Franken, Baden-Baden, Schwaben, Tirol, Ober-Österreich, selbst aus der Schweiz." (zit. nach einem Merkblatt des Demokratischen Forums der Deutschen zur Geschichte der Ansiedlung von Deutschen im Banat. Das Merkblatt schließt mit den Worten: „Damals wurde der Grundstein gelegt für das friedliche Nebeneinanderbestehen so vieler Nationalitäten und Sprachen im Banat, das diese Provinz zu einem sehr toleranten Gebiet gemacht hat, wo jeder verstehen, akzeptieren und gelten gelernt hat.").
3. Die bayerische Regierung „verwies die Bischöfe von Chur und Brixen des Landes. Die Christmette wurde verboten, ebenso der Besuch der Heiligen Gräber und die Aufstellung von Glaskugeln und Wasserkünsten, wie es in Tirol seit langer Zeit gern geübter Volksbrauch war. Der neuen Regierung paßte auch das Rosenkranzgebet nicht, das Feierabendläuten und das Läuten des Sterbeglöckchens, ebensowenig der Wettersegen und andere Volksbräuche." (A. Lechthaler, Geschichte Tirols, 108).
4. Diese Schlacht bestritten die Tiroler unter der Führung Hofers ohne die Unterstützung österreichischer Truppen. Die Kunde davon, daß sie dennoch siegten, wurde in vielen Ländern Europas mit Anerkennung und Hochachtung aufgenommen. Andreas Hofer soll den Sieg mit einfachen Worten Gott und der von ihm innig verehrten Gottesmutter zugeschrieben haben: „I nit, ös a nit, der da droben!"
5. In Art. XI des betreffenden kaiserlichen Patents vom 9. Juni 1810 heißt es wörtlich: „zur Belohnung ihrer Treue und Ergebenheit, dann aus Berücksichtigung ihres traurigen Zustandes" (zit. nach Sayler [wie Anm. 1], 32).
6. Vgl. F. Hirn, Die Gründung der Tiroler Kolonie Königsgnade in Banat, 4 f.
7. Sayler (wie Anm. 1), 21.
8. Es ist sogar möglich, daß die ersten Tiroler schon 1703 in das heutige Rumänien kamen.
9. Die Gründe für diese Auswanderung waren wirtschaftlicher Natur. Die Geschichte dieses Dorfes ist dargelegt in: P. Stöger, Eingegrenzt und ausgegrenzt, 88–96.
10. Die Gründe für diese Auswanderung waren einerseits die Armut in der Heimat, andererseits das wirtschaftlich begründete Bestreben der peruanischen Regierung, das Gebiet des heutigen Pozuzo mit Kolonisten aus Europa zu besiedeln. Ausführ-

	lich dazu E. Habicher-Schwarz, Pozuzo. Tiroler, Rheinländer und Bayern im Urwald Perus, Hall 2000.
11	Organisator war der frühere österreichische Land- und Forstwirtschaftsminister Andreas Thaler.
12	Ausführlich dazu M. Reiter/M. Rampl/H. Humer, Dreizehnlinden. Österreicher im Urwald, Schwaz 1993. – Neben den wirtschaftlich begründeten Auswanderungen gab es auch die religiös motivierte Auswanderung der Huterischen Brüder, der Glaubensgemeinschaft von Wiedertäufern, die vor Verfolgung und Mord flohen. Diese Glaubensverfolgung begann im 16. Jahrhundert (Hinrichtung von Jakob Huter in Innsbruck 1536), führte zur Flucht in mehrere Länder und endete mit der Ankunft der ersten Huterer in den USA 1874. Noch heute gibt es in den USA 90 Huterer-Gemeinden. Zur Geschichte dieser Glaubensgemeinschaft siehe Stöger, 135–148.
13	Peter Thalguter war der Stiefschwager von Andreas Hofer.
14	Sayler spricht davon, daß die beiden im Sommer 1810 mit 20 bis 25 Familien mit dem Schiff in das Banat reisten. Hirn hingegen berichtet von einem Ingenieur Witsch, der zum Leiter der künftigen Siedlung ernannt wurde und im Sommer 1810 einige Tiroler in das Banat sandte, die zwar begeistert zurückkehrten, aber doch nicht alle Zweifel zerstreuen konnten. Witsch soll dann angeregt haben, „die zwei angesehensten Tiroler … in das Banat zu schicken" (Hirn, 25 f.), und zwar als „Kundschafter" (Hirn, 27); daß sie dabei von einer größeren Gruppe begleitet gewesen sein könnten, findet dabei keine Erwähnung, obwohl Hirn die Darstellung Saylers nachweislich kannte.
15	Hirn, 27.
16	Die Forderung nach dem Kirchenbau wurde so begründet: „Daß zur Erbauung der katholischen Kirche, des Pfarr- und Schulhauses um so eher geschritten werden solle, als die christlichen Tiroler ohne Gotteshaus nicht verbleiben würden." (Sayler, 27).
17	Hirn, 29.
18	Mit „Richter" ist der „Bürgermeister" gemeint. Noch heute sagen die meisten deutschsprachigen Tiroler „Richter", wenn sie vom Bürgermeister sprechen.
19	Sayler, 28.
20	Die Zugeständnisse galten nur den Tirolern; die anderen Einwanderer aus verschiedenen Provinzen der Monarchie wurden davon ausdrücklich ausgenommen (vgl. Sayler, 28).
21	Die Hofkommission legte strenge Kriterien an: „Nicht selten wurden Gesuche an die Bittsteller mit der Aufforderung zurückgeschlossen, die nötigen Zeugnisse beizubringen; mehrere Bewerber wurden mangels jeglicher Verdienste rundweg abgewiesen." (Hirn, 39).
22	Hirn, 30. Ähnliches findet sich bei Sayler: „Somit hatte Seine Majestät für die Tiroler Kolonisten in jeder Beziehung wahrlich väterlich gesorgt: um sie hier zu fesseln, ihnen hierorts ein neues Heim zu gründen und ihre Zukunft zu sichern!" (Sayler, 26).
23	Sayler, 56.
24	Hirn, 57.
25	Davon berichtet auch Walther Konschitzky im Kapitel „Tiroler im Banat" seines Buches „Banater Bilder" (Konschitzky, Banater Bilder, 167).
26	Hirn, 59.
27	„Királykegye" ist die wortwörtliche Übersetzung des Namens „Königsgnade" ins Ungarische.

28   Nach Hirn, 44, hieß der Priester Matthäus Stuefer.
29   Sayler, 53.
30   Sayler berichtet von anfangs 50 Familien (1813) und später insgesamt 67 Familien (1814), die Gründe erhielten (Sayler, 36). In der Liste wird ein gewisser J. Zauner (aus „Altpach" im österreichischen Tirol; vgl. Sayler, 56) angeführt; dessen Familie könnte die einzige sein, die die harten Anfangsjahre überlebte. Im heutigen Tirol lebt noch eine Nachfahrin von ihm, Frau Stefanie Rebejila. Deren Mutter, Anna Stickl, geborene Zauner, die bis zuletzt sehr viel von ihren Vorfahren erzählen konnte, starb im Jänner 2000 im Alter von 94 Jahren.
31   Der Typus dieser „Kaiserlichen Häuser", die nach deutscher Art erbaut wurden, war überall ähnlich. Heute sind noch mehrere dieser Häuser erhalten. Das ursprünglichste davon ist jenes von Frau Rosa Keppl an der Ecke Untere Gasse/2. Quergasse, das nahezu im Originalzustand erhalten ist.
32   Bei der Grundvergabe wurde zwischen ganzen und halben Ansässigkeiten unterschieden. Zu den ganzen Ansässigkeiten gehörten 34 Joch, zu den halben 19 Joch Grund (in den ungarischen Gebieten dürfte ein Joch etwa 43 Ar entsprochen haben).
33   1805: Seeschlacht bei Trafalgar; 1812: Rußlandfeldzug Napoleons (die größte militärische Katastrophe der Weltgeschichte mit 400.000 Toten und Vermißten allein auf französischer Seite); 1813: Völkerschlacht bei Leipzig (führte zur ersten Verbannung Napoleons); 1815: Schlacht bei Waterloo (Napoleons endgültige Niederlage).
34   Der Kaiser verlieh Speckbacher nach seiner Rückkehr die goldene Tapferkeitsmedaille und die Charge eines k. u. k. Majors. Außerdem hätte er bei Königsgnade ein Landgut erhalten sollen, doch seine Frau schrieb an den Kaiser: „Lieber will ich mit meinen Kindern betteln gehen, als so weit vom Vaterland wegziehen!" (Sayler, 60). Speckbacher blieb also im Land Tirol und starb dort am 28. März 1820 mit 52 Jahren. Später wurden seine sterblichen Überreste neben den Gebeinen von Andreas Hofer in der Innsbrucker Hofkirche bestattet.
35   Hirn, 71, beruft sich dabei auf eine „Entscheidung, Wien, 24. Februar 1814". Sayler datiert eine entsprechende Wiener Verordnung auf den 15. Juni 1815, kennt aber auch die Entscheidung vom 24. Februar 1814; möglicherweise gab es zwei Erklärungen.
36   Hirn, 71.
37   Wenn man bedenkt, daß die Tiroler in der alten Heimat einen erbitterten Kampf gegen Bayern und Franzosen geführt hatten, erscheint das plötzlich friedliche Zusammenleben in Königsgnade äußerst bemerkenswert.
38   Hirn, 73.
39   Heute heißt diese Straße „Strada Porumbescu" (Ciprian Porumbescu war ein berühmter Komponist, von dem die Landeshymne unter Ceaucescu „Trei colori cunosc pe lume" [„Drei Farben kenne ich auf dieser Welt"] stammt).
40   Von den registrierten 153 Familien sind 78 Familien sogenannte Tiroler Urfamilien; die restlichen 75 wurden erst in Königsgnade gegründet.
41   Von diesen 22 in Königsgnade verbliebenen Familien sind bis zum Jahr 1859 mit einer einzigen Ausnahme alle ausgestorben. Die einzige überlebende Familie war die Familie Zauner. So bezeugt es Sayler. Interessant ist aber, daß in Tirol heute immer noch einige Familiennamen zu finden sind, die auch in der Liste der ersten Einwanderer auftauchen, etwa Barth und Zwick (vgl. Sayler, 36) und Augustin (vgl. Sayler, 56). Es ist möglich, daß es sich dabei um zufällige Namensgleichheiten

handelt, aber es könnte auch sein, daß in Tirol tatsächlich noch mehrere Menschen leben, die direkte Nachfahren der Dorfgründer sind.

42 Sayler, 61.
43 Hirn, 74.
44 Sayler, 63.
45 Zit. nach Sayler, 63.
46 Sayler, 64.
47 Bedeutet: ein Dorf mit mehreren Volksgruppen und Religionen.
48 Interessant, aber nicht weiter erklärbar ist, daß Sayler bei seiner Aufzählung die Krassowäner mit Bulgaren in Verbindung bringt: „… Krassowäner (Bulgaren) aus dem Krassoer Komitate …" (Sayler, 68).
49 Zit. nach Sayler, 67.
50 Zit. nach Sayler, 67.
51 Die Märzverfassung von 1849 galt nur bis zum 31. Dezember 1851. An diesem Tag erließ der Kaiser das sogenannte Silvesterpatent, mit dem er die Märzverfassung aufhob und Österreich ein neoabsolutistisches Regierungs- und Verwaltungsprogramm gab. Für Ungarn bedeutete dies eine Unterwerfung unter den habsburgischen Zentralismus.
52 Mittlerweile regierte Franz Joseph I., der Neffe von Kaiser Ferdinand, der am 2. Dezember 1848 abgedankt hatte.
53 Steierdorf ist das heutige Anina.
54 Sayler, 69. Die serbischen und rumänischen Bewegungen kämpften an der Seite der Kaiserlichen Ungarischen Einheiten (sogenannte Honved-Einheiten).
55 Reșița hatte damals etwa 2.800 Einwohner (vgl. G. Hromadka, Kleine Chronik des Banater Berglands, 46).
56 Sayler, 72.
57 Werschetz liegt in der Wojwodina, einer jugoslawischen Region an der Grenze zu Rumänien.
58 „Szállás" (ungarisch) bedeutet „Quartier".
59 „Tanya" (ungarisch) bedeutet „Einzelgehöft". Dieser Verweis ist auch insofern interessant, weil er belegt, daß es in der Umgebung Tirols auch einmal einzelstehende Gehöfte gegeben hat, was heute nicht mehr der Fall ist!
60 „Der Füzescher Kreisnotär … war vollkommen machtlos und der Boksaner Oberstuhlrichter … war ja selbst … geflüchtet!" (Sayler, 73).
61 Sayler, 74. Manche Königsgnader scheinen sich im Kampf sehr bewährt zu haben. Sayler berichtet, „dass der nachherige Königsgnader Einwohner Graf Franz von Konszky und der Lehrer Andreas Mahler die Freiheitskämpfe Ungarns mitgemacht haben und ersterer zum Honvédhauptmann, letzterer zum Lieutenant vorgerückt ist." (Sayler, 74).
62 Franz Orthmayer, geboren 1892, schilderte Tietz diese Erzählung im Jahr 1942.
63 F. Orthmayer, Zwei Häuser und ihre Sagen, in: A. Tietz, Märchen und Sagen aus dem Banater Bergland, 263–266, hier 263 f.
64 Helene Cziczka, geboren 1898 als Helene Stupak, schilderte Tietz diese Erzählung 1956.
65 H. Cziczka, Die berauschten Kinder, in: A. Tietz, 266 f.
66 Diese Entwicklung entspricht einem alten Sprichwort: „Die erste Generation hat den Tod, die zweite die Not, und die dritte erst das Brot."
67 Ärar = Staatskasse.
68 Altes Längenmaß. 1 Klafter beträgt etwa 1,7 Meter.

217

69 Sayler, 85.
70 Vgl. Sayler, 77.
71 Sayler, 95.
72 Sayler, 95.
73 Sayler, 86.
74 Dr. Julius von Sayler, geboren am 14. April 1861, ließ sich erst nach seiner Pensionierung in Királykegye nieder. Er förderte auch das kulturelle Leben im Dorf, wie die Musik und das Theater. Am 6. Juni 1937 starb er. Er wurde im Tiroler Friedhof bestattet. Neben der Dorfchronik hinterließ er auch ein Manuskript über die Geschichte Tirols von 1912 bis 1937, das jedoch nicht auffindbar ist.
75 Das Datum ihrer Auswanderung läßt vermuten, daß sie dem Koloniepfarrer Stuefer nach Temeswar folgte.
76 Sayler, 79.
77 Daß die Tapferkeitsmedaillen gerade in der Kapelle und am Altar angebracht wurden, ist verständlich, wenn man bedenkt, daß der Freiheitskampf für viele Tiroler eine heilige Sache war.
78 Am 8. September feiert die katholische Kirche das Fest Mariae Geburt.
79 Genau 1.000 Jahre zuvor begann für die Ungarn eine neue Epoche ihrer Geschichte: Um das Jahr 896 überschritten die Magyaren (Ungarn) unter der Führung ihres Stammesfürsten Arpád die Karpaten und drangen in die Pannonische Ebene ein, was der Grundstein für eine lange Phase des politisch-kriegerischen Erfolgs und Landgewinns war. Das Gedenken an dieses Ereignis dürfte der Anstoß zur Namensgebung „Milleniumspark" gewesen sein – das Dorf gehörte ja zu Ungarn, und die damalige Zeit war zudem eine Phase ungarischen Nationalismus.
80 Werschetz liegt in der Wojwodina, einer jugoslawischen Region an der Grenze zu Rumänien.
81 Die Formulierung „bis über 1912" bedeutet, daß mir die Jahreszahl nicht bekannt ist, wann die Filialen von Königsgnade wieder getrennt wurden; bei den so Gekennzeichneten war es aber nach 1912.
82 1861, 1862, 1874, 1889, 1909 …
83 Sayler, 76. Unter Schillerwein versteht man heute im südlichen Ungarn den Rotwein aus der Traubensorte Kadarka. Im Banat gibt es jedoch auch eine Weißweinsorte mit dem Namen Steinschiller, die hier ebenfalls gemeint sein könnte.
84 Die angeführten Zahlen beziehen sich auf das Jahr 1912.
85 Sayler schreibt von „zeitlichen Handarbeitern" und „zeitlichen Fuhrleuten" (Sayler, 76).
86 Sayler, 88. Maulbeerbäume sind für die Seidenraupenzucht unerläßlich.
87 Sayler, 89.
88 Andreas Mahler schrieb im Jahr 1881 gemeinsam mit Georg Ondra auch die erste Dorfchronik von Königsgnade. Sayler kannte und verwendete sie bei der Erstellung seiner Dorfchronik. Es ist denkbar, daß das Werk von Mahler und Ondra nur handschriftlich vorlag. Ich habe es trotz intensiver Suche nirgends gefunden. Interessantes Detail am Rande: Andreas Mahler erbaute und bewohnte jenes Haus in der oberen Gasse, das heute die Nummer 22 trägt und in dem auch ich während meiner Aufenthalte in Tirol wohne und den Großteil dieser neuen Chronik schrieb; das bedeutet: Die älteste und die neueste Chronik von Tirol wurden wahrscheinlich im selben Haus geschrieben!
89 „Szállás" (ungarisch) bedeutet „Quartier".
90 Sayler, 96.

91	Sayler, 96.
92	Sayler, 98.
93	Pacha war damals eigentlich noch nicht Bischof von Temeswar, sondern Apostolischer Administrator der Diözese.
94	F. Kräuter, Erinnerungen an Bischof Pacha, 89–90.
95	Sayler, 100.
96	Sayler, 100.
97	Sayler, 100 f.
98	Sayler, 101.
99	Maria Stickl hieß mit ihrem Mädchennamen Hlina.
100	Die Eltern von Frau Stickl waren Nikolaus und Theresia Hlina.
101	Die beiden Geschwister von Frau Stickl sind zuvor verstorben, als der Vater noch zu Hause war.
102	Unterseeboote.
103	G. Hromadka, Kleine Chronik des Banater Berglands, 66.
104	Karl I. folgte 1916 auf den verstorbenen Kaiser Franz Joseph.
105	In einer 1934 erschienen Diözesangeschichte von Temeswar finden sich Zahlen, die leicht davon abweichen: „Rumänien erhielt den Bischofsitz, Temesvar und 160 Pfarreien mit etwa 450.000 Seelen, Jugoslavien 67 Pfarreien mit 240.000 Seelen, der Rest, 33 Pfarreien, fast nur magyarisch, blieb bei Ungarn" (K. Juhász/A. Schicht, Das Bistum Timişoara-Temesvar. Vergangenheit und Gegenwart, Timişoara 1934, 132).
106	Die angespannte kirchenpolitische Situation spiegelt eine Aussage des rumänischen Königs Ferdinand wenige Jahre später (1923) wider: „Die Katholiken sind in der Minderheit. Sie müssen sich anpassen, denn die Mehrheit ist ungeduldig." (Chronica Aulae Episcopalis Timişoarensis 1860–1954).
107	1910/1911 wohnten in Királykegye 1556 Einwohner in 340 Häusern.
108	Richter = Bürgermeister, vgl. Anm. 18.
109	Das Gemeindehaus befand sich gegenüber der Kirche. Heute sind darin Kindergarten und Post untergebracht.
110	Eine alte Frau aus Tirol erinnert sich: „Da ging der Lehrling jeden Tag mit frischen Semmeln und Kipfeln durch das Dorf, dass wir Kinder uns sehr gefreut haben!"
111	Die Bedeutung des Katholischen war so hoch, daß es im Fall von Mischehen selbstverständlich war – und immer noch ist –, daß der nicht-katholische Partner bei der Eheschließung zum katholischen Glauben übertritt.
112	Gemeint ist der Bürgermeister.
113	In Tirol sagt man „Blechmusik" dazu.
114	Dieses Gasthaus ist heute verfallen; es liegt neben dem Haus von Familie Radici am Kirchenplatz.
115	Tatsächlich handelt es sich dabei nicht um das Kirchweihfest, sondern um das Patrozinium, also jenen Tag, an dem man die Schutzpatronin der Kirche, die Heilige Gottesmutter Maria, besonders verehrt. Dieses Mißverständnis um Kirchweihfest und Patrozinium ist schon sehr bald entstanden.
116	Der Silvesterball wurde auch noch in der kommunistischen Ära veranstaltet. Erst in den späten siebziger Jahren begannen Jugendliche, Silvester im kleinen Kreis zu feiern. Als es ihnen die Erwachsenen gleich taten, kam kein gemeinsamer Ball mehr zustande. Erst 1999 gab es im neuen Bildungshaus Sf. Ana wieder einen Silvesterball.

117 „Richtet den Glühschnaps!" Glühschnaps ist ein mit Gewürznelken, Pfefferkörnern und Zucker erhitzter Schnaps.
118 Über diesen Neujahrstag erzählt Frau Anna Mayr, geboren am 16. Mai 1906: „An diesem Tag aß man nur Schweinefleisch, auf keinen Fall Geflügel. Denn die Hennen und das Geflügel scheren alles auseinander. Da sagt man dann, womöglich schert man im Neuen Jahr auch das Vermögen auseinander. Aber die Schweine raffen alles zusammen. Wer am Neujahrstag also Schweinefleisch ißt, kann im Neuen Jahr vielleicht auch das Vermögen zusammenraffen."
119 „UDR" ist die Abkürzung für „Uzinele de Fier și Domeniile din Reșița", zu Deutsch: „Eisenwerke und Domänen aus Reșița". Die UDR ist die Nachfolgegesellschaft der StEG (privilegierte österreichisch-ungarische Staats-Eisenbahn-Gesellschaft), die bereits seit der ersten Hälfte des 19. Jahrhunderts in Königsgnade tätig war.
120 1940 lebten in Rumänien 800.000 deutsche Menschen.
121 E. Nolte, Die faschistischen Bewegungen, 221.
122 Offiziell hieß es, Codreanu sei bei einem Fluchtversuch mit 13 seiner Anhänger erschossen worden. Es ist nicht auszuschließen, daß Hitler selbst ungewollt die letzte Ursache für den Mord war, „denn im November hatte König Carol ihm einen Besuch gemacht, und es könnte sein, daß Hitler seinem Besucher Codreanu als Ministerpräsidenten empfohlen hatte. … Gleich nach seiner Rückkehr scheint Carol den Befehl zur Beseitigung Codreanus gegeben zu haben." (Nolte, 222).
123 Lange Zeit blieb Rumänien von den Kriegshandlungen der Westmächte verschont, doch der Krieg wurde immer unerbittlicher: Am 16. Juni und am 3. Juli 1944 wurde Timișoara erstmals von den Alliierten bombardiert. Später, nach dem Seitenwechsel Rumäniens, wurde die Stadt von den deutschen Bombern zum Ziel genommen (30. Oktober 1944).
124 In der rumänisch-kommunistischen Darstellung der „Befreiung" von den Deutschen wurde die Bedeutung der UdSSR stets herabgewürdigt, die Rote Armee wurde so dargestellt, als hätte sie eine Nebenrolle gespielt. Zwar wurde nicht bestritten, daß „die Rote Armee für die Befreiung Rumäniens gekämpft hatte, aber die Propaganda verschob die Gewichtungen, indem sie die Tatsache herunterspielte, daß Rumänien den Großteil des Zweiten Weltkrieges an der Seite Deutschlands gegen die Sowjetunion gekämpft hatte". (H. Benedict, Revolution!, 237).
125 Mihai, der bereits von 1927 bis 1930, damals noch unmündig, König gewesen war, hatte 1940 die Nachfolge seines Vaters Carol II. angetreten.
126 Die Kapitulation wurde im Auftrag von Hitlers Nachfolger Karl Dönitz unterzeichnet, nachdem Hitler am 30. April 1945 in Berlin Selbstmord begangen hatte. Die tragische Opferbilanz dieses Weltkriegs wird mit bis zu 55 Millionen Toten angegeben.
127 Für die Familie Rauscher können verschiedene Gründe dazu geführt haben, Tirol zu verlassen. Angesichts der politischen Entwicklung in jener Zeit – Judenhaß in vielen Kreisen der rumänischen Politik sowie zunehmender nationalsozialistischer Einfluß im Westen des Landes – ist es jedoch durchaus möglich, daß ein Hauptmotiv die Angst vor dem Judenhaß war.
128 Karoline Kilburg wurde am 13. Januar 1922 geboren. Nach dem Krieg wurde sie nach Rußland deportiert.
129 „Assentieren" ist ein veraltetes österreichisches Wort, das im deutschen Sprachraum nicht mehr bekannt ist, in Tirol von den älteren Menschen jedoch noch verwendet wird. Es bedeutet, die Männer hinsichtlich ihrer Militärtauglichkeit zu untersuchen („mustern").

130 „Stiefelmänner" wurden jene Männer aus dem Dorf genannt, die in der deutschen Volksgruppe führend waren (Ortsleiter, Kreisleiter, Unterkreisleiter), weil sie – wie die deutschen Soldaten – Stiefel trugen.

131 Der Bruder ist nicht gefallen, sondern blieb nach dem Krieg in Deutschland, wo er 1981 starb.

132 Gemeint ist das damalige Kulturhaus.

133 Salonzucker sind Bonbons, die in farbiges Papier gewickelt und auf den Christbaum gehängt werden.

134 A. Scherer, Die Deportation der Deutschen aus Rumänien in die Sowjetunion 1945, in: Ich weiß, daß du mein Vater bist, aber ich kenne dich nicht, hrsg. von E. Țigla/ W. Kremm, 7.

135 Scherer, 7.

136 Scherer, 7.

137 K. Bereznyak, Nackt wie bei der Geburt wurden sie auch beerdigt; in: Ich weiß, daß du mein Vater bist, aber ich kenne dich nicht", hrsg. von E. Țigla/W. Kremm, 12–38; hier 14–15.

138 H. Baier, Rumänien und die Deportation seiner Deutschen, in: Siebenbürgische Zeitung, 20. Mai 1995, 7; zit. nach: Scherer, 8.

139 So konnte etwa die Nuntiatur erreichen, daß Priester und Ordensleute von der Deportation ausgenommen wurden, „da man ihnen ja schwer faschistische Gesinnung nachsagen konnte. Die entsprechende Verordnung wurde jedoch von der Komitatsbehörde in Karasch-Severin nicht weitergeleitet, sodaß alle Priester aus dieser Gegend, die in die ... Altersklasse fielen, dennoch nach Rußland verschleppt wurden. ... Insgesamt wurden 11 Priester nach Rußland verschleppt, von denen einer auf der Rückreise in der damaligen Sowjetischen Besatzungszone Deutschlands verstarb." (F. Kräuter, Erinnerungen an Bischof Pacha, 148). Der wohl erfolgreichste Protest ging vom Ministerpräsidenten selbst aus: Durch seinen Protest am 13. Jänner 1945 entgingen 12.924 Personen der Deportation (Industriefachleute, Frauen, die mit Rumänen verheiratet waren, Nonnen, Mönche, Arbeitsunfähige).

140 Selbst deutschstämmige Antifaschisten – also Menschen, die die hitlerfreundliche Politik Rumäniens aktiv bekämpft hatten – wurden nach Rußland deportiert. Georg Hromadka, Gewerkschafter und Führer der rumänischen Arbeiterbewegung jener Zeit, schreibt in seiner Chronik des Banater Berglands: „Am Vorabend der Aushebung der Deutschen überbringt Mihai Dalea, der neugebackene KP-Kreissekretär, den im Reschitzer Arbeiterheim versammelten deutschen Antifaschisten (von denen viele erst vor wenigen Monaten aus der Gefängnishaft entlassen worden sind) die Weisung des Zentralkomitees der KPR. Diese lautet: ‚Ihr geht. Alle. Und als erste. Drüben sagt ihr dann den anderen: Seht euch das an. Das haben wir gemacht. Was wir zerstört haben, müssen wir jetzt aufbauen.'" (G. Hromadka, Kleine Chronik des Banater Berglands, 109).

141 Bereznyak K., Erinnerungen an die Rußlanddeportation, in: Echo der Vortragsreihe. Monatsschrift des Kultur- und Erwachsenenbildungsvereins „Deutsche Vortragsreihe Reschitza", Jänner 1999, 4–7; hier 4.

142 Die erste Nennung einer Zahl findet sich in einem Bericht des amerikanischen Generals Schuyler an die Chefs des Generalstabs und an Präsident Truman. Darin ist von 70.000 Deportierten die Rede, doch vermutlich waren es viel mehr. Die höchste Zahl, die diesbezüglich genannt wurde, stammt von der österreichischen Tageszeitung „Die Presse" vom 28. August 1954. Dort ist von exakt 97.762 deportierten Rumäniendeutschen die Rede.

143 A. Stuiber, Dieses Land werde ich freiwillig nie mehr betreten, in: Ich weiß, daß du mein Vater bist, aber ich kenne dich nicht, hrsg. von E. Țigla/W. Kremm, 39–46; hier 41.
144 Im Jahr 1995 fand in München eine Gedenkveranstaltung statt, anläßlich derer Dr. Elena Zamfirescu, Direktorin im rumänischen Außenministerium, die Rußlanddeportierten als die „ersten Märtyrer der Wende zum Bösen in Rumänien" bezeichnete. Und „in Tränen ausbrechend, sprach sie … ihren ‚tiefen Respekt' aus vor den ‚ergrauten Häuptern der unschuldig Schuldiggesprochenen'." (Scherer, 11).
145 Die Ausdrucksweise „zu Grunde gehen" scheint sehr unpassend, um vom Tod und Sterben eines Menschen zu sprechen. Doch die grausamen Ereignisse lassen die Worte „sterben" und „versterben" als zu harmlos erscheinen, um dem gerecht zu werden, was in der Deportation geschah.
146 Scherer, 10.
147 Karoline Kilburg hieß mit ihrem Mädchennamen Adamek.
148 Franzdorf ist das heutige Văliug.
149 Mamaliga ist eine billige rumänische Speise aus Maisbrei. Sie wird auch heute noch gegessen, in einfacher Form aber vor allem als Hundefutter verwendet. Mamaliga ist am ehesten der westlichen Speise „Polenta" vergleichbar.
150 Schwere Infektionskrankheit.
151 Die Schwester von Frau Karoline Kilburg ist der Rußlanddeportation knapp entgangen. Zum Zeitpunkt der Aushebung war sie in Bocșa. Dort wurde sie gefangen genommen, aufgrund des Einschreitens ihres rumänischen Nachbarn aber unter Rücksicht auf ihre zwei kleinen Kinder wieder freigelassen. Diese Rücksichtnahme war eher die Ausnahme. In vielen anderen Fällen wurden die Mütter trotz ihrer kleinen Kinder deportiert; die Kinder wurden dann meistens von Verwandten aufgenommen und großgezogen.
152 Kurzform für Johann.
153 Gemeint ist die Stadt Iss im Ural.
154 Grundsätzlich gab es auch in der russischen Zwangsarbeit einige wenige Feiertage wie etwa den 1. Jänner und den 1. Mai. Religiöse Feiertage wie Weihnachts- und Osterfest gab es nicht.
155 Gebackene Kartoffelspeise.
156 Eine Leidensgefährtin von Frau Drahokoupil, ihre spätere Schwägerin Rosa Drahokoupil, geborene Mestrich, erinnert sich an die Nummer des Lagers, in das sie verschleppt wurde: Lager Nr. 1802, bei Iss im Ural.
157 Theresia Gradil, geborene Jermann, stammt aus Tirol und lebte in den letzten Jahren in einem Altenheim in Reșița, wo sie am 30. Januar 2000 verstarb.
158 Elisabet Micuci hieß mit ihrem Mädchennamen Hengstenberger.
159 Art. 16; zit. nach: F. Agoston, Der Dienst der Versöhnung als Aufgabe der Pastoral in Rumänien, 74.
160 Der COMECON, in Moskau gegründet, diente der gegenseitigen Wirtschaftshilfe zwischen der UdSSR, Bulgarien, Ungarn, Polen, Rumänien und der Tschechoslowakei. Später traten auch andere Oststaaten bei.
161 Der Warschauer Pakt war ein von der UdSSR geführtes Bündnis kommunistischer Staaten Europas, das unter anderem auch gegenseitige Militärhilfe vorsah und zur ständigen Stationierung sowjetischer Truppen auf dem Territorium der Partnerstaaten führte.
162 Erst 1965 nannte sich diese Partei „Kommunistische Partei".

163 So lautete einer der vielen Titel, mit denen sich Ceaucescu gern schmückte: „Heroischer Revolutionär und größter Sohn Rumäniens, der selbst der Sonne trotzt."

164 Wie ernst Rumänien den Gebietsstreit mit Jugoslawien nahm, ist noch an den vielen militärischen Bunkern zu sehen, die damals im Grenzgebiet errichtet wurden. Auch in den Hügeln um Tirol findet man solche Bunker.

165 Die „Liquidierung der kapitalistischen Elemente" wurde auf der Plenarsitzung des Zentralkomitees der Rumänischen Arbeiterpartei Anfang März 1949 beschlossen.

166 Von den rumänischen Behörden wurde niemals der Begriff „Deportation" verwendet. Um die Weltöffentlichkeit zu täuschen, wurde anstatt von „deportați" (Deportierten) von „evacuați" bzw. „dislocați" (Evakuierte, Umgesiedelte) gesprochen.

167 Vgl. W. Weber, Die Beweggründe zur Deportation; in: Und über uns der blaue endlose Himmel, hrsg. von W. Weber, 18–39, hier 18.

168 Obwohl Fizeș nicht mehr in die 25-Kilometer-Zone fiel, wurde doch zumindest eine Frau (Ana Franț) in den Bărăgan deportiert; vgl. V. Marineasa/D. Vighi/V. Saminta, Deportarea în Bărăgan, 330.

169 Die Zahlen wurden nach den Erinnerungen von Betroffenen eruiert. Hier dürften noch Menschen aus Bessarabien dazuzuzählen sein, die auf der Flucht vor den Russen vorübergehend in Tirol waren und ebenfalls deportiert wurden.

170 Polizei und Staatssicherheitsdienst.

171 Weber, 22.

172 „Das Zurückgebliebene wurde nach einer dreistufigen Preisliste und nach dem sozialen Stand des Betroffenen bewertet. ... Es gab ‚chiaburi' (Kulaken [Großbauern]), ‚mijlocași' und ‚saraci' (Arme). Der Kulake wurde auf Grund seines früheren Besitzes zu den Ausbeutern gezählt und mit dem kleinen Tarifsatz ausbezahlt. Bei dem Mittelständler wurde der mittlere Tarifsatz angewandt und der als Armer Eingestufte bekam für seine zurückgelassenen Sachen das meiste ... ausbezahlt. Doch insgesamt bekamen sie alle sehr wenig, denn alles wurde viel unter dem Normalwert eingestuft. ... Daß man überhaupt was bezahlte, war bloß Augenwischerei ..." (G. Braun, Von Amts wegen unter die Verschlepper geraten, in: Und über uns der blaue endlose Himmel, 215–220, hier 216 f.).

173 Zit. nach: Und über uns der blaue endlose Himmel, 269.

174 Freidorf ist heute ein Stadtbezirk von Timișoara. Lotte Wilhelm, von Beruf Lehrerin, starb 1999 im Alter von 82 Jahren in Freiburg im Breisgau (Deutschland).

175 L. Wilhelm, Die blaue Kerze. Erinnerungen an Weihnachten in der Verbannung; in: Und über uns der blaue endlose Himmel, 284–286, hier 285 f.

176 E. Mildt/F. Resch, Protestaktion einiger Temeschburger Jugendlicher gegen die Bărăgan-Deportation, in: Und über uns der blaue endlose Himmel, 149–152, hier 150–152.

177 Weber, 36.

178 Weber, 36. Wie sehr die Bărăgan-Deportation manche Verschleppte später zur Auswanderung bewogen hat, zeigt ein erschütternder Bericht von Helga Ritter, deren Großeltern aus Großsanktpeter im Bărăgan deportiert waren: „Als Ota [Opa] im Juni 1972 in Bukarest Otopeni auf dem Flughafen von uns, den noch im Banat bleibenden Enkelkindern, Abschied nahm, sagte er: ‚Ich tät nie von drhem wegziehe, wann ich net wißt, ich mach's vor eich Kinner, daß dir ke Bărăgan erlewe mißt!' Er drehte sich, einmal durch die Absperrung gegangen, nicht wieder um und wollte auch nie wieder nach Großsanktpeter zu Besuch fahren. Doch jedesmal, wenn im Radio bei Wunschsendungen die Melodie ‚Nach der Heimat zieht's mich wieder' oder ‚Vor meinem Vaterhaus steht eine Linde' gespielt wurde, hat mein Ota

geweint …" (H. Ritter, 20. Januar 1956, in: Und über uns der blaue endlose Himmel, 158–165, hier 165.)

179 Asociaţia Foştilor Deportăţi în Bărăgan.
180 Zit. nach: Und über uns der blaue endlose Himmel, 97.
181 Herr Friedmann, ein geborener Tiroler, lebt heute in Stuttgart.
182 Bon = Gutschein.
183 Flußsumpfgebiet.
184 Gemeint ist die kommunistische Propaganda.
185 „UDR" ist die Abkürzung für „Uzinele de Fier şi Domeniile din Reşiţa" („Eisenwerke und Domänen aus Reşiţa"). Die UDR ist die Nachfolgegesellschaft der StEG, die bereits im Jahr 1848 in Tirol Weingärten angekauft hatte.
186 Franz Rebejila ist Doktor der Veterinärmedizin. Den Beruf des Tierarztes übte er bis zu seiner Pensionierung aus.
187 Stefanie Rebejila hieß mit ihrem Mädchennamen Stickl.
188 Damals wurde aus Inflationsgründen das Geld entwertet. 20 alte Lei wurden gegen 1 neuen Leu umgetauscht.
189 Region im Norden Rumäniens.
190 Diese Angabe findet sich bei Benedict, 236.
191 Einer der vielen Titel, mit denen sich Ceaucescu schmückte. Seine Frau wiederum war die „Genossin Akademiemitglied Doktor Ingenieur Elena, die Leuchte der Wissenschaft". Journalisten der ungarischen Wochenzeitung „Reform" haben bereits vor der rumänischen Revolution die ausgefallensten Titel Ceaucescus zusammengetragen. Darunter finden sich: „Unser neuer Abendstern; Berg, der über das Land wacht; Erlöser der vom Krieg zerfetzten Erde; Symbol des Friedens; Unser warmer Frühling; Garant der Blüte Rumäniens; Herz des Volkes; Süßer Kuß der Heimaterde; Unser ewiger Stolz; Aufgeklärter Stratege des Glücks; Auserwählter Titan unter Titanen; Universalgenie; Ruhmvoller Vater der Heimat; Schatzkammer der Weisheit; Unser Weg in die Zukunft" (zit. nach Th. Wartmann, Im Reich der Schatten, 124 f.).
192 Wie wir von den Fernsehbildern über die Revolution wissen, lebte der Ceaucescu-Clan trotz allem im reichsten Überfluß. Am 28. Dezember 1989 wurde die Prachtvilla der Ceaucescus in Bukarest zur öffentlichen Besichtigung freigegeben. „Der Vierzig-Zimmer-Bau war ganz in Marmor gefaßt, auch der strahlungssichere Luftschutzkeller. Die Gänge waren mit Vitrinen ausgestattet. Sie enthielten Millionenwerte an Kunstgegenständen aus Gold und Silber. Die Wasserhähne im Badezimmer waren aus Gold. Elena Ceaucescus Wohnung war vollgestopft mit Pelzmänteln, italienischen Schuhen, Hunderten von Kleidern und einem Satz Videobänder zum Englisch-Selbstunterricht. Später stellte sich heraus, daß die Ceaucescus im Ausland Gelder in Höhe von umgerechnet vier Milliarden Dollar deponiert hatten." (Benedict, 248).
193 Mitunter wurden bis zu 80 Prozent der rumänischen Lebensmittelproduktion exportiert! (vgl. Benedict, 251).
194 Vgl. Wartmann, 138.
195 Maria Anghel stammt aus Sopotul-Vechi; im Sommer 1992 siedelte sie sich mit ihrer Familie in Tirol an.
196 Diesen Satz lehnte Frau Anghel an einen immer wieder propagierten kommunistischen Slogan an.
197 Josefina Augustin hieß mit ihrem Mädchennamen Olexa.

198 So wurde am 10. November 1989 eine Reduktion des Stromverbrauchs um weitere 30 Prozent beschlossen. Bewohner von Ein-Zimmer-Wohnungen hatten fortan nur mehr Anspruch auf 17,4 Kilowattstunden monatlich!
199 Die Mehrheit der Rumänen „mußte einen so harten Existenzkampf durchstehen, daß ihnen wenig Zeit und geistige Beweglichkeit blieb, über die Geschicke ihres Landes anders nachzudenken als in der Resignation, dem Standard-Verhalten in der Ära Ceaucescus" (Benedict, 256).
200 Wartmann, 129.
201 Andreea Cismaru wurde in Timișoara geboren, zog vor einigen Jahren mit ihren Eltern nach Tirol und studiert gegenwärtig in Timișoara.
202 „Nieder mit der Securitate! Verbrecher!"
203 Calin Timar wurde in Ocna-Mureș geboren, zog vor einigen Jahren mit seiner Familie nach Tirol und studiert gegenwärtig in Brașov.
204 In kommunistischer Zeit hieß die Polizei „Miliz".
205 Vgl. Benedict, 246.
206 Nicht alles wurde von der Bundesregierung bezahlt. Einen Teil haben auch private deutsche Bürger finanziert.
207 Roland Girtler spricht sogar von einer noch höheren Summe: „Die BRD hatte sich erbötig gezeigt, für jeden Auswanderer eine Art ‚Kopfgeld' zu zahlen, welches zuletzt die enorme Höhe von 12.000 DM erreichte." (R. Girtler, Verbannt und vergessen, 171)
208 Moritzfeld ist das heutige Maureni.
209 Wenn sich der Vorfall an der jugoslawisch-österreichischen Grenze ereignet hat, kann angenommen werden, daß der Flüchtling von jugoslawischen Grenzern entdeckt und erschossen wurde. Denn österreichische Grenzer hätten zum damaligen Zeitpunkt (vor 1989) sicherlich eher Fluchthilfe geleistet als geschossen!
210 Johann Bendig, geborener Tiroler, lebt heute in Düsseldorf.
211 G. Ullmann, Dezembermohn, 52–57.
212 Günther Friedmann, geboren am 10. September 1952 in Tirol, wanderte 1973 nach Deutschland aus.
213 Die Siebenmann-Kapelle „Günther Friedmann und seine original Banater Musikanten" besteht seit 1981.
214 Im kleinen Dörfchen, Walzer von Günther Friedmann und Franz Watz.
215 Zu den Erinnerungen von Karoline Kilburg an die Rußlandjahre siehe S. 82.
216 Haslberger war früher Entwicklungshelfer in Südamerika und für diesen Einsatz daher besonders geeignet.
217 Der Grillhof in Vill bei Innsbruck ist das Bildungshaus des Landes Tirol.
218 Zum besseren Verständnis des Geldwerts: Ein Sack Zement kostete 300 Lei.
219 Dies waren Peter Serbul und Josef Adamek.
220 Josif (Jani) Cheda besucht seit Herbst 1998 in Rotholz Schule und Internat.
221 Rupert Mairinger wird von einer Selbstbesteuerungsgruppe aus dem oberösterreichischen Dekanat Molln bezahlt.
222 „Pope" ist die rumänische Bezeichnung für einen orthodoxen Priester.
223 Adalbert Jäger ist Stadtpfarrer von Bocșa und betreut die Gemeinde Tirol als Filiale mit.
224 Aus dem Erbe von Frau Anna Praxmarer aus Innsbruck hat einer ihrer Söhne, Dkfm. Walter Praxmarer, den Ankauf dieses Grundstücks finanziert und gebeten, das neue Bildungshaus möge zur Erinnerung an seine Mutter den Namen Sankt Anna – rumänisch: Sfînta Ana – tragen.

225 Anläßlich der Einweihung wurde Dr. Leitner die Ehrenbürgerschaft der Gemeinde Doclin, zu der Tirol gehört, verliehen. Damit hat auch die Gemeinde die langjährigen Verdienste von Dr. Leitner und dessen Helfern honoriert.
226 Sr. Gertrud Petschan, geboren am 9. April 1942 in Grosstajax (CSSR), aufgewachsen in der BRD, war zuletzt im österreichischen Kloster Wernberg tätig.
227 Sr. Eduardis Mörwald, geboren am 17. Dezember 1933 in Mitterkirchen (Oberösterreich), war lange Jahre in Afrika tätig und vor ihrer Rumänienzeit in einem Krankenhaus in Deutschland im Einsatz.
228 Wernberg gehört zur Kongregation der Missionsschwestern vom Kostbaren Blut.
229 Sr. Gertrude-Rut Zemsauer, in Tirol als Schwester Rut bekannt, geboren am 21. Februar 1961 in Molln (Oberösterreich), war zuvor mehr als eineinhalb Jahre in Südafrika im Sozialeinsatz tätig.
230 Sr. Katharina Pinzhoffer, geboren am 20. Juli 1946 in Sackelhausen (RO), ist Mitglied der deutschen Ordensprovinz; zuletzt war sie auf der dänischen Insel Bornholm tätig.
231 Sr. Verena Stelzmüller, geboren am 9. April 1940 in Sandl (Oberösterreich), war zuletzt im St. Anne's Hospital in Bulawayo (Zimbabwe) tätig.
232 Zemsauer Rut, Unsere Aufgabe – den Menschen Hilfe zur Selbsthilfe zu vermitteln, in: Vita catholica Banatus, Reșița Juli 1998, 13.
233 Der Orden wurde am 8. September 1885 vom Trappisten-Abt Franz Pfanner in Afrika gegründet.
234 „Haus der (Kloster-)Schwestern".
235 „Tiroler Bienchen".
236 Zum Größenverhältnis: Biniș hat etwa 820 Einwohner, Doclin 600, Tirol 640.
237 Das bedeutet, daß Tirol heute nicht einmal halb so viele Einwohner hat wie in seiner Blütezeit: In den Jahren 1910 und 1911 wurden 1.556 Einwohner registriert. Während und nach dem Ersten Weltkrieg nahm die Bevölkerung des Dorfes ab: 1930 hatte Tirol nur noch 1.199 Einwohner, 1940 gar nur mehr 1.016. Nach dem Zweiten Weltkrieg siedelten sich viele Rumänen im Dorf an. 1950 hatte die Ortschaft wieder 1.237 Einwohner. Dieser Stand dürfte bis in die letzten Jahre des Kommunismus in etwa gleich geblieben sein. Nach der Revolution begann die Auswanderungswelle der Deutschstämmigen. Tirol hat es dem Zuzug vieler Auswärtiger, vor allem Rumänen, zu verdanken, daß es heute kein ausgestorbenes Dorf ist.
238 NATO ist die offizielle Bezeichnung für den Nordatlantikpakt, ein 1949 geschlossenes Verteidigungs- und Militärbündnis mehrerer westlicher Staaten, bei dem die USA eine besondere Rolle innehaben.
239 Ich erinnere mich dabei an eine Frühjahrsnacht in Tirol, in der ich am Fenster stand und mich ins Freie hinauslehnte. Plötzlich war es mir, als würde ein Stockwerk über mir eine Schulklasse heftig auf den Boden trampeln. Das war natürlich Unsinn, denn es gab in meinem Haus weder ein Stockwerk noch eine Schulklasse. Und es war mitten in der Nacht. Der Eindruck dauerte nur ganz kurz, wenige Sekunden, und ich konnte mir das Vorgefallene zuerst nicht erklären. Erst am nächsten Tag erfuhr ich, daß eine Stadt nahe der Grenze bombardiert worden war. Mehrere Jugendliche haben die Bombardierung einer serbischen Stadt von den Hügeln über Tirol aus beobachtet, und zwei junge Männer wollen sogar den Abschuß eines Flugzeuges vom Dorf aus gesehen haben.
240 Gh. Dobre, Sfintirea bisericii, in: Albinuța Tiroleza Nr. 1/2000, 5; Übersetzung: Harald Prinz.
241 „Crama" ist das rumänische Wort für Weinkeller.

242 In diesem Protokoll fordern J. Speckbacher und P. Thalguter: „Die Tiroler sollen mit lauter ganzen Ansässigkeiten dotiert werden und dazu 1–2 Joch Weingarten …" (Zit. nach Sayler, 27).
243 Vgl. Sayler, 76.
244 Das Mikroklima ist aufgrund des hügeligen Geländes besonders günstig, der Boden besteht zum überwiegenden Teil aus Braunerde mit leicht säuerlichem pH-Wert.
245 „UDR" ist die Abkürzung für „Uzinele de Fier și Domeniile din Reșița" („Eisenwerke und Domänen aus Reșița").
246 Im Kommunismus war es üblich, verschiedene Betriebe zusammenzufassen und einer gemeinsamen Führung zu unterstellen. Die Crama Tirol ist daher keine eigene Firma, sondern ein Teilbetrieb der S. C. AGROBER SA Berzovia.
247 Konschitzky, 163.
248 Konschitzky, 170.
249 Von der gesamten Anbaufläche sind etwa 20 Hektar mit Tafeltrauben bestockt. Die Hauptsorten bei der Weinkelterung sind Sauvignon blanc, Welschriesling, Feteasca regala und Amestec alb bei den Weißweinsorten sowie Cabernet Sauvignon und Merlot bei den Rotweinsorten.
250 Zusammen mit den Gebieten Moldova Noua, Recaș (incl. Silagiu) und Teremia Mare zählt Tirol zur Weinbauregion Banat. Rumänien wird in acht solche Weinbauregionen unterteilt. Im ganzen Land gibt es zur Zeit nach unterschiedlichen Angaben zwischen 195.000 und 285.000 Hektar Weinreben. Der große Unterschied der Angaben ergibt sich aus den vielen kaputten, aber noch nicht gerodeten Anlagen. 1998 betrug die Erntemenge etwa 4,8 Millionen Hektoliter.
251 Direktträgersorten sind unveredelte Rebkreuzungen zwischen „europäischen Reben" und reblaus- und pilzresistenten „amerikanischen Reben".
252 Der Einsatz der beiden Lehrerinnen wurde von Mag. Barbara Viererbe initiiert, die damals mit dem Johannes-Chrysostomos-Chor aus Innsbruck auch Benefiz-Konzerte für das Dorf Tirol veranstaltete. Die beiden haben sich auch um andere Kinder gekümmert: So wurde gebastelt und gespielt, und manche Kinder haben dabei etwas Deutsch gelernt. Auch der erste Laternenumzug wurde von den beiden organisiert.
253 Carmen Vulpescu hat in der Zwischenzeit geheiratet und heißt heute Carmen Cerski.
254 Verwaltungsregion; Tirol gehört zum Județ „Caraș-Severin".
255 Ausdruck für Tiroler Gewehre.
256 Sayler, 17.
257 Hütte.
258 „Sf. Ana" bedeutet zu Deutsch „Heilige Anna".
259 Näheres über dieses Projekt siehe S. 169.
260 Toggeln sind eine besondere Art von Hausschuhen aus Schafwolle.
261 „Albinuța Tiroleza" ist die Tiroler Dorfzeitung; siehe S. 179.
262 Manche der alten Bestände stammen aus dem Nachlaß des einstigen Pfarrers von Tirol, Karl Tribus, den Rodica Miclea in seinen letzten Lebensjahren gepflegt hat.

Literatur

Agoston F., Der Dienst der Versöhnung als Aufgabe der Pastoral in Rumänien, Dettelbach 1992

Benedict H., Revolution! Die Befreiung Osteuropas vom kommunistischen Absolutismus, Wien 1990

Girtler R., Verbannt und vergessen. Eine untergehende deutschsprachige Kultur in Rumänien, Linz 1992

Hirn F., Die Gründung der Tiroler Kolonie Königsgnade in Banat, in: Zeitschrift des Ferdinandeum für Tirol und Vorarlberg, III. Folge, 60. Heft, Innsbruck 1920

Hromadka G., Kleine Chronik des Banater Berglands, München 1993

„Ich weiß, daß du mein Vater bist, aber ich kenne dich nicht". Erzählungen von Rußlanddeportierten, hrsg. von E. Țigla/W. Kremm, Bukarest 1995

Konschitzky W., Banater Bilder. Reportagen und Berichte aus dem Dorfleben, Temeswar 1982

Kräuter F., Erinnerungen an Bischof Pacha. Ein Stück Banater Heimatgeschichte, Bukarest 1994

Lechthaler A., Geschichte Tirols, Innsbruck-Wien-München ⁴1981

Marineasa V./Vighi D./Saminta V., Deportarea în Bărăgan. Destine – Documente – Reportaje, Timișoara 1996

Nolte E., Die faschistischen Bewegungen. Die Krise des liberalen Systems und die Entwicklung der Faschismen, München ⁷1979

Sayler J. v., Das Tirolerdorf Királykegye-Königsgnade 1812–1912. Aus Anlass der Hundertsten Jahreswende der Einweihung der Gemeinde von derselben herausgegeben im Jahre 1912

Das schreckliche Jahr 1945. Erzählungen von Rußlanddeportierten (II), hrsg. von E. Țigla/W. Kremm, Reschitza 1997

Stöger P., Eingegrenzt und ausgegrenzt. Tirol und das Fremde, Frankfurt/Main 1998

Tietz A., Märchen und Sagen aus dem Banater Bergland, Bukarest 1979

Ullmann G., Dezembermohn, Stuttgart 1985

Und über uns der blaue endlose Himmel. Die Deportation in die Bărăgan-Steppe Rumäniens 1951, im Auftrag der Banater Schwaben hrsg. von W. Weber, München 1998.

Wartmann Th., Im Reich der Schatten. Unter Nicolae Ceaucescu ist aus Rumänien Europas ärgste Diktatur geworden, in: Geo. Das neue Bild der Erde, Hamburg 11/1989, 124–146

Zur Geschichte Tirols wurden neben den Werken von Sayler und Hirn zwei weitere Schriften verfaßt, die jedoch nicht auffindbar sind. Dabei handelt es sich um die älteste Dorfchronik, geschrieben im Jahr 1881 von den Tirolern Andreas Mahler und Georg Ondra. Es ist möglich, daß diese Chronik nur handschriftlich abgefaßt wurde. Julius von Sayler kannte sie. Das zweite Werk ist eine Fortsetzung der Jubiläumschronik von 1912, die von Sayler bis zu dessen Tod im Jahr 1937 verfaßt wurde.

Der Autor

Harald Prinz, geboren am 13. März 1972 in Enns (Oberösterreich), lernte das rumänische Dorf Tirol im Rahmen eines Sozialdienstes kennen, den er im Mai 1998 anstelle des österreichischen Zivildienstes antrat. Zuvor hatte er Katholische Theologie in Linz und Paris sowie Philosophie, Pädagogik und Psychologie in Wien studiert. Während seines Studiums war er jahrelang als Erzieher in einem Linzer Internat tätig gewesen.

Im rumänischen Dorf Tirol als „Harry" bald allseits bekannt, nahm er sich dort in Zusammenarbeit mit den Wernberger Schwestern vor allem der Kinder und Jugendlichen an. Als Theologe half er auch in der Pastoral- und Altenbetreuung mit und lernte Tirol so von verschiedenen Seiten kennen.

Heute lebt Harald Prinz in Enns und unterrichtet im Linzer Gymnasium Petrinum Psychologie, Philosophie und Religion.

Mit Tirol ist er nach wie vor eng verbunden.

Elisabeth Habicher-Schwarz
POZUZO. Tiroler, Rheinländer und Bayern im Urwald Perus
328 Seiten, 227 Abbildungen, gebunden, ISBN 3-85093-123-4, € 28,85

1859 feierten Siedler aus Tirol, Bayern und dem Rheinland in Peru die offizielle Gründung einer neuen Gemeinde. Sie waren Wirtschaftsflüchtlinge, die 1857 in die „Neue Welt" auswanderten und zwei Jahre später in Pozuzo ankamen, wo sie sich eine neue Existenz aufzubauen hofften. Elisabeth Habicher-Schwarz legt eine fesselnde, reich illustrierte Dokumentation zur Gründung und Entwicklung der Kolonie von 1859 bis heute, zu Sprache und Alltag der deutschsprachigen „Pozuziner" vor. Erzählungen, Anekdoten und Porträts herausragender Persönlichkeiten sowie kurze Darstellungen von Wirtschaft und Kultur, Fauna und Flora Pozuzos vervollständigen diesen faszinierenden Band.

(TEMESHWAR)
Lugoj

L. Bîrzava
Gataia — Ramna
58b — Berzovia
69
18 — 8
228 — Bocşa (Neuwerk)
Tirol — REŞIŢA (RESCHITA)
Ferendia — Doclin
Gherman — Dognecea
Jamu Mare — Calina
57 53 — Forotic
Cornoriste

Jugoslawien